ÀS MARGENS DO SENA

Reali Jr.

ÀS MARGENS DO SENA

depoimento a
GIANNI CARTA

1ª Reimpressão

Ediouro

Editor Associado: A.P. Quartim de Moraes
Coordenação editorial: Márcia Duarte
Preparação: Luiz Carlos Cardoso
Projeto gráfico: Vivian Valli
Foto de capa: Cleber Bonato
Índice onomástico: Flávia Portellada
Fotos de miolo: Arquivo pessoal de Reali Jr,
Luiz Alberto de Andrade (pg 71) e Corbis (pg 288)

CIP-BRASIL. Catalogação na Fonte
Sindicato Nacional dos Editores de Livros, RJ

R223r

Reali Júnior
Reali Jr. às margens do Sena / [prefácio de Mino Carta ; apresentação de Reali Júnior ; introdução Gianni Carta]. - Rio de Janeiro : Ediouro, 2007.

ISBN 978-85-00-01965-4

1. Reali Júnior - Entrevistas. 2. Jornalistas - Brasil - Biografia. 3. Repórteres e reportagens. I. Carta, Gianni, 1963-. II. Título.

07-1611. CDD: 920.5
CDU: 929:070

Este livro, composto em Electra, foi impresso pela Ediouro Gráfica sobre papel pólen soft 70g em 2007.

R. Nova Jerusalém, 345 - Bonsucesso
Rio de Janeiro - RJ - CEP: 21042-235
Tel.: (21) 3882-8200 - Fax: (21) 3882-8212/8313
www.ediouro.com.br

Dedico estas páginas às mulheres da minha vida. À minha companheira de sempre, Amelinha, levada a renúncias na sua própria vida para que as atividades do marido não pudessem sofrer interrupção. A meu lado, ela continua a ser a força tranqüila das horas mais difíceis, o estímulo para enfrentar os desafios e o calor de um amor profundo que permitiu a constituição de uma família unida e cúmplice, formada pelas nossas quatro filhas: Luciana, Adriana, Cristiana e Mariana.

Este livro é também uma homenagem à minha mãe, Maria, e às minhas irmãs: Ana Maria, Vera Maria e Sílvia Maria. Todas elas juntas puderam dar sustentação à familia nos momentos mais duros e durante o longo período de um irmão sempre ausente.

Reali Júnior

Agradecimentos

Aos repórteres Ana Luísa Vieira, que com grande eficácia transcreveu as inúmeras fitas de entrevistas, e Fábio Kadow, responsável pela vasta maioria das entrevistas com amigos e colegas de Reali Jr. no Brasil, e por grande parte da pesquisa.

Ao experiente e sempre generoso jornalista Edgard Catoira, que colaborou na pesquisa e nas entrevistas no Rio de Janeiro.

À pesquisadora Camila Roisin, que prontamente nos enviou artigos de autoria de Reali Jr., fundamentais para reconstruir algumas passagens, alguns deles transcritos neste livro.

Aos entrevistados, pela sua disponibilidade: Raul Bastos, Nina Chavs, Itobi Alves Correia, Roberto D'Ávila, Saul Galvão, Ludenbergue Góes, Mauro Guimarães, Gilles Lapouge, Ruy Mesquita Filho, Fernando Pedreira, José Carlos Pereira, Fausto Silva, William Waack e Sandro Vaia.

Sumário

Prefácio

Mino Carta

Meu primeiro contato imediato com o Reali creio ter sido de primeiro grau. Eu sentado no sofá diante da tevê, ele no vídeo, a correr à margem de um gramado, cabelos de anjinho barroco ao vento. Se não me engano o jogo era um São Paulo vs. Santos, e os praianos ganharam, 6 a 4. Não me lembro de quem fez os gols do São Paulo, mas Pelé marcou quatro do Santos, todos de bola e tudo, e Pepe liquidou a fatura com os outros dois.

Reali era repórter de campo, o locutor o convocava para a ação: "Vai lá, Realinho, vê o que está acontecendo com o Dorval". O ponteiro levara um pisão e agora recebia cuidados médicos fora do gramado. Gostei do Realinho de imediato e da transmissão. Eu tinha passado quase quatro anos longe do Brasil, acabara de regressar, e logo ganhei a convicção de que o rádio e a tevê eram os instrumentos mais afiados do jornalismo brasileiro.

A tevê como conseqüência, como extensão do rádio. E é aqui que o Reali se iniciou na profissão, sob a batuta de um maestro definitivo, Fernando Vieira de Mello. O rádio fez por merecer o papel que lhe coube, de unir um país de tamanho continental, porque arregimentou aqueles que sabiam usá-lo. Havia na locução uma vibração de intermináveis matizes e tons, como a realizar uma vocação irrecorrível. Ou seria mesmo um destino? E havia respeito pela língua, algo assim como fidelidade canina à gramática e à sintaxe, ao castiço sem pompa mas elegante, incapaz por natureza de resvalar na vulgaridade.

Reali levou o estilo para a Maison de la Radio, que todos nós ouvimos e muitos transformaram em hábito diário. Estava claro que não seria difícil para ele freqüentar o jornalismo escrito. De fato, não foi. Sinto no desempenho de Reali como profissional de imprensa o resultado de uma experiência muito bem aproveitada como radialista. A partir do rigor na busca da informação, de sorte a cumprir a primeira indispensável tarefa da profissão, a exposição sem retoques da verdade factual, aquela fadada ao oblívio se não houver, como diz Hannah Arendt, "homens dispostos a dizer o que acontece".

A longa temporada de Reali em Paris é um belo capítulo da história do jornalismo brasileiro, tanto mais nítida sua qualidade nos dias de hoje, em que o empenho pela informação isenta e a lida respeitosa com o vernáculo sofrem ataques maciços e, amiúde, fatais.

Foi em Paris que nossa amizade se aprofundou, ao sabor das mais diversas afinidades. Reali fala em nossas comuns raízes italianas, e isso é certo. Mesmo porque o DNA nos conduz até a mesa do jantar tomados de suave euforia, quem sabe atiçada por fomes atávicas. A presença de uma garrafa promissora multiplica esse sentimento de plenitude exaltante, falta-me apenas a certeza de que meu amigo concorde comigo se proclamo a supremacia do Nebbiolo e do Pinot Noir. De vinho se trata, porém, de vinho dotado de vigoroso encanto e personalidade inconfundível.

A mesa é a ribalta da amizade. De qualquer uma e da nossa, de todas as autênticas e eternas. Um ditado italiano diz que à mesa ninguém envelhece. Eu me permitiria dizer que à mesa ninguém morre. Ali a gente revela tudo aquilo que transita entre o coração e a alma. Não me recordo de ter conversado com Reali a respeito de jornais e jornalismo, e mesmo de política, pois sabemos da nossa afinação nas questões essenciais. Mas falamos de pessoas que amamos, de situações marcantes da nossa vida, das esperanças em dias melhores para nossos filhos.

Há um momento de comoção, quando evocamos aos nossos pais, Elpídio e Giannino. Que se conheceram faz mais ou menos sessenta anos. Giannino, jornalista, naquele momento tinha seus interesses profissionais voltados para o seqüestro do filho do conde Chiquinho Matarazzo, Eduardo. Ou seja, o neto do fundador da dinastia, Francisco. Elpídio, jovem e já influentíssimo delegado, trabalhava com a Interpol na solução do caso. Giannino ficou muito impressionado com a competência e a simpatia de Elpídio, e passou a admirá-lo anos adentro. Ao falarmos dos nossos pais, é bom que não troquemos olhares, a depender do número de garrafas consumidas. Bom vinho rega a emoção.

A mesa convocou outras figuras, da memória ou da esquina. Primeira entre elas, Cláudio Abramo, quando foi correspondente da *Folha de S.Paulo* em Paris, no começo dos anos 80. Cláudio pouco falava de jornalismo, dava eram aulas de vida. E também surgiam Pedro Cavalcanti e Rosa Freire d'Aguiar. E Napoleão Sabóia, cuja mãe segredara a José Sarney a receita de uma tintura vegetal para cabelos precocemente encanecidos. Belas noitadas. Lembranças a cultivar como um jardim. No entanto, e por enquanto, nós continuamos à mesa.

Escrevo, sem desviar-me um milímetro, o que diria ao Reali se ele estivesse na minha frente, em contato imediato de quarto grau. Como será provado, neste livro ele me aponta como um dos profissionais que mais o influenciaram. Ainda bem que abre a lista com Cláudio Abramo e toca violino em homenagem a Fernando Vieira de Mello. Quanto a mim, vou dizer o quê? Que não mereço tanto? Talvez não mereça. Mas estou contente.

Apresentação

Reali Júnior

Às margens do Sena nada mais é do que a colheita feita na memória de um repórter cuja carreira profissional começou aos 16 anos, segundo revela carteira do Ministério do Trabalho, e que se alongou por essas últimas cinco décadas. Trata-se de um relato de fatos, alguns inéditos, outros já conhecidos, mas cujos bastidores permaneciam desconhecidos. Não há nessa longa entrevista pretensão de análise política profunda, tarefa deixada para os comentaristas e cronistas. O simples factual muitas vezes contribui para uma mais ampla compreensão dos acontecimentos. Ele se basta.

Esse depoimento, inicialmente arrancado pela insistência interrogatória de um dos jornalistas que mais têm marcado essa nova geração de correspondentes no exterior, acabou fluindo como o leito tranqüilo de um rio, devido a inteligência habilidosa de Gianni Carta. Sem ele, *Às margens do Sena* talvez permanecesse como um simples subproduto da minha imaginação, um objetivo não alcançado. Graças a Gianni, muitas das minhas histórias estão aí diante do leitor. Exponho-me, respeitosamente, à sua opinião porque sempre considerei que é a ele que o profissional do rádio, da televisão e dos jornais deve, em última análise, reverenciar, aceitando a sua crítica, seja ela boa ou má. Afinal é ao leitor que dirigimos nossos artigos, buscando ilustrá-los com nossos comentários e informações.

Às margens do Sena encontra-se agora à disposição do leitor, graças também a oportunidade que me foi oferecida pela rádio Jovem Pan e pelo jornal *O Estado de S. Paulo* de ter sido seu representante em Paris durante 35 anos.

Introdução

Gianni Carta

A auspiciosa idéia não me ocorreu quando eu estava na banheira, mas enquanto devorava um prato de *risotto ai funghi porcini* e tomava um honesto Chianti. "Por que em vez de uma entrevista usando o gancho de seus trinta e cinco anos como correspondente, não fazermos um livro de entrevistas e fotos?" Reali Jr. fixou os olhos no acima assinado e, por alguns segundos, ponderou a proposta sem se manifestar. Alguém poderia conjecturar, e estaria coberto de razão, que meu cortês conviva não fala de boca cheia. Entretanto, Reali Jr. pareceu prolongar o processo de mastigação, sinal de que sua intenção era priorizar a digestão da proposta.

Rompi o volume das mesas vizinhas no Il Perron, restaurante italiano em Saint-Germain-des-Prés, instando-o se ele pretendia escrever suas memórias. "Jamais me passou pela cabeça escrever uma autobiografia", rebateu.

Recorri então a todos os válidos argumentos para persuadi-lo de que um livro de entrevistas sobre sua vida seria cativante. "Veja Reali, você é um dos correspondentes de maior longevidade que o Brasil já teve. Às margens do Sena você cobriu para a Jovem Pan e o *Estado de S. Paulo*, desde o Pompidou até o Chirac. Ziguezagueou pela Europa e pelo Oriente Médio fazendo boletins e reportagens sobre política, guerras, Fórmula 1 e futebol. Em São Paulo, quando você era setorista do Palácio do Governo, acompanhou o Golpe de 64 ao lado do governador Adhemar de Barros, e até hoje muita gente recorda o 'repórter canarinho' adentrando os campos de futebol com um enorme gravador."

Meu interlocutor, aparentemente não convencido pelo meu discurso, cortou outro pedaço de *salsiccia*. Voltei à carga. "Reali, você é um fio condutor não somente dos últimos trinta e cinco anos de política francesa, mas também da história brasileira. No Brasil, e depois na França, você entrevistou desde o Castello Branco até o presidente Lula. Aqui em Paris, ficou amicíssimo do ex-ministro e professor da Sorbonne Celso Furtado. O ex-presidente exilado Goulart freqüentava sua casa. Lá, aliás, sua mulher Amélia e você receberam outros ex-presidentes, como Jânio Quadros, Sarney, ex-governadores como Garcez, Sodré, exilados como o Glauber Rocha... Não é pouca coisa."

"Está bem, você me convenceu", disse Reali, com um discreto sorriso nos lábios, certamente provocado pelo meu veemente esforço para que ele aceitasse o projeto. "Vamos fazer o livro."

Com sua voz imponente de quem empunha um microfone desde os 16 anos de idade, e com a objetividade de quem escreve diariamente, Reali concedeu o equivalente a trinta horas de entrevistas fascinantes, incluindo uma caterva de histórias inéditas, que certamente surpreenderão ou arrancarão sorrisos dos leitores.

A participação de Amélia foi crucial, até porque não faria sentido para "o homem às margens do Sena" falar da vida pessoal sem ter a mulher ao seu lado. Nessas entrevistas em que éramos três, Amélia mostrou-se uma fonte inesgotável de informações. Falou sobre os tempos de namoro com o "Canarinho", as dificuldades que o casal atravessou durante a ditadura no Brasil, a cassação de seu pai, o juiz Edgard Moura Bittencourt, a vida em Paris, as reuniões com exilados, as quatro filhas, Luciana, Adriana, Cristiana e Mariana...

Volta e meia, mesmo quando não estava participando dos depoimentos, mas encontrava-se nas redondezas, Amélia era toda ouvidos: vinha à sala para acrescentar um dado, ou reconstituir uma história relacionada àquela delineada pelo seu marido, ou até para corrigir uma data ou um nome.

Por essas horas que passei com os Reali, sou muito grato, e sinto-me privilegiado em ter tido acesso a tantas preciosas histórias de primeira mão. Aprofundei meus conhecimentos sobre o Brasil, política brasileira e internacional, e sobre jornalismo. A história desse grande amigo e colega Reali tinha de ser contada.

CAPÍTULO I

Correspondente às margens do Sena

Reali: Cheguei em Paris em setembro de 1972, dois meses antes da Amélia e das meninas, para procurar apartamento. Recebeu-me uma cara amiga, hoje parte da família, a Drosila Vasconcellos. Era exilada e agora é professora universitária de sociologia, na Universidade de Lille. Uma intelectual de alto nível. Logo na minha chegada fomos jantar na Brasserie Lipp, onde comecei minha estadia parisiense saboreando um extraordinário presunto de Bayonne e tomando um honesto Beaujolais. Na Lipp, tradicional por acolher políticos e celebridades, dois policiais franceses prenderam o líder marxista marroquino [Mehdi] Ben Barka [1920-1965], cujo corpo jamais foi encontrado.

João Batista Natali, que trabalhou comigo no Brasil, nos Diários Associados,[1] e está há décadas na *Folha de S.Paulo*, também me ajudou bastante nos primeiros meses. Em Paris, Natali tinha se afastado do jornalismo, estava inscrito num curso de semiologia ministrado pelo famoso Roland Barthes [1915-1980]. Muito estudioso e dedicado em tudo o que faz, Natali era seu aluno preferido.

Na minha chegada, ele reservou um hotelzinho para mim e mais dois amigos em Montparnasse. Pagávamos, cada um, 12 francos por dia, menos de 2 euros hoje, e dividíamos o mesmo quarto! O primeiro mês, em Paris, vivi nesse hotelzinho. Fazia as primeiras transmissões, nas quais entrava dizendo "Aqui, Jovem Pan, de Paris", das cabines telefônicas do Correio, ao lado do hotel, na avenida General Leclerc. Com a libertação

1. Diários Associados: grupo de comunicações fundado por Assis Chateaubriand em 1924. Chegou a ter 32 jornais, como o *Diário de São Paulo* e o *Diário da Noite*, 22 estações de rádio, 16 estações de televisão, 19 revistas, uma agência de notícias e uma agência de publicidade.

de Paris no final de agosto de 1944, marchou por essa avenida a Segunda Divisão Blindada sob o comando do general Leclerc [1902-1947]. Essa agência do Correio permanece lá, mas ninguém mais faz transmissões para rádio de suas cabines telefônicas.

Eu estava com 32 anos, comecei no jornalismo aos 16, portanto já trazia uma bagagem razoável. Tinha sido repórter de futebol, de polícia, de prefeitura, de câmara municipal, de assembléia legislativa, de palácio do governo e de política nacional.

Sempre escrevi sobre qualquer assunto. Minha formação de jornalista autodidata, construída pedrinha sobre pedrinha, me dá essa possibilidade. E, na medida do possível, invariavelmente procurava – e procuro – fazer associações do noticiário internacional com aquilo que ocorre no Brasil. Ou seja, ao contrário de alguns colegas, não virei um correspondente que reporta os acontecimentos na Europa com o olhar de jornalista europeu. Creio que essa minha maneira de reportar é inteiramente opcional.

Na verdade, não é somente uma questão de escolha, é também de estilo. Para mim, essa estratégia funcionou. De certa forma, mesmo radicado na França, mantive, como se diz, um pé no Brasil. No fundo isso faz sentido, visto que trabalho para meios de comunicação brasileiros. Aqui sou identificado como um jornalista brasileiro que vive na França. Nunca trabalhei para a imprensa francesa.

Naturalmente, nessa trajetória que adotei, interessei-me não apenas pelos políticos internacionais, mas também pelos numerosos brasileiros que viviam ou passavam pela Europa naquela que foi a época mais intensa do exílio. Ao entrevistar ou simplesmente conversar com políticos, empresários, banqueiros, diplomatas, acadêmicos, esportistas e exilados brasileiros, existia e existe sempre a probabilidade de ouvir algo diferente. Ou posso, também, só armazenar informações importantes e usá-las no futuro, em alguns casos, sem revelar a fonte que prefira permanecer anônima.

Além disso, facilitou o fato de eu ter chegado a Paris com uma agenda repleta de números telefônicos de políticos de São Paulo, como prefeitos, governadores, deputados, senadores e outros de envergadura, alguns já aposentados. Ironicamente, foi aqui que forjei relações com políticos de vários estados brasileiros. De certa forma, passei a conhecer melhor o Brasil no exterior.

E logo ganhei uma certa popularidade no Brasil como correspondente, em grande parte devido aos meios para os quais trabalho: a rádio Jovem Pan e o jornal *O Estado de S. Paulo*, ambos com ressonância no país. Na verdade, fui enviado pela Jovem Pan, que já tinha correspondente em Nova York, o Hélio Costa, hoje ministro das Comunicações do presidente Luiz Inácio Lula da Silva.[2] E no primeiro ano trabalhei também para os Diários Associados, isto é, para o *Diário de São Paulo* e o *Diário da Noite*. Em 1973, o *Estado de S.Paulo* me contratou.

Também não posso me queixar do entrosamento com colegas franceses. Edouard Bailby, grande jornalista e amigo, me introduziu a vários deles. No início da década de 70, Bailby estava no auge da sua carreira como editor de América Latina da conceituada revista semanal *L'Express*.

Já o conhecia antes de vir a Paris. Bailby tinha trabalhado no Brasil, no jornal *Última Hora*, com Samuel Wainer [1912-1980]. Escreve e fala o português como brasileiro. Bailby estava a par dos assuntos que poderiam interessar-me; ao mesmo tempo, esclareceu aspectos da política francesa que eu desconhecia e apresentou-me a seus amigos e contatos, quase sempre em jantares na sua casa.

Ele já tinha me ajudado bastante antes de radicar-me aqui. Em 1969, a TV Record e a Jovem Pan me enviaram a Paris para cobrir a eleição de George Pompidou [1911-1974; presidente de 1969 a 1974], logo após a queda de [Charles] De Gaulle [1890-1970; presidente de 1958 a 1969]. Bailby até me concedeu uma entrevista para a televisão, fazendo previsões sobre o futuro político na França, não mais sob a direção de De Gaulle.

Seus amigos jornalistas foram generosos. Abriram-me portas, ajudaram-me a farejar boas histórias e com alguns acabei cobrindo eventos também fora da França. Aqui, mais do que no Brasil, os jornalistas se especializam em áreas. Por exemplo, se preciso escrever sobre o Oriente Médio, sei para que colega telefonar. Até hoje procuro alguns desses especialistas para esclarecer algo ou confirmar um fato. Consulto Christian Makarian, por exemplo, arguto analista de política francesa da *L'Express*. Também

---

2. Luiz Inácio Lula da Silva: Caetés (ex-Vargem Grande), Pernambuco, 1945; fundador do Partido dos Trabalhadores (PT); eleito presidente da República com a maior votação na história do Brasil, em 2002; reeleito em 2006.

tenho boas fontes no *Le Figaro*, no *Le Canard Enchainé*, e no *Le Monde*.

Além do Bailby, tive a sorte de formar uma dupla no *Estado*, desde a minha contratação pelo jornal em 1973, com o Gilles Lapouge. Nossas conversas diárias sobre as últimas notícias, por volta das 15 horas, são um estimulante bate-bola para abrir horizontes. Grande amigo, Lapouge é homem de vasta cultura, escritor e jornalista conhecido e admirado na França e no Brasil.

Se não tive relação ainda mais próxima com os jornalistas franceses ao longo de todos esses anos, não foi por falta de receptividade, nem porque evitei almoços com colegas e outras fontes. Isso tem a ver com minha mania de estar sempre ligado ao Brasil, procurando elos do noticiário do exterior com o que acontece em Brasília e nos estados. Em alguns casos, essa minha postura diante da notícia cria problemas com embaixadores e diplomatas brasileiros que servem em Paris.

Somente um correspondente brasileiro, conhecedor da política e da diplomacia brasileiras, é capaz de fazer associações corretas valendo-se dos dados que apura. Isso nos anos 70 e atualmente. Além das notícias de primeira mão que se podia obter de um político brasileiro ou de uma entrevista com um exilado, nesses anos 70, era preciso estar em sintonia com o Brasil por outros motivos. Dou um exemplo. Em junho de 1973 houve a queda do Boeing 707 da Varig quando já estava próximo do aeroporto parisiense de Orly. A reação normal do jornalista francês na ocasião foi: reportar o fato no primeiro dia, fazer algo no dia seguinte e encerrar o assunto no terceiro dia. A partir do quarto dia, começou a cuidar de outros temas.

Um jornalista francês não poderia avaliar, como um colega brasileiro, o que representava aquele acidente, e por tabela não poderia apurar suas conseqüências. No avião viajava, para citar um exemplo, Filinto Müller [1900-1973],[3] ex-chefe de polícia do Distrito Federal, tido como um dos grandes ditadores do governo de Getúlio Vargas [1883-1954; Estado Novo, 1937-1945],[4] e então senador. No mesmo vôo encontravam-se

3. Filinto von Strubling Müller: Cuiabá, MT, 1900 – Paris, 1973; chefe da polícia do Distrito Federal durante o Estado Novo, 1937-1942; um dos fundadores e presidente, em 1972, da Aliança Renovadora Nacional, Arena; senador quatro vezes.

4. Getúlio Dornelles Vargas: São Borja, RS, 1883 – Rio de Janeiro, 1954; presidente com maior longevidade na história do Brasil: 1930 a 1945, período que inclui a ditadura do Estado Novo, 1937-1945; e presidente de um governo constitucional, 1951 a 1954, ano de seu suicídio.

o grande cantor Agostinho dos Santos, a socialite Regina Leclery e jornalistas de destaque, como, entre outros, o Celso Leite Ribeiro, editor de Política do *Estado de S.Paulo*.

Havia várias outras pessoas eminentes entre os mais de cem mortos. Eu ainda não trabalhava para o jornal, que me contrataria seis meses depois desse acidente. A Jovem Pan colocava-me no ar, em média, dez vezes por dia. Alguns corpos eu mesmo ajudei a identificar.

Nos casos do Celso e do Agostinho dos Santos, foi particularmente doloroso identificar os corpos. Amigo e colega dos tempos da TV Record, Agostinho sem dúvida teria me procurado em Paris. Por sua vez, o Celso Leite Ribeiro foi meu companheiro. Cobrimos juntos a Prefeitura de São Paulo, na época de Prestes Maia [1896-1965],[5] nos anos 60.

Reali Jr. em coletiva com Prestes Maia

Argumenta José Carlos Pereira, diretor de Jornalismo da Jovem Pan: "Acho que esse foi o episódio mais notável da vida profissional do Reali, porque a tragédia mobilizou a opinião pública brasileira. Ele era o único correspondente brasileiro em Paris, o que fez a cobertura

5. Francisco Prestes Maia: Amparo, 1896 – São Paulo, 1965; arquiteto, engenheiro civil, prefeito de São Paulo duas vezes: 1938-1945; 1961-1965.

da Jovem Pan ganhar força e prestígio. Na realidade, o Reali não era somente profissional da notícia: era repórter de política e, portanto, foi marcante sua presença naquele episódio, que envolveu personalidades da política, do jornalismo, do mundo artístico, da alta sociedade – e ele conhecia a história da vasta maioria delas".

Reali: Naquela cobertura, os jornalistas no comando do *Estado* – Raul Bastos, então chefe do Departamento de Sucursais e Correspondentes, os co-secretários de Redação Ludenbergue Góes e Clóvis Rossi, o editor-chefe Oliveiros Ferreira e o diretor Fernando Pedreira – perceberam que um correspondente brasileiro teria dado outro tipo de enfoque ao acidente da Varig.

Todos os entrevistados para este livro que fizeram parte da contratação de Reali concordam ter sido Clóvis Rossi o primeiro a sugerir Reali Jr. como colaborador do *Estado*. Rossi (do *Estado* foi para a *Folha de S. Paulo* em 1980, onde é, desde então, repórter especial e, a partir de 1987, também colunista) conta: "No início dos anos 70, pelo *Estado*, eu viajava constantemente para fazer coberturas, inclusive à Europa. Gostava do trabalho do Reali e o fomos contratando aos poucos – primeiro como *freelancer*, depois como fixo. Nos reencontramos em Paris, quando passei por lá após cobrir a Revolução dos Cravos em Portugal [1974]".

Raul Bastos, que trabalhou no *Estado* de 1960 a 1979, crê que a queda do avião da Varig foi decisiva para a colaboração e eventual contratação de Reali Jr. A limitada cobertura do evento nas páginas do *Estado* demonstrou que a gente precisava ter na Europa alguém mais relacionado com o Brasil. Havia uma demanda. Foi então que o Reali começou a colaborar com o *Estado*".

E acrescenta: "Reali saiu do Brasil visto como um extraordinário repórter de apuração. E não somente de rádio e esportes, mas também na imprensa escrita, como repórter político. Tinha escrito para *O Globo* e ainda escrevia, de Paris, para o *Diário de São Paulo* e o *Diário da Manhã*. Mantinha suas fontes no Brasil, apesar da distância e das dificuldades de comunicação da época. Àquela altura, em 1973, já adquirira experiência como correspondente em Paris. Na verdade,

era natural que, cedo ou tarde, se buscasse nele uma referência das informações que diziam respeito ao nosso país e viessem da Europa – como no caso dessa queda do avião. E devemos ao Reali o fato de não ter embarcado na tese do atentado".

Reali: De fato, na Jovem Pan eu não banquei a tese de que teria ocorrido um atentado ao avião da Varig, levantada pelo diário *Clarín*, de Buenos Aires. Os Diários Associados começaram a reportar seguindo a história maluca do *Clarín*, de que um terrorista argentino teria embarcado no Chile e explodido o avião. Isso porque o Filinto Müller estava no vôo, um dos pilares da repressão no Brasil durante a ditadura de Getúlio Vargas e, por conseguinte, na América do Sul. Portanto, para os Diários, a presença de Filinto justificaria um atentado terrorista.

Os Diários apoiaram a tese do *Clarín* para vender jornais. As minhas transmissões descartando a hipótese do atentado, aproveitadas pelo *Estado* que dava crédito à Jovem Pan, criaram, é óbvio, um mal-estar nos Diários. Resumindo, os textos que eu mandava para os Diários Associados eram boicotados.

Minha versão da queda baseava-se também nas investigações dos franceses. Afinal, se tivesse sido um ato terrorista, por que os franceses não divulgariam o fato? Eles não tinham interesse em acobertar essa suposição. A comissão de inquérito na França declarava que a hipótese de atentado era frágil – e que era acidente mesmo, possivelmente causado por material inflamável na carga.

Um cigarro jogado acidentalmente ou de propósito numa privada do avião teria provocado o incêndio, e a fumaça venenosa asfixiou os passageiros, salvo um deles, e a maioria dos tripulantes. Aliás, por conta dessa informação, passou-se a proibir as pessoas de fumar em banheiro de avião.

De qualquer forma, minha situação nos Diários ficou comprometida. Felizmente, meses depois da queda do avião, Bastos e Góes vieram a Paris – e acertamos minha colaboração para o *Estado*.

Góes, que trabalhou no *Estado* por 32 anos, a partir de 1959, lembra-se do encontro:

"Em novembro de 1973, o Raul Bastos e eu fomos a Portugal, a convite da Varig, na inauguração de um vôo para o Porto. Cumprida a

programação, continuamos a viagem pela Europa. Em Paris estivemos com o Reali, que eu não conhecia pessoalmente mas que era amigo do Raul. Reali nos falou do problema com os Diários Associados, por ele ter-se negado a forjar uma notícia que atribuía o acidente a um guerrilheiro fugitivo da Argentina.

"Sem o 'frila' dos Diários e só com o salário da Jovem Pan, Reali achava que teria dificuldades para continuar em Paris. Na volta ao Brasil, sem falar nada com o Reali ou com o Raul – e só ouvindo o Clóvis Rossi –, procurei nosso editor-chefe, Oliveiros Ferreira. Propus a contratação do Reali pelo menos como *stringer*, algo como ajudante do correspondente. Isso, além de resolver o problema do jornal, resolveria o do Reali. A princípio o Oliveiros não concordou. Achava que a direção do jornal não concordaria em ter mais gente numa cidade só e, além disso, o Lapouge era intocável.

"Argumentei que o Gilles Lapouge não era propriamente um repórter do tipo de que a gente precisava, pois Paris era uma fonte inesgotável de notícias não só pelo pessoal que ia do Brasil para lá, mas também porque lá se concentravam exilados. Sugeri que Reali não atuasse na mesma área do Lapouge e se dedicasse apenas aos fatos relacionados ao Brasil e aos brasileiros. Oliveiros pediu um prazo para decidir e, depois de alguns dias – não sei se falou com alguém –, deu sinal verde. Ressalvou que o Reali ganharia por produção e se limitaria ao que chamou de '*faits divers*', o dia-a-dia.

"Com esse sinal verde, pedi ao Raul Bastos, que tinha mais intimidade com o Reali, que fizesse a proposta por escrito, com as condições impostas. Não preciso dizer que o Reali aproveitou a oportunidade de cara. Isso tudo aconteceu entre janeiro e fevereiro de 1974, e já em março ele começou a colaborar. Tenho a carta que ele juntou à primeira matéria."

Saul Galvão, na época no *Estado*, onde passou por quase todas as seções de 1964 a 1977 (e hoje escreve sobre gastronomia e vinhos no mesmo jornal), comenta: "Justamente pelo fato de ser repórter, o Reali se complementa com o Gilles Lapouge, que é um dos maiores intelectuais que conheço, uma maravilha de pessoa. O Reali comenta sobre a matéria e o Gilles faz análises".

Indagamos a Góes: o fato de Reali, assumidamente de esquerda, ter deixado o Brasil porque, nas palavras de Bastos, "era, mesmo sem ser perseguido com muita crueldade, visto como uma pessoa incômoda", não causou alguma resistência num diário conservador como o *Estado*?

Góes: "Nunca soube que tenha havido veto ideológico ao Reali no *Estado*. O que aconteceu foi o seguinte: o Frederico Branco, editor da Internacional, amigo do Lapouge e muito respeitoso com a diretoria do jornal, imaginou que esta não aprovaria a contratação do Reali. Isso porque, segundo ele, e era verdade, durante a greve dos jornalistas de 1961 o Reali participou do piquete diante do *Estado* e peitou o doutor Francisco Mesquita, mais conhecido como doutor Chiquinho [1893-1969; diretor-administrativo do *Estado*], para impedir a saída dos caminhões do jornal.

Reali Jr., no meio, grita, e à sua direita, em pé, Ignácio de Loyola Brandão.

Brucutus lançam jatos de água nos manifestantes

"Por causa disso, o Frederico não publicou a primeira matéria de Reali, uma entrevista com o Mário Soares, então exilado em Paris. Poucos meses depois, como previu Reali na sua matéria, o Mário Soares teria um papel importante na redemocratização de Portugal. Foi premiê três vezes e presidente duas".

Reali: De fato, o Frederico Branco abortou minha matéria com o Mário Soares. Quanto ao fato de eu ter peitado o doutor Francisco Mesquita, é preciso levar em conta o seguinte: eu era um jovem repórter e nem sequer sabia que ele era um dos donos do *Estado* e seu diretor-administrativo. Estava apenas cumprindo minha função, numa greve na qual reivindicávamos 60% de aumento e piso salarial equivalente a dois salários mínimos. Além do mais, no caso do *Estado*, o jornal já pagava o piso. Mas se tratava de uma greve geral, e era imprescindível que todos participassem. Aliás, o doutor Júlio Mesquita Filho [1892-1969], proprietário e jornalista do *Estado de S. Paulo*, acabou liberando seus funcionários para participar desse movimento, em solidariedade aos demais colegas.

Para você ter uma idéia, cerca de 80% dos meus colegas recebiam uma ninharia, ou seja, um salário mínimo de 13 mil cruzeiros. E levei cacetada da polícia em outros piquetes, diante do prédio dos Diários Associados, na rua Sete de Abril. Um dos colegas que também apanharam foi o Ignácio de Loyola Brandão, então jornalista da *Última Hora* e hoje um talentoso escritor. Os jatos de água dos brucutus, carros de bombeiros, não somente nos ensoparam, mas eram tão fortes que derrubaram vários colegas. Voltei para casa com a roupa pingando, morrendo de vergonha dos meus vizinhos do prédio. Mesmo assim, nossa greve de dezembro de 1961 surtiu efeito: obtivemos um reajuste salarial de 45% e um piso de 22 mil cruzeiros.

Mais importante para o futuro do rádio é que outra reivindicação nossa, a de que os jornalistas de rádio deveriam ser reconhecidos como tal – e não como radialistas –, foi acatada. Desde então, jornalistas de rádio puderam filiar-se ao sindicato dos jornalistas, e assim derrubamos o preconceito contra quem faz rádio. Graças à greve de 1961, hoje o ex-radialista é jornalista, e usa-se o termo "radialista" para técnicos de rádio. Ironicamente, hoje são raros os repórteres que não solicitam um espaço no rádio e na tevê.

Góes conta: "O fato é que, com a aprovação do Oliveiros, o Rossi, o Raul e eu decidimos aproveitar o material do Reali nas editorias nacionais, política, geral, artes, esportes, conforme fosse o caso. Aos poucos as barreiras foram quebradas, e não me lembro de nenhum outro veto. Ao final, o Reali passou a ser amigo dos Mesquita, inclusive do José Vieira de Carvalho Mesquita, mais conhecido como Juca [1924-1988; substituiu seu pai, Francisco Mesquita, na direção financeira do jornal], o qual, segundo soube, o procurava sempre que ia a Paris".

Por sua vez, Pedreira alega que "houve resistências ao Reali na direção. Diziam que ele era comuna – e eu acho que era mesmo [risos]. Mas a informação que eu tinha sobre ele era de ser um excelente profissional, então nós insistimos. E depois se revelou isso não só profissionalmente, mas pessoalmente. Hoje, ele é nosso embaixador lá em Paris. A cidade tem um embaixador junto ao governo, atualmente a Vera Pedrosa, um embaixador junto à Unesco,[6] cargo que ocupei durante quatro anos, e temos o nosso embaixador, o Reali. Não tem ninguém que vá a Paris e não procure o Reali. Se você não o procurar, ele te procurará. É uma figura indispensável".

Pedreira continua: "Mas é evidente que você não vai querer alguém que trabalhe para terceiros e contra o seu jornal. Veja: também fui comuna, mas nesse tempo [em que Reali Jr. virou colaborador e Pedreira era diretor do *Estado*] eu já tinha deixado o partido. Saí em 1956. Na verdade, se você for leal ao jornal, você pode ser qualquer coisa. Cláudio Abramo [1923-1987], de esquerda, foi secretário do jornal; Perseu Abramo [1929-1996], também ligado à esquerda, era chefe de reportagem. Naturalmente, se o doutor Júlio Mesquita Neto [1922-1988; diretor responsável do *Estado*] fosse contra o Reali, ele o vetaria".

Bastos concorda que o ingresso de Reali Jr. como colaborador e depois correspondente "tem de ser creditado ao doutor Júlio Neto, irmão do Ruy [atual diretor do *Estado*]. Tem-se uma visão equivocada do doutor Júlio Neto. Ele teve um papel primordial na luta do *Estadão* que enfrentou a censura. Teve a coragem de publicar matérias, edito-

---

6. Unesco (United Nations Educational, Scientific and Cultural Organization (Organização das Nações Unidas para a Educação, a Ciência e a Cultura): artéria das Nações Unidas, com sede em Paris, criada em 16 de novembro de 1945 para contribuir para a paz mundial por meio da educação, cultura, ciência e comunicações.

riais contra os governos militares. Contratou pessoas [que não seguiam a linha ideológica do *Estado*] como o [Carlos Alberto] Sardenberg [hoje âncora da rádio CBN e comentarista econômico da TV Globo], Clóvis Rossi, Ricardo Kotscho. De certa maneira, o Reali também se enquadra nesse espírito".

"Naquela época", ressalta ainda Bastos, "O *Estado* 'imaginava' correspondentes no exterior como pessoas de altíssimo nível, mais preocupadas com editoriais do que com a informação. Isso porque não eram pessoas voltadas para a informação, não eram repórteres. De certa maneira, eram mais voltados para a análise. Não que estivessem errados, porque era isso que se esperava deles. E todos os correspondentes eram estrangeiros."

Reali: Os correspondentes do *Estado de S.Paulo* eram o Gilles Lapouge, na França, e o falecido Rocco Morabito, na Itália, entre outros. O mesmo acontecia com outros jornais brasileiros, cujos correspondentes eram estrangeiros e não escreviam em língua portuguesa. Seus textos eram traduzidos na redação, salvo os dos portugueses Antônio da Costa e Novaes Teixeira. Todos brilhantes correspondentes, é preciso salientar, mas não tinham uma visão que teria um correspondente brasileiro no exterior. E em alguns casos, como no acidente da Varig, isso era fundamental.

O jornalista e escritor francês Gilles Lapouge, correspondente do *Estado* desde 1958, recorda-se bem de Antônio da Costa, "homem charmoso, pintor de talento, redigia excelentes artigos de arte". E também gostava muito do outro *freelancer* do *Estado*, o Novaes Teixeira. "Era um homem culto. Escrevia sobre literatura e cinema." Lapouge, que trabalhou no *Estado* na capital paulista, de 1951 a 1952 – e depois, em Paris, escreveu para, entre outros, *Le Monde* e *Le Figaro* –, acrescenta: "O *Estado* dispunha até de uma sede em Paris, na rue de l'Alma. Clélia, mulher do pintor brasileiro Arthur Luís Piza, era diretora do escritório e traduzia meus artigos".

A despeito dos comentários de Pedreira e Bastos sobre a necessidade de um repórter com "olhar brasileiro", Lapouge argumenta que há correspondentes e correspondentes. Em suma, podem ter estilos diferentes e preferir certos assuntos a outros. Lapouge realça como vem, desde 1973, trabalhando com Reali, "sem jamais termos tido o menor problema".

Gilles Lapouge fala das conversas telefônicas diárias com Reali, mantidas anos a fio, para comentar as notícias: "Sugeríamos pautas um para o outro e aí decidíamos o assunto que cada um escreveria. Normalmente, tudo o que concernia ao Brasil era o Reali quem fazia. Por exemplo, ele entrevistava um ministro brasileiro de passagem por Paris; participava de uma coletiva para a imprensa na embaixada brasileira. Ao mesmo tempo, fazia política francesa, a qual conhece a fundo. Sabe quem é quem, por onde passou este ou aquele político, faz previsões que várias vezes se confirmam. Quanto a mim, cubro tudo aquilo que não faz parte da França: Oriente Médio, África, guerras no Afeganistão e Iraque, etc. e tal".

Perguntado se concorda com editores que insistem que o correspondente brasileiro deve invariavelmente fazer associações dos fatos no exterior com os do Brasil, Lapouge retruca: "Isso é terrivelmente brasileiro. A imagem do Brasil vem em primeiro plano e o resto tem de ser comparado a ela. É um absurdo. Trocando em miúdos: tudo transita pela imagem do Brasil. Agora lhe pergunto: se eu escrever um artigo sobre a líder socialista francesa Ségolène Royal, por que teria de compará-la com a Marta Suplicy [prefeita de São Paulo de 2001 a 2004]? Quando cabe, uma ou outra associação deve ser feita. Por exemplo, se o novo presidente francês tem uma política agrícola que favorece o Brasil, é preciso dar ênfase a esse fato. Com o que não concordo é que sempre se tenha de buscar elos da política exterior com a do Brasil".

Diz ainda Lapouge, vencedor do grande prêmio da língua francesa oferecido pela Academia Francesa e autor de dezoito romances: "Mas essa minha visão jamais criou algum atrito com o trabalho do Reali, um repórter de mão cheia. E do ponto de vista pessoal, Reali é humano, de uma lealdade incrível; ele e a Amélia estão sempre disponíveis, são amigos de verdade. Além disso, é despretensioso, engraçado, desata a rir com facilidade, qualidade que aprecio nas pessoas. Mais: é amante da boa gastronomia, de bons vinhos, e os patrões de restaurantes sempre vêm à nossa mesa saudá-lo".

Reali: Gilles e eu somos grandes amigos, morremos de rir ao telefone. Ele tem razão quando diz que nunca tivemos o menor atrito nesses mais de trinta anos trabalhando juntos. Se eu dissesse que houve algum desentendimento por causa de trabalho, de pauta, ou questões ligadas a possíveis viagens, não seria verdade. Muitas vezes, claro, sei que o Gilles poderá fazer algo melhor que eu, ou percebo que ele gostaria de fazer um artigo, então abro mão – e ele faz o mesmo por mim.

E é por termos estilos diferentes e vermos o jornalismo de prismas distintos que nossa parceria tem funcionado por mais de trinta anos. Na verdade, nos complementamos, como observou o Saul Galvão. Gilles é um intelectual francês que tece análises profundas. Em contrapartida, encarno o chamado repórter clássico, o qual empunha o microfone, vai, como diz o Gilles, às coletivas, preserva contatos, estabelece cumplicidades.

Evidentemente, quando não faço um texto meramente factual, insiro análises e opiniões nos meus artigos para o *Estado* ou comentários para a Jovem Pan. Mas não posso esquecer a informação nem posso me concentrar somente na análise. Esse toque analítico acrescenta sabor ao texto.

E Gilles, vale reiterar o que eu também já disse, tem razão: os correspondentes que escreviam em português antes de eu ser contratado pelo *Estado* eram muito talentosos, mas, deles, o único brasileiro na Europa era o [Francisco Pedro de] Araújo Netto [1929-2003]. Ele chegou em Roma em 1968 e durante décadas escreveu para o *Jornal do Brasil* e, no final da vida, para O *Globo*. Araújo Netto tinha mais ou menos o mesmo espírito de cobertura. Reportava sobre qualquer assunto e sempre buscava elos com o Brasil. Era um primoroso redator esportivo e de política internacional.

Na época em que fui contratado pelo *Estado*, outros jornais enviaram correspondentes para a Europa. Nina Chavs, por exemplo, tornou-se a primeira representante do *Globo* em Paris.

"Eu adorava jantar com o Reali e o Pedro Cavalcanti [correspondente de *Veja* em Paris] no Fouquet's, nos Champs-Elysées", comenta Nina Chavs. "Reali é um homem discreto, um *gentleman*. Aprecia um bom vinho, tem uma das conversas mais gostosas de Paris. Nos cruzamos em diversas coberturas e, a meu ver, Reali e Pedro Cavalcanti foram os melhores correspondentes que passaram por Paris."

Reali: Eu também apreciava as conversas com a Nina. E admiro sua energia. Nos quatro anos em que permaneceu em Paris, também cuidou da Galeria Debret, tornando-a um centro de cultura brasileira. No Brasil escreveu sobre política e economia também para a *Folha*, o *Estado* e a revista *Visão*, teve uma respeitada página de coluna social no *Globo* e publicou um livro de crônicas escritas em Paris, intitulado *Paris, via Varig*.[7]

A Any Bourrier substituiu a Nina Chavs no *Globo*. Hoje, Any trabalha no setor "Ásia" da Radio France International [RFI]. Por sua vez, nos anos 70, a *Folha de S.Paulo* contratou o Natali. Por dez anos Natali assinou seus artigos como correspondente da *Folha* de Paris, sendo substituído pelo Cláudio Abramo e em seguida pelo Caio Túlio Costa.

Depois do acidente da Varig e do meu encontro com o Góes e o Bastos em Paris, houve uma sucessão de eventos no Brasil ligados à França. Em 1974 ocorreu o surto de meningite. Para você ter uma idéia, somente naquele primeiro ano da doença morreram mais de 2.500 pessoas em São Paulo. E quem fabricava a vacina da meningite? O Instituto Mérieux, em Lyon. Fizemos uma série de matérias de Lyon, algumas entrevistando Charles Mérieux, que desenvolveu a vacina contra a meningite.

Também ouvimos o filho dele, Alain Mérieux, que tinha assumido a direção do instituto em 1967 e logo em seguida o tornara empresa pública. Hoje se chama Sanofi Aventis, e os descendentes dos Mérieux já não estão entre os acionistas majoritários. Enfim, demos vários furos no Brasil com a crise da meningite. Colocávamos ênfase no fato de o instituto não disponibilizar um número suficiente de vacinas para o Brasil. Talvez em parte devido à nossa campanha, acabaram enviando vacinas por todos os meios – e, assim, cerca de 90 milhões de brasileiros foram imunizados da meningite. É importante ressaltar que a ditadura brasileira pretendeu minimizar a crise, e chegou até a utilizar a censura transformando alguns artigos sobre a meningite em poemas de Camões e receitas de bolo no *Estado* e no *Jornal da Tarde*.

7. Nina Chavs, *Paris, via Varig*, Editora Francisco Alves, Rio de Janeiro, 1977.

CAPÍTULO II

1890: os Reali desembarcam em Santos

Giuseppina e Ettore Reali chegaram ao Brasil no final do século XIX

Reali: Minha família paterna é de imigrantes italianos. Desde o final do século XIX, os preços de produtos agrícolas no norte da Itália haviam despencado vertiginosamente devido à chegada, naquele mercado, de grãos e carnes dos Estados Unidos. Centenas de italianos se viram obrigados a emigrar. Foi o caso dos meus bisavós e avós, que zarparam no "Mentana", de Gênova, e desembarcaram em Santos em novembro de 1890. E veja como são as coisas: Ettore Reali, meu avô de Cremona, na Lombardia, conheceu sua futura mulher, a vêneta Giuseppina Biazon, já no Brasil. Naquela época não havia passaporte, mas uma autorização para viajar. Tenho os documentos de viagem deles até hoje, incluindo os do meu bisavô Luigi.

O Estado de São Paulo era um dos destinos preferidos dos italianos do norte, porque as fazendas de café, motor de uma economia pujante, precisavam de mão-de-obra. Para você ter uma idéia, em 1920 vivia, segundo o censo daquele ano, 1 milhão de italianos no Estado de São Paulo.

Os Reali se instalaram em São Carlos. E na mesma época migraram da Bahia para Bauru, devido a um período de seca, os Fraga-Moreira, de origem portuguesa. As duas alas das famílias eram pobres e produziram um monte de filhos: onze do lado italiano, doze do brasileiro.

Os Fraga-Moreira passaram um tempo em Ribeirão Preto, depois em Jaú e finalmente abriram sua própria fazenda de café em Tibiriçá, um vilarejo 40 quilômetros ao norte de Bauru, no início da ferrovia Noroeste. Bauru não era uma cidade muito grande, mas tinha grande importância por ser o centro do estado, e nela entroncavam-se as três grandes ferrovias estatais: a Paulista, a Sorocabana e a Noroeste do Brasil. Por sua vez, depois de um certo tempo como administrador de fazendas, Ettore comprou uma pequena propriedade rural em Itirapina, nas cercanias de São Carlos.

Os Reali mantiveram fortes raízes italianas e me passaram muitas tradições, como, por exemplo, meu prazer pela boa cozinha. Lembro-me de minha avó cozinhando no fogão a lenha. Era aloirada, tinha olhos claros e puxados, o tipo físico meio de iugoslava, aquela bochecha vermelhinha, pele alva, muito alva. O grande orgulho dela era a cozinha. O casal Reali–Biazon colocou no mundo sete homens e quatro mulheres.

Embora sem maiores sofisticações, as refeições eram copiosas: entrada, primeiro e segundo pratos. Menus variados. Macarronada não podia faltar. Quando fazia frio, era *pasta e fagioli* [massa e feijões brancos]. Como segundo prato, às vezes minha avó servia frango assado, às vezes carne. O frango vinha do quintal: era morto na véspera, para temperar e preparar. Um dos meus pratos prediletos era uma macarronada com molho de frango e polenta. Ou saboreávamos coelho, que só as famílias italianas comiam – as brasileiras, nem pensar! E não sabiam o que estavam perdendo.

Meu avô invariavelmente jogava um pouco de vinho no meio da *pasta e fagioli*. E, é claro, colocava vinho à mesa. Era um tinto forte, de qualidade questionável. Ele não era um conhecedor – nem havia vinhos de qualidade disponíveis. E mesmo que houvesse, não teria dinheiro para comprá-los. Por isso gostava daquele vinho, e nós também. Começamos ainda meninos a tomar um copo nas refeições: meu avô Ettore hesitava, mas os tios nos serviam um copinho.

Bons tempos aqueles de São Carlos! Eu aprontava muito. Minha avó ficava louca da vida. Eu saía de casa, voltava tarde, meia-noite, às vezes mais tarde. Nervosa, ela me dava umas esculhambadas em dialeto vêneto. Eu não entendia absolutamente nada: blablablá. Só compreendia quando ela falava "aqueles teus amigos negros!" Eu tinha uns amigos crioulos e ela punha a culpa neles. Mas é óbvio que meus amigos eram legais e não tinham nada a ver com minhas escapadas. Mesmo assim, essa referência revela a existência de preconceitos por parte dos imigrantes do norte da Itália, apesar de serem pobres. Por outro lado, meus próprios familiares sofriam discriminação da oligarquia do café em razão de suas origens e pelo fato de não serem endinheirados.

A vó Pina, como chamávamos Giuseppina, chegou menina ao Brasil, mas nunca aprendeu a falar com fluência o português e jamais se livrou do forte sotaque vêneto, o que era comum na época, porque os imigrantes, principalmente as mulheres, viviam no seio de sua família e em comunidades deles mesmos. Todo dia Giuseppina ia à missa das 6 horas da manhã, depois voltava para casa e não saía mais; ficava cuidando de suas tarefas domésticas.

Falava a língua italiana com desenvoltura, o que não era tão comum assim porque a Itália teve uma unificação tardia, em 1871, e só no final desse século o italiano virou língua nacional no norte, enquanto no sul, mais atrasado, levou mais tempo. Mas o dialeto ainda era a primeira língua de muita gente, tanto que, na hora do aperto, como quando me dava broncas, minha avó se exprimia em vêneto. Ettore, claro, dominou a língua portuguesa rapidamente porque administrava fazendas e, portanto, tinha de comunicar-se com os patrões e peões.

Na crise de 1929 muitos agricultores brasileiros foram prejudicados, incluíndo os italianos, porque se viram forçados a migrar para pequenos trabalhos nas cidades. Ettore, meu avô, já estava mais idoso e ficou na fazenda, mesmo que ela rendesse muito pouco em termos financeiros. Os filhos, meu pai entre eles, rumaram para São Paulo, onde estudaram e trabalharam. E nessa crise Ettore foi obrigado a tirá-los do colégio, temporariamente.

Graças ao grande esforço de Ettore como administrador de fazenda, seus filhos puderam ter uma boa educação. Na verdade, já em meados dos anos 20, meu pai Elpídio Reali [1910-1995] e tios foram internos no Colégio Coração de Jesus, no centro de São Paulo. Durante a Revolução Paulista de 1924, quando os tenentes se opuseram ao sistema oligárquico para reivindicar reformas sociais e políticas, meu pai era aluno do Coração de Jesus.

Ele se formou na Faculdade do Largo São Francisco. Em seguida, começou sua carreira de delegado de polícia no interior de São Paulo. Foi delegado em Assis e Presidente Epitácio, entre outras cidades. Trabalhou também em Bauru, onde conheceu minha mãe Maria e se casaram. Aliás, minhas três irmãs, Ana Maria, Vera Maria, Sílvia Maria e eu, o segundo mais velho, nascemos em Bauru. Mas morei lá pouco tempo, dois, três anos. Isso porque meu pai foi transferido para São Paulo na época da Segunda Guerra Mundial [1939-1945]. No entanto, os elos com Bauru, onde os Fraga-Moreira compraram uma casa, além da fazenda em Tibiriçá, continuaram. Minha mãe tinha um irmão médico, Luís Carlos, e por isso nascemos, minhas irmãs e eu, em Bauru.

CAPÍTULO III

Reali Sênior, o Sherlock brasileiro

Recentemente, o embaixador Sergio Corrêa da Costa escreveu no seu livro *Crônica de uma guerra secreta – Nazismo na América: a conexão argentina*,[8] como o delegado Elpídio Reali acabou com a rede nazista no Brasil. Corrêa da Costa refere-se ao pai de Reali Jr. como o "Sherlock brasileiro".[9]

Reali: O desmantelamento da rede nazista aconteceu em 1942, no primeiro governo do presidente Getúlio Vargas, em plena ditadura do Estado Novo [1937 a 1945].

Meu pai, então delegado-adjunto no DOPS [Departamento de Ordem Política e Social; a polícia política], era moço: tinha 30 e poucos anos. Era respeitado, mas lidava com homens mais idosos que, na maioria dos casos, discordavam dele. O exemplo-mor era o chefe da Polícia Federal no Rio de Janeiro, Filinto Müller.

Escreveu o embaixador Corrêa da Costa: "Enquanto a polícia do Rio de Janeiro parecia simplesmente ignorar a presença e atividades de agentes do Eixo [aliança formada, a partir de 1936, entre a Itália fascista e a Alemanha nazista; na Segunda Guerra Mundial o Japão se agregou ao Eixo], o mesmo não acontecia em São Paulo, graças, sobretudo, à diligência e argúcia de um policial da escol – Elpídio Reali..."[10]

---

8. Sergio Corrêa da Costa, *Crônica de uma guerra secreta – Nazismo na América: a conexão argentina*, Record, Rio de Janeiro, São Paulo, 2004.

9. Ibid., p. 109.

10. Corrêa da Costa, op. cit., p. 109.

Ainda segundo Corrêa da Costa, a chave para desvendar "as tramas da espionagem nazista"[11] surgiu quando um ondômetro foi encomendado por um nome suspeito, O. Mendes.

Elpídio Reali foi atrás de O. Mendes. Nas suas investigações, descobriu que Odélio Garcia, comerciante ligado à firma alemã Theodor Wille, havia adquirido uma estação radiotransmissora. Detalhe: não existia registro de estação no nome de Garcia ou da Theodor Wille. Portanto, tratava-se de uma emissora clandestina. Reali prendeu Garcia, em seguida Urlich Uebele, gerente da firma alemã e filho do cônsul alemão em Santos. Uebele, com escritórios em São Paulo e Santos, informou que o ondômetro estava em sua casa. Porém, um tal de Gerard Schroeder, também da Theodor Wille, havia entregado a estação transmissora para Heinrich Bleiroth, do consulado alemão. Reali prendeu Schroeder e Bleiroth.

Mas faltava descobrir quem era O. Mendes, explica Corrêa da Costa no seu livro.

O delegado Reali foi então recebido em Santos pelo afável pai de Uebele, o cônsul Otto. Este disse que não trairia o Brasil: era cidadão naturalizado, havia recebido de Getúlio Vargas a ordem do Cruzeiro do Sul. Impassível, Reali ouvia o cônsul enquanto vistoriava sua casa. Tirou uma pasta de uma estante, dentro leu – e memorizou – o endereço de um tal de dr. Niels Chr. Christensen, no Leblon, Rio de Janeiro.[12]

Reali: Meu pai rumou para o Rio de Janeiro na mesma noite e prendeu Christensen – o homem que assinava o nome fictício O. Mendes. Dois dias antes, o espião tinha dado ordem por rádio para que submarinos alemães bombardeassem o *Queen Mary*. O navio, na época o maior meio de transporte de passageiros do mundo, zarpou do porto de Natal, transformado em base norte-americana, levando a bordo 2 mil soldados canadenses. Mas, graças à informação obtida, foi possível prender Christensen e mudar a rota do *Queen Mary*. Por ter salvado as tropas canadenses embarcadas, meu pai recebeu do comandante uma caixa de charutos. Os tempos eram outros.

---

11. Ibid.

12. Ibid., p. 111.

Na casa de Christensen, meu pai também descobriu o código secreto do almirantado alemão e desvendou a técnica do microponto, hoje considerada banal em termos de espionagem. Mas na época era uma técnica de vanguarda: um pequeno ponto que você aumenta e transforma numa fotografia. Depois, por coincidência, cobri a morte do Filinto Müller aqui de Paris. Ele era então presidente do Senado e morreu no avião da Varig que caiu em 1973, perto do aeroporto de Orly.

Meu pai não pôde contar com a ajuda do Filinto Müller, o que demonstra como os dois, apesar de exercerem a mesma profissão, divergiam ideologicamente. Durante todo o desmantelamento da rede nazista no Brasil, teve apoio do almirante [Ernâni do] Amaral Peixoto [1905-1989; político e oficial da Marinha], marido de Alzira, filha de Getúlio Vargas. E me recordo claramente de vários eventos. Por exemplo, lembro-me do meu pai recebendo a Medalha de Guerra das mãos do marechal Henrique Lott, ministro da Guerra de Juscelino Kubitschek [1902-1976], [13] por conta dessa investigação da rede nazista. Isso aconteceu no Vale do Anhangabaú, no centro de São Paulo, num desfile do qual participaram os pracinhas da Força Expedicionária Brasileira [FEB], enviados à Itália em 1944 para lutar ao lado dos Aliados [Reino Unido, União Soviética e Estados Unidos].

Sempre tive muita admiração pelo meu pai. Era simples, despretensioso, homem bonito. As moças o achavam atraente, mas ele não era nem um pouco vaidoso. Ao mesmo tempo, nunca se diminuiu. Na medida em que foi ficando famoso, manteve-se solidário com os amigos.

Além de ter colocado um fim na rede nazista no Brasil, durante quatro anos foi secretário da Segurança no governo de São Paulo de Lucas Nogueira Garcez [1913-1982; governador de 1951 a 1955]. E para um delegado de polícia chegar a secretário da Segurança naquela época era algo especial. O secretário da Segurança de São Paulo era uma espécie de ministro da Segurança Pública, tinha um prestígio extraordinário, porque os estados dispunham de vasta autonomia . E o Estado de São Paulo já era o mais importante da federação do ponto de vista econômico.

Além disso, meu pai era um italianinho [*risos*]. Mas um italianinho forte e determinado. Havia preconceito contra italianos, principalmente

13. Juscelino Kubitschek de Oliveira: Dimantina, MG, 1902 – Resende, RJ, 1976; presidente da República, 1956-1961; governador de Minas Gerais, 1951-1955; nomeado prefeito de Belo Horizonte, 1940; senador, deputado federal.

em São Paulo. Eu mesmo, em vários lugares, era tido como o "italianinho". Isso era dito de forma um pouco pejorativa pelos quatrocentões [a elite formada pelos descendentes de portugueses], que também discriminavam imigrantes de origem árabe, síria e libanesa. No entanto, eram os "italianinhos" que administravam as terras dos quatrocentões, não é? E, pelo menos em parte, foi graças aos administradores italianos de fazendas que os quatrocentões acumularam forturnas.

Quando sentiu que tinha terminado a carreira, meu pai quis se aposentar, apesar de jovem. Com 47 anos fora condecorado com a Medalha de Guerra, uma vantagem para a aposentadoria. Férias, praticamente nunca havia tirado. Mas não queria reivindicar nada.

Reali Jr. com a mãe e duas de suas três irmãs

Elpídio Sênior sendo condecorado pelo Marechal Lott com a Medalha de Guerra

Na verdade, ele só contava suas histórias, como a do desmantelamento da rede nazista, quando indagado a respeito. Por isso, incentivei-o muito a receber jornalistas. Numa roda, ele se animava. Lembro-me dele em Paris, com jornalistas como o Mário Alberto de Almeida, correspondente da *Gazeta Mercantil*. Outro que não perdia oportunidade de falar com meu pai quando ele vinha a Paris era o Cláudio Abramo, então correspondente da *Folha de S.Paulo*.

Os dois se entendiam bem. Sendo jornalista, Cláudio conhecia várias histórias sobre meu pai e tinha em comum com ele a origem italiana. Cláudio o cutucava: curioso, queria pormenores de suas investigações. Por exemplo, detalhes sobre o seqüestro de Eduardo Matarazzo, filho do conde Francisco Matarazzo. Essa investigação foi comandada pelo excelente delegado Francisco Petrarca Ielo, posteriormente professor de direito, e contou com a ajuda de um jovem investigador de polícia, Edevaldo Alves da Silva, hoje presidente das Faculdades Metropolitanas Unidas [FMU].

Meu pai recordava-se das minúcias de outros episódios, especialmente os que tiveram cobertura internacional. Por exemplo, houve o caso da fuga da ilha Anchieta [no litoral norte de São Paulo, situada a apenas 500 metros do continente, na região de Ubatuba], onde ficava o Presídio dos Porcos, em junho de 1952. Meu pai comandou a operação, mas vários policiais estiveram envolvidos, incluindo o delegado Ielo, o qual, aliás, foi um dos padrinhos do meu casamento.

Mais de cem presos fugiram sob a liderança do famigerado Pereira Lima. Os presos se apoderaram de fuzis, metralhadoras, mataram e feriram policiais e funcionários e fugiram em lanchas. A perseguição deu-se em Ubatuba e em Caraguatatuba, e eventualmente todos acabaram atrás das grades. Quando meu pai atuou como delegado em Santos, chegou a prender mais de uma vez o dirigente sindical do Partido Comunista Brasileiro [PCB], Carlos Marighela [1911-1969].[14] Quase sempre, Marighela e o PCB estavam por trás das inúmeras greves no porto de Santos.

Meu pai nos falava de suas conversas com Marighela. Ele o achava muito inteligente, o admirava. Interessava-se por gente com uma certa

---

14. Carlos Marighela: Salvador, 1911 – São Paulo, 1969; esteve entre os fundadores do Partido Comunista (PC), na Bahia, condenados por ter participado do movimento de 1935; eleito deputado federal em 1946, seu mandato foi cassado no ano seguinte; líder de guerrilha urbana a partir de 1967, foi morto pelo regime militar em 1969.

visão do mundo, com quem podia conversar. Em geral, as pessoas achavam que Marighela era limitado nas suas concepções. Mas não, era um homem aberto para o mundo. Acompanhava, e de perto, a política internacional.

Os interrogatórios com Marighela eram quase informais. Meu pai sabia tudo o que indagaria; e Marighela, por sua vez, sabia tudo o que tinha de dizer. Daria uma bela peça de teatro a relação entre um delegado e seu preso, os quais, apesar das diferenças políticas e ideológicas, gostam de se falar. A Segunda Guerra Mundial tinha terminado, eles dialogavam sobre a bipolarização do mundo com o comunismo e o capitalismo se confrontando.

Três dias depois de longas conversas, Marighela era colocado em liberdade. Isso tudo aconteceu antes de ele entrar para a clandestinidade, em 1967. Naquele ano, fundou a Ação Libertadora Nacional [ALN] e passou a liderar a guerrilha urbana. Dois anos depois, a repressão o matou em São Paulo. Na noite em que foi executado pela polícia, cheguei ao local, na alameda Casa Branca, em São Paulo, e vi seu corpo. No tiroteio, o delegado Rubens Tucunduva levou uma bala nas nádegas. Tratou-se do chamado "tiro amigo", isto é, disparado acidentalmente por outro policial.

Durante a vida profissional, e mesmo pelas funções que ocupou como diretor do DOPS em São Paulo, meu pai não poderia ser definido como um homem de esquerda. Mas veja bem: exerceu todos os seus cargos antes de a polícia política servir à ditadura militar. E morreu como homem de centro, sempre muito voltado para causas sociais. Era tolerante. Católico, acompanhava minha mãe à missa aos domingos. Tinha, digamos, uma cabeça parecida com a do Franco Montoro [1916-1999],[15] mas sem o marcante catolicismo do ex-governador de São Paulo [1983 a 1987].

---

15. André Franco Montoro: São Paulo, 1916 – São Paulo, 1999; advogado e político; ministro do Trabalho e da Previdência Social, 1961-1962; governador do Estado de São Paulo, 1983-1987; senador, deputado federal, deputado estadual, vereador.

CAPÍTULO IV

Em busca das raízes italianas

Reali: Meu pai tinha orgulho de sua origem italiana, e eu também. Em 1994, um ano antes de morrer, fez sua última viagem para a Europa. Amelinha e eu propusemos um passeio pelo Piemonte. Mas para a Amelinha eu disse: "Vamos até Cremona, cidade do meu avô Ettore, para ver sua reação".

A certa altura, rodando pelo Piemonte, ele pegou o mapa no banco de trás do carro em que minha mãe estava com ele e disse: "Gozado, Cremona está a 90 quilômetros daqui". A Amelinha estava guiando, trocamos um olhar, não falamos nada.

"Noventa quilômetros, pai?"

"É, 90."

Passou mais um pouco, ele disse:

"Gozado, Cremona está só a 70 quilômetros daqui".

"Pai, a gente tem um hotel marcado nas redondezas de Milão. O senhor quer ir para Cremona?" – Apesar de nossa grande intimidade, eu o chamava de senhor porque fui educado assim, e até hoje chamo minha mãe de senhora. – "Não tem nada lá! E não sei se a gente vai encontrar hotel em Cremona. Em Milão temos hotel reservado."

"Não, não, não! Tudo bem, tudo bem."

Pouco depois, Cremona estava a 30 quilômetros. Meu pai continuava com os olhos fixados no mapa. Começou a discutir, em voz baixa, com minha mãe. Quando nos aproximamos de Cremona, a Amelinha, ainda na direção, encostou o carro. E, olhando para mim, disparou:

"Quer saber de uma coisa? Você pode ter hotel marcado em Milão, mas Cremona está a 10 quilômetros daqui. Vou entrar em Cremona".

Meu pai soltou uma larga risada de felicidade. Amelinha perguntou se ele gostaria de conhecer Cremona. "Claro! Se quiser entrar em Cremona, você entra!"

Tínhamos hotel reservado lá, é óbvio. No dia seguinte, resolvemos ir ao vilarejo de onde a família tinha saído, a 15 quilômetros de Cremona. Com 1.500 habitantes, o vilarejo faz parte da Província de Cremona e já teve vários nomes. Hoje se chama Paderno Ponchielli – em homenagem ao compositor do século XIX.

Era um domingo, hora do almoço, quando chegamos a Cremona. Tudo fechado. Meu pai nunca tinha posto os pés lá. E as famílias nunca mais tinham se visto; aliás, nem se conheciam. O único que voltou para encerrar uns negócios foi meu bisavô, o Luigi, um ou dois anos depois de ter desembarcado no Brasil.

Só tinha um bar aberto. Sugeri um café. Perguntei ao dono do bar:

"Me diz uma coisa: tem muito Reali por aqui ainda?"

"Claro que tem. O Luciano Reali, por exemplo, mora a um quarteirão daqui."

"Daria para chamá-lo?"

"Por quê?"

"Porque também somos Reali, do Brasil. Daria para telefonar para ele?"

Não deu cinco minutos, o Luciano Reali, um primo, invadiu, afobado, o bar. E fez festa. Trabalhava na prefeitura de Cremona, por ele passavam todos os dossiês e pedidos de naturalização da família Reali no Brasil. Então acabou conhecendo nossa história. Sabia o nome da minha avó, das minhas tias-avós.

Ele perguntava: "Você, quem é? E você?"

Luciano nos levou para conhecer a família, que estava toda reunida. Quando meu pai entrou, a mãe do Luciano disse: "Estou arrepiada!"

Apontava para meu pai e repetia: "*È la faccia del mio marito!*" [*É o rosto do meu marido*].

Seu marido tinha morrido fazia seis meses. Depois do almoço, uma bela macarronada, fomos ao cemitério. "Fulano está enterrado aqui, é tio de sicrano; ali está o irmão daquele..." Em suma, no cemitério você reconstitui toda a árvore genealógica da família Reali. Em seguida, Luciano nos levou para Acqualunga, a 10 quilômetros de Cremona, onde, num terreno, havia algumas casas abandonadas e uma igreja, em torno da qual circulavam umas vacas.

Numa parede da igreja, havia um quadro enorme que pertencia ao meu bisavô Luigi; na hora de partir para o Brasil, no final do século XIX, ele deixara a obra no vilarejo. Luciano perguntou se meu pai não queria levar o quadro, mas ficou claro para nós, dado o tamanho da obra, por que Luigi não o fizera. O quadro não tem grande valor, deve estar na igreja até hoje. E, como sempre, na porta da igreja vimos uma lápide com o nome dos mortos da região.

Nos demos conta de que os nomes dos Reali nascidos no Brasil eram, em alguns casos, os dos que tinham permanecido na Itália. Estes, por sua vez, deram aos filhos os nomes dos que partiram. Por exemplo, o irmão do meu avô, que ficou na Itália, deu ao seu filho o nome do irmão Ettore, meu avô. Na placa estava o nome do Ettore, o que ficou em Cremona. Morreu no final da Segunda Guerra. Comentei, orgulhoso, com meu pai: "Papai, deve ter sido um *partigiano* [guerrilheiro contra o regime fascista de Benito Mussolini, de 1922 a 1945]". O Luciano corrigiu: "Não, era fascista!" [*gargalhada*].

Naqueles momentos, nada disso importava. Meu pai ficou satisfeito, emocionado com o reencontro dessa parte desconhecida da família. Não via a hora de voltar para o Brasil; queria contar para os irmãos que tinha restabelecido contato com os Reali de Cremona.

Minha mãe foi mais dura na nossa educação. Nos controlava mais. Eu a admirava, mas com meu pai tinha maior liberdade. Ele trabalhava muito, eu o via pouco. Tinha uma vida como a do jornalista: não havia hora para nada. Portanto, eu curtia muito os breves momentos que passava com ele.

Minha mãe nasceu em Ribeirão Preto, logo depois que a sua família se mudou da Bahia para o Estado de São Paulo. Foi minha avó Matilde, baiana de Caetité, ajudada pelo irmão paralítico do marido, Salvador, que morreu com cerca de 40 anos, quem abriu a fazenda em Tibiriçá. A fazenda sustentou a família.

CAPÍTULO V

Infância numa São Paulo de balões

Reali: As férias de inverno eu passava em Tibiriçá, com minha avó materna. Sua cozinha também me influenciou. Era uma comida baiana adaptada, já que Caetité não se situa no litoral. Seu vatapá, por exemplo, não tem nada a ver com o verdadeiro, o de Salvador, e nem sei por que se chama vatapá. É uma sopa densa preparada com produtos encontrados no interior da Bahia. Não leva peixe fresco, mas camarão seco, frango desfiado. A receita dessa adaptação do vatapá passou para minha mãe e para suas irmãs, e faz muito sucesso.

Sempre tive muitos amigos entre os colonos. Na única vez, aos 12 anos, em que me deixaram sozinho na fazenda, organizei uma grande festa para eles na sede. Matamos galinhas, esvaziamos a adega de minha avó. Marcou presença até um sanfoneiro. Foi um grande sucesso. Pelo menos, é essa a impressão que guardo até hoje.

Resumindo, tive uma infância romântica, em fazendas, e de menino que brincava nas ruas. Cursei o primeiro ano primário em Santos, quando meu pai era o delegado da cidade. Depois mudamos para São Paulo. Morávamos na Vila Nova Conceição, na região centro-sul da cidade, então um bairro de chacareiros de legumes e flores, as bases da economia ali. Recordo-me bem da nossa rua, a Domingos Fernandes, onde fica a Igreja de São Dimas. Havia um eucaliptal na avenida Indianópolis, que está lá até hoje. Caía muito balão, e grupinhos corriam para pegá-los. Hoje não caem mais balões na Vila Nova Conceição e é um dos bairros mais elegantes de São Paulo.

Minha turma era a da "pá-virada": um garoto ficava rodando com uma madeira comprida para ninguém chegar perto do balão que despen-

Time da Record: no gol, o titular Reali, o zagueiro Fernando Vieira de Mello e o atacante Antônio Augusto Amaral de Carvalho (Tuta)

cava do céu. Era uma briga danada: ao perceber que outras turmas estavam prestes a pegar o balão, jogavámos pedras nele, ou o apertávamos. "Nem pra mim, nem pra ti." E tinha o time de futebol de rua. Eu era o goleiro. Não era um craque, mas era o dono da bola [*risos*].

Reali continuou no gol nos tempos de jornalista no Brasil. José Carlos Pereira, da Jovem Pan, conta: "Ele era o goleiro do time do jornalismo no futebol de salão na Record, um time dirigido pelo Tuta [Antônio Augusto Amaral de Carvalho; diretor-presidente da Jovem Pan], o atacante. Na verdade, os goleiros eram o Reali e o Milton Parron [hoje apresentador e repórter da Rádio Bandeirantes]. O problema é que o Parron se achava o melhor goleiro do mundo e o Reali não admitia ser o reserva do Parron. E ficava aquela disputa. O Reali não era um grande goleiro e por isso mesmo o folclore existia. Ele era o bonitão do time".

Reali [*rindo*]: Eu nunca disse que era craque no gol, como, aliás, contei antes de vocês entrevistarem o José Carlos. No entanto, eu fechava o gol muito melhor que o Parron, bom goleiro, devo conceder, mas, como vários espanhóis, muito briguento – embora, eu também tivesse a mesma fama. De qualquer forma, sempre fui titular no gol desde o segundo ano primário, quando entrei na Escola Estadual Caetano de Campos.

Um dos melhores amigos de Reali Jr. no Caetano de Campos – e até hoje –, o advogado Itobi Alves Correia Júnior, cujo pai estudou direito com Reali Sênior, fala de seus tempos no Caetano de Campos com o Reali: "Reali Jr. não mudou muito, ou seja, já era uma pessoa com personalidade muito forte. Era loirinho, o que o destacava ainda mais na classe. Era também muito forte, troncudo, e tinha essa agressividade que depois veio marcar sua qualidade como repórter. Seu pai era secretário da Segurança de São Paulo, e os colegas o respeitavam também por isso. E o Reali Jr. era briguento. Convidava quem o provocasse para uma briga na hora da saída, fora da escola. Estava sempre envolvido nesse tipo de situação. Inclusive, na vida, ele teve vários episódios em que resolveu as coisas no braço".

"Acho que nunca pretendeu ser um aluno exemplar. Sentava no fundão da classe. Era mais próximo do pessoal que aprontava, estava

sempre envolvido nos conflitos com professores, diretores, não somente em brigas. Dos colegas que tive, foi sempre o mais maduro. Tinha mais expediente, entendia muito de futebol. Era uma personalidade, desde o início marcava presença perante os colegas. Isso foi o que ficou daquele tempo na minha memória."

Reali: É, o Itobi acertou quando disse que eu não gostava muito de estudar. Mas sempre adorei ir para a escola. Gostava de participar do grêmio, fazer política, jogar futebol, ficar com os amigos, fazer arruaça. Tínhamos nossas brincadeiras. Por exemplo, colecionávamos uns espelhos redondinhos com o rosto dos jogadores de futebol do São Paulo, Corinthians e Palmeiras no verso. Corinthiano roxo, Itobi só colecionava espelhos de jogadores do seu time.

Usávamos os espelhos para olhar as pernas das professoras. Algumas eram moças, tinham 30, 35 anos. E nós 10, 12 anos. Uma delas era bem razoável. Quando entregava as provas corrigidas, nos enfileirávamos, uns quatro ou cinco alunos, diante de sua mesa para discutir as notas. Aí, um engatinhava por entre as pernas dos enfileirados... para olhar as pernas da professora.

Num belo dia, o Luiz Vergueiro, na época bem gordinho, depois ator de teatro em São Paulo, engatinhou. Só que, por conta de uma denúncia anônima, o diretor apareceu na porta da classe. O Vergueiro estava de quatro e vinha que vinha: fechei as pernas para ele perceber, mas, sem notar a presença do imponente diretor, ele sussurrava: "Ei, ei, é minha vez agora". Fomos suspensos por dez dias – um porque abriu o caminho, outro porque olhou as pernas da professora, outro porque simulou interesse em discutir sua nota...

Sempre procurei ser simpático com os professores: chamava-os de mestres. Sentava-me no fim da classe, como disse o Itobi. Às vezes, o professor me chamava:

"Reali?"

"Pois não, mestre!"

Digamos que nunca fui aluno exemplar na escola. Mas me dei bem em história, geografia e francês. Era péssimo em matemática. Cursei o terceiro e quarto anos do primeiro clássico [existia também o científico], o equivalente ao colegial de hoje, no Rio Branco, na rua Doutor Vila Nova.

Certa vez, tomei pau em espanhol por causa de um colega nosso, que até hoje não sabe disso. O nome dele é Eduardo Carvalho. Depois ele se tornou muito próximo do Delfim Netto[16], e, se não me falha a memória, chegou a ser presidente do Banco do Estado de São Paulo, o Banespa.

Era um dos primeiros da classe, o Eduardo Carvalho. Mas o professor de espanhol cismava com ele. Entrava na classe, via o Edu conversando com alguém e dizia: "Fora!" E o Edu não estava fazendo nada. Um dia – e talvez essa seja uma das razões da minha relativa popularidade mencionada pelo Itobi –, levantei-me e disse:

"Mestre, estranho o seguinte: o senhor mandou o Edu embora da classe porque ele estava falando com a moça. Pois eu estava aqui, no fundo, conversando com outros colegas, e o senhor não disse nada. Sua forma de agir é injusta com o Edu".

"Ah, é? Então você também pode sair. Vá à diretoria e diga por que foi posto fora da aula."

"Pois não, mestre."

Resultado: provavelmente sou a única alma que tomou pau em espanhol na história do Rio Branco. Perdi um ano por causa disso. Em seguida, comecei a correr os colégios "boates", que ofereciam os cursos noturnos mais fracos: Santo Américo, Eduardo Prado, Bandeiras... E sempre acompanhado por um escudeiro: meu amigo Francisco Campos, o Chico Foca, bastante popular no Club Athletico Paulistano.

Melhor ainda, me apaixonei, e minha vida começou a mudar. Conheci, num barzinho em Itanhaém, na época um vilarejo maravilhoso onde passava as férias de verão tomando banho de mar, a Amelinha. Ela, devido a um tombo, tinha um dente com a ponta quebrada, o que lhe conferia um charme especial. Como se chamava aquele bar, Amélia? [*Do escritório anexo, Amélia, sem titubear, retruca: "Prainha".*]

Reali: A Amelinha lembra de datas e lugares melhor que eu. Mas a data do nosso primeiro encontro não me escapa: janeiro de 1954. Eu tinha 14 anos, ela 13. Hoje, unidos há tantos anos, somos um casal "revolucionário", visto que estamos casados desde 1961.

16. Antônio Delfim Netto: São Paulo, 1928; economista, ex-professor da Universidade de São Paulo, político; na ditadura militar foi ministro da Fazenda, 1967, da Agricultura, 1979, do Planejamento, 1980, e embaixador em Paris, 1974–79; secretário da Fazenda de São Paulo, 1966; foi deputado federal pelo PMDB até 2006 e assina uma coluna na revista *CartaCapital*.

Turma do Caetano de Campos: Reali, sentado é o 5º da esquerda para a direita.
Itobi Alves Correia Júnior, na última fileira, em pé, é o 9º da esquerda para a direita.

Para chegar a Itanhaém, você ia pela praia, na maré baixa. Quando estava alta, ninguém passava pela Praia Grande. Não era bem uma estrada, mas um atoleiro, e principalmente ao longo do rio Mongaguá. Só era possível desatolar um carro com a ajuda de uma parelha de bois. Ainda assim, levava uma vida para tirá-lo de lá. A opção era um trenzinho maria-fumaça – levava três horas de Santos a Itanhaém, passando por Mongaguá e Suarão.

Naquela noite, no Prainha, eu estava com uns amigos dançando ao som de uma vitrola. Um deles me disse:

"Acho que vou namorar aquela de dentinho quebrado".

"Não, essa não.Você vai namorar outra – essa aí quem vai namorar sou eu!"

E até hoje estamos namorando. Amelinha estudava no Sion, em Higienópolis, eu ainda no Rio Branco. Saía da escola e ia buscá-la na porta do Sion. Quase sempre assistíamos a um filme na matinê do Cine Metro, na avenida São João, então um cinema importante. Depois comíamos um prato de macarrão no Gato que Ri, no centro. Tudo isso escondido dos pais dela. O primeiro beijo foi na bochecha, no Prainha. Os tempos eram outros...

Amélia [agora sentada ao lado de Reali]: Também íamos muito ao Bambi, na alameda Santos, perto da minha casa, no Paraíso. Parávamos numa sorveteria ao voltar da escola, a Sorveteria Paulista, na rua Paraíso.

Reali: Havia diversos restaurantes bem razoáveis em São Paulo. Além das influências das minhas avós nessa área gastronômica, teve a do meu pai, que adorava jantar em restaurantes italianos. Ele jogava buraco com os amigos e quando terminava, lá pela meia-noite, me acordava. Íamos, com freqüência, comer pizza no Giordano, na avenida Brigadeiro Luís Antônio. Às vezes comíamos no Dino, ao lado; e mais tarde na Cantina Roma, lá na rua Maranhão, em Higienópolis. Isso tudo antes da era do Gigetto, quando o Calúnia era o caixa. Outros que passaram pelo Gigetto foram o Sérgio e o Giovanni Bruno. Sem contar o Sargento e outros garçons que depois montaram sua própria casa.

O Giovanni Bruno tornou-se meu caixa 2: quando estourava meu crédito, permitia que eu pendurasse minhas notas pessoalmente. Não fosse o Giovanni, teria deixado de comer vários filés à cubana – um filé à milanesa à cavalo, acompanhado de banana à milanesa e farofa. Até hoje, quando vou visitá-lo em São Paulo, ele insiste em preparar o mesmo prato. Não vejo nenhum problema nisso.

Quando eu estudava no Caetano de Campos, um tio que trabalhava com algodão, Clóvis Reali, me levava ao Fasano, na rua Sete de Abril. Eu também gostava do restaurante do Hotel Ca' d'Oro, ainda no primeiro andar da Barão de Itapetininga, centro de São Paulo. Depois mudou-se para a Basílio da Gama, quando o Ca' d'Oro virou hotel/restaurante; só no início dos anos 60 transferiu-se para a rua Augusta; tinha então duas entradas: uma pela Augusta, a outra pela Avanhandava, no ponto que deságua na Nove de Julho. Esse tio também me levava à Dona Vitória, no centro, onde eu devorava saborosos pratos libaneses, e ao Cabana, churrascaria da mãe do Massimo, hoje dono do restaurante que leva seu nome, na alameda Santos.

Já era moço quando passei a freqüentar com assiduidade o Gigetto, que se tornou nossa cantina de todas as noites. Mais tarde, foi se desdobrando em vários Gigettinhos. Depois de ter trabalhado no Gigetto, o Giovanni Bruno abriu sua cantina, o primeiro Giovanni Bruno, no lugar onde ficava o Le Arcate. Mudou de endereço algumas vezes, até chegar onde está hoje, no Il Sogno di Anarello, na Vila Mariana.

Quanto à pizzaria Speranza, fui um dos primeiros a descobri-la. Situava-se numa garagenzinha do Brooklin, nas cercanias da ponte do Morumbi. No início da década de 60 transferiu-se para a Bela Vista, onde se encontra até hoje. E existe uma filial, em Moema. Os filhos, Giovanni e Antônio Tarallo, infelizmente brigaram e dividiram o negócio, cada um ficou com uma pizzaria. O amigo Giovanni faleceu há poucos anos, e Antônio nos deixou em 2006.

Mas, além dos italianos e alguns libaneses, havia ótimos restaurantes brasileiros e franceses. Nas noites de sexta-feira degustávamos a feijoada do Parreirinha, na avenida São João. Outro bom restaurante era o Chamonix, na rua Pamplona. Comíamos *fondue* no Sans Souci, na avenida Santo Amaro. Todo ano, nas minhas passagens por São Paulo, vou ao Frangó, na Freguesia do Ó, com meus amigos Rodrigo Mesquita, ex-diretor da Agência Estado, ou Sandro Vaia, ex-diretor de redação do *Estado de S. Paulo*. Nos velhos tempos, no largo da Igreja da Freguesia do Ó, comíamos a melhor pizza frita de São Paulo.

São Paulo, claro, era uma cidade menor nos anos da minha infância e mocidade. Praticamente todo mundo se conhecia no bairro. Na minha adolescência, passou a haver maior integração com os jovens de outros bairros. Surgiram diversos clubes e havia festas às pamparras nos fins de semana. Tinha o Marrocos e o Clube X, para citar dois clubes. Tivemos contato com muita gente nessas festas. No Grêmio do Colégio Rio Branco também sempre havia um bailinho.

Minha ligação com São Paulo, apesar dos meus mais de trinta anos na França, é muito forte. Adoro São Paulo. Gosto bastante do Rio de Janeiro, cidade linda, muito mais bonita que São Paulo. Mas não trocaria São Paulo, a minha cidade, pelo Rio. Minhas raízes, minhas referências estão todas lá. Sinto-me verdadeiramente em casa em São Paulo. Amélia condivide comigo esse sentimento pela cidade. Muita gente diz que tem gosto para tudo. Mas é assim...

Em São Paulo, entro num automóvel e me viro. Tenho o desenho da cidade na cabeça, graças, em grande parte, ao meu trabalho de jornalista. E não fico só na zona sul: vou para a Penha, Lapa, Freguesia do Ó, Mooca. Às vezes, posso cair numa rua que virou contramão, ou em novas ruas e avenidas. Mas o mapa da cidade mantenho gravado na cabeça. E o espírito da cidade também.

Esse conhecimento da cidade obtive quando fazia um programa esportivo, A *Alegria dos Bairros*, na Rádio Record, no final dos anos 60. Acontecia aos domingos, em cinemas diferentes de bairros da periferia de São Paulo. Levávamos jogadores de futebol, colocávamos uma trave no palco e fazíamos um concurso para a meninada: quem marcasse um gol no jogador convidado ganhava um prêmio.

O apresentador no início foi o José Blota Jr. [1920-1999], locutor de rádio, ator, apresentador da TV Bandeirantes, da Record e do SBT. Tinha tanta energia que se dedicou também à política, sendo deputado estadual, federal e até secretário de Comunicações do governo de Paulo Maluf,[17] de 1979 a 1982. Substituiu-o seu irmão Geraldo Blota, o GB, que, além de rádio, fez televisão e foi vereador. Eu fazia uma meia hora esportiva. A Rádio Record tinha um grande casting de artistas: Isaurinha Garcia, Lueli Figueiró, Cinderela, Dircinha Batista, Luís Vieira, Pagano Sobrinho, entre outros. Todos participavam do programa. Depois, alguns

---

17. Paulo Salim Maluf: São Paulo, SP, 1931; governador de São Paulo de 1979 a 1982; eleito prefeito de São Paulo em 1992; hoje deputado federal.

de nós saboreávamos os excelentes pratos preparados pelo humorista Pagano Sobrinho em sua casa. Seu cozido era inesquecível.

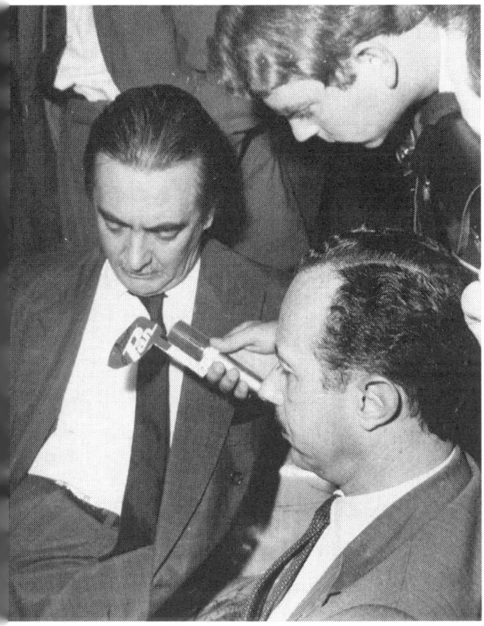
Reali Jr. entrevista Jânio Quadros

E as prévias eleitorais, um dos sucessos da Rádio Record e depois da Jovem Pan, comandadas pelo Fernando Vieira de Mello [1919-2001], também contribuíram para o meu conhecimento de São Paulo. Nas prévias, você jogava com a honestidade. Não existia um trabalho propriamente científico para divulgar os percentuais das sondagens, como hoje. Fernando estabelecia, mais ou menos, a estrutura social da cidade. Você saía periferia afora para ouvir milhares de pessoas. Dava certo. Acertamos na mosca a vitória do Jânio Quadros [1917-1992][18] sobre o Adhemar de Barros [1901-1969],[19] por apenas 18 mil votos, nos anos 50.

Claro, atualmente São Paulo está mais violenta. Você transita por ela preocupado, olhando para os lados o tempo todo. Mas suporto e supero tudo isso. Já outras cidades da minha infância, tenho visitado pouco. Estive em Bauru há uns oito anos, com a Amelinha, quando me prestaram uma generosa homenagem. Para São Carlos também tenho ido pouco. São cidades que mudaram bastante. Cresceram. Bauru não é mais

18. Jânio da Silva Quadros: Campo Grande, MS, 1917 – São Paulo, 1992; presidente do Brasil de 31 de janeiro a 25 de agosto de 1961; em 1985, elegeu-se prefeito de São Paulo; cassado pelo golpe militar de 1964; governador de São Paulo, 1955-1959; prefeito de São Paulo, 1953-1954; deputado estadual, 1951-1953; vereador em São Paulo pelo Partido Democrata-Cristão, 1948-1950; professor de direito processual penal na Faculdade de Direito da Universidade Presbiteriana Mackenzie; professor de língua portuguesa no Colégio Dante Alighieri.

19. Adhemar Pereira de Barros: Piracicaba, SP, 1901 – Paris, França, 1969; cassado em 1966, quando governador, exilou-se na Europa; participou das tramas para derrubar o presidente João Goulart, em 1964; elegeu-se governador de São Paulo duas vezes, em 1947 e em 1962; eleito prefeito de São Paulo, em 1957; fundador do Partido Social Progressista (PSP) em 1945, o qual presidiu por duas décadas com grande apoio popular; deputado estadual pelo Partido Republicano Paulista, em 1934.

a cidade da minha infância, da confeitaria Lalai, do Nicolinha, ou Manguinhas, ambos apelidos do Avalone Jr., ex-prefeito e deputado da cidade. E certamente não é mais a Bauru da Eny, dona do bordel que tornou a cidade ainda mais conhecida.

São Carlos, uma cidade de subidas e descidas – e é por isso que as mulheres de lá têm pernas grossas [risos] –, tinha uma beleza de um bondinho que a cruzava, ligando a estação de trem ao cemitério. Deveriam tê-lo mantido.

Santos também me marcou. Quando meu pai foi delegado lá, morávamos no Parque Balneário. O italiano Fausto Fracarolli, dono do hotel, alugava para meu pai um apartamento por preço mais acessível. Para o Fracarolli, claro, era conveniente ter o delegado da cidade no seu hotel. Maior proteção. Para a minha família, era ótimo ficar no Parque Balneário, porque desfrutávamos de maior conforto que em outros hotéis.

Entretanto, Santos não era uma cidade fácil. Isso por conta da atividade portuária sindical e dos protestos do PC, dos quais já falamos. Quando havia uma crise, mandavam embora o delegado. Por isso, não valia a pena o delegado comprar casa, se instalar, já que sua estada podia durar duas semanas. Com meu pai, no entanto, aconteceu o contrário. Embora nunca tenha comprado casa em Santos, foi delegado da cidade por três anos. Já promovido, o transferiram para São Paulo.

O mais irônico é que ele passou apenas 24 horas na capital. Logo que deixou Santos, estourou outra greve. O novo delegado, coitado, não soube lidar com a manifestação. Meu pai voltou para ocupar o posto durante mais um ano. Vivia sozinho. Subia e descia a serra. Nesse período, tinha um auxiliar, um competente investigador, o Emídio Pereira de Castro, em São Paulo. Ambos trabalharam juntos até se aposentar. Portanto, quando meu pai morou em Santos, o Emídio tornou-se quase um segundo pai. Ele era formidável, e de uma grande fidelidade. Se meu pai contou com um amigão, foi com o Emídio – e para o que desse e viesse.

Emídio me ensinou a guiar aos 12 anos; me levava e buscava na escola. Sempre me incentivou em tudo. Numa época, me convenci de que era um exímio nadador: entrei numa competição colegial de 50 metros nado livre, no Pacaembu. E quem me levou para a competição? O Emídio, o único que torceu por mim, óbvio. Tirei último lugar [*gargalhada*]. Um japonês bateu o recorde dos 50 metros livres, e eu ainda estava no meio da piscina. Mesmo assim, o Emídio não perdia a esperança: "Você vai ser bom!" Ele adorava a Amelinha, foi uma espécie de padrinho do nosso namoro.

Já aposentado, o Emídio se mudou para Itanhaém, e o pessoal de lá falava mal de mim de propósito, para brincar com ele. "Ah, aquele Reali Júnior é muito ruim de rádio." Furioso, Emídio rebatia: "Vai lá fazer seu trabalho!" E levavam a brincadeira adiante, até ele sacar o revólver e dar tiros para cima.

Mas você também continuava briguento. O Itobi Alves nos falou das suas refregas na escola. E no seu depoimento, Fausto Silva, que agora faz o *Domingão do Faustão* na TV Globo, disse que você tinha um "gênio forte", eufemismo para briguento, como repórter. Saul Galvão, seu companheiro de redação do *Estado* e também de viagens gastronômicas, disse que certa vez o falecido Giovanni Tarallo, um dos donos da pizzaria Speranza em São Paulo, lhe disse: "O Reali briga o tempo todo".

Reali: É, houve umas briguinhas quando já era adolescente, adulto e mesmo aqui na Europa. Meu pai e eu também enfrentamos umas brigas juntos, às vezes de rua. Uma vez, subindo aquele ladeirão do Morumbi – o famoso "S", porque tem a forma da letra –, um tratorista que estava trabalhando numa obra nos deu uma fechada. Meu pai parou o carro, mas de susto. O tratorista desceu, para agredir.

Não tive dúvida: desci para brigar. Quando me dei conta, havia baixado mais gente da obra. Olho para o lado e lá estava meu pai se defendendo da agressão. Todo mundo parou para assistir ao duelo. Minha irmã Ana Maria incentivava a disputa. Meu pai era bom de briga, tinha estopim curto. Foi um excelente exemplo para mim [*risos*].

Amélia [de volta à sala]: E o Júnior também tinha estopim curto. Em 1967, estávamos no Moustache, uma boate perto do cemitério da Consolação, com um grupo de amigos. Mas temos de convir o seguinte: bebíamos um pouco, e começávamos a crer que o mundo estava contra nós. De qualquer maneira, tinha um rapaz, um amigo do grupo que não conhecíamos muito bem. Eu estava sentada com minha bolsa ao lado, e o moço me perguntou: "Essa bolsa é sua?" Com toda aquela barulheira, o

Júnior não entendeu o que o rapaz tinha dito. O coitado levou o primeiro tapão, mas não percebeu de onde vinha a bofetada – a boate estava apinhada. Pensei: "Meu Deus, vou levantar porque vai dar um rolo danado". No que fui levantar, o cara me ajuda [*risos, incluindo os do Reali*]. Daí voou tapa para todos os lados. Chegou a polícia. Acabou a festa. Fomos de radiopatrulha para casa.

Reali: Tudo bem, houve umas briguinhas, mas são raras em comparação com os dias e noites que eu passava trabalhando. Em suma, brigas foram esporádicas, mas o trabalho foi freqüente.

Já política, conheci em casa, por causa do meu pai, que adorava o assunto. Ele recebia políticos de peso. Um que vinha em casa, na época deputado estadual do PSD [Partido Social Democrático], era o Ulysses Guimarães [1916-1992].[20] Ele era um simples deputado e juscelinista, isto é, ainda não era conhecido como o dr. Ulysses.

No entanto, não adquiri esse gosto pela política somente ouvindo as conversas do meu pai, mas também lendo jornais, escutando rádio. Menino, acompanhei pelo rádio a crise de 1954, que culminou com o suicídio do Getúlio. O início da minha experiência política aconteceu no Colégio Rio Branco, depois que saí do Caetano de Campos. Comecei a participar das disputas do grêmio, e já com uma atitude de oposição. Isso porque, naquele tempo, o Rotary de São Paulo – e ainda é assim hoje – tinha uma influência muito grande no Rio Branco, por um motivo óbvio: o colégio pertence ao Rotary desde 1946, ano em que a Fundação Rotariana foi criada. Vale salientar que o Rotary é uma instituição conservadora. Na época, os Gasparian, poderosos no Rio Branco, eram presidentes quase vitalícios do Rotary Club. Uma exceção desse conservadorismo da família foi o ramo do Fernando Gasparian, homem ligado à esquerda moderada e editor da Paz e Terra. Faleceu em 2006.

Quando venci uma eleição e tornei-me vice-presidente do Centro Estudantil, o professor Severo Norton, diretor do Rio Branco, veio falar

---

20. Ulysses da Silveira Guimarães: Rio Claro, SP, 1916 – Parati, RJ, 1992; advogado e político; ministro da Indústria e Comércio, 1961-1962, do governo Goulart; deputado federal com maior longevidade na história do Brasil, 1951-1992; um dos fundadores, em 1980, e presidente do Partido do Movimento Democrático Brasileiro (PMDB); em 1984 tornou-se um dos líderes da campanha pelas eleições diretas à Presidência – Diretas já; presidente do Congresso Constituinte, em 1988, foi um dos elaboradores da Constituição do Brasil; presidente da Câmara dos Deputados, 1985-1988; presidente interino da República dezenove vezes.

comigo. Perguntou se eu poderia aproveitar um dos dois irmãos Gasparian na diretoria do Centro. Fui objetivo: "Não, foi muito dura essa eleição. Fomos muito pressionados. Agora não fechamos com ninguém, e não haverá acerto".

Na mesma época, participei de movimentos estudantis com alguns amigos de outros colégios de São Paulo, como o Gilberto Rogê Ferreira, do Colégio Paes Leme, irmão do falecido deputado do Partido Socialista Brasileiro [PSB], o Rogê Ferreira. Outro que fazia parte desse grupo era o Márcio Gurgel do Amaral, grande líder estudantil. Fez faculdade de direito, mas faleceu moço. E não posso esquecer do Luiz Celso de Piratininga Figueiredo, hoje diretor do Centro de Estudos de Propaganda e Marketing da Escola Superior de Propaganda e Marketing [ESPM]. Foram eles e outros amigos que me levaram ao Partido Independente, de centro-esquerda, com inclinações socialistas.

Acabei sendo eleito membro do colegiado da União dos Estudantes Secundários de São Paulo [UESP]. E aproximei-me também de movimentos ligados à União Paulista dos Estudantes Secundários [UPES]. Na UPES, a extrema esquerda era representada pelo Partido Comunista. Chegamos a fazer aliança com o Partido Comunista para ganhar algumas eleições. Mas às vezes tínhamos posições contrárias às do PC e não fechávamos com os comunistas.

Ou seja, já no curso colegial, com 16, 17 anos, tínhamos uma participação política considerável. Isso foi positivo na minha formação, desde o início à esquerda do espectro político, mesmo que no Partido Independente houvesse gente de centro, como se fosse uma frente partidária similar ao antigo Movimento Democrático Brasileiro [MDB].[21]

Voltando ao suicídio do Getúlio Vargas, lembro que fiquei muito sentido. Claro, era um líder populista, tinha sido um ditador de 1937 a 1945, mas na sua segunda volta à Presidência, em 1951, se tornou outro homem, voltado para as causas sociais e nacionalistas. Sua campanha "O petróleo é nosso" foi encampada por todas as esquerdas brasileiras e culminou com a criação da Petrobras. Vivíamos o momento.

---

21. O Movimento Democrático Brasileiro (MDB) foi fundado em 1966 e sua extinção deu-se em 1979, ao ser refundado como Partido do Movimento Democrático Brasileiro (PMDB); o MDB era o partido da oposição durante o bipartidarismo implantado pelo regime militar; o partido do governo chamava-se Arena (Aliança Renovadora Nacional).

Com o tempo fui corrigindo minha cabeça, politicamente. Minha admiração pelo Getúlio permanece naquilo que se refere a alguns aspectos de sua administração, de seu governo – sempre em relação ao governo constitucional. Mas não podemos esquecer a ditadura getulista e o namoro dele com o Eixo, fato lamentável.

A tentativa de assassinato em 1954 do Carlos Lacerda [1914-1977],[22] dono do vespertino *Tribuna da Imprensa*, fracassou – e acabou derrubando Getúlio. Fiquei revoltado. Como, me indagava, a guarda pessoal do Getúlio pôde chegar a esse ponto? Getúlio ficou muito mal com essa tentativa de assassinato de seu inimigo e um dos proeminentes líderes da antigetulista UDN [União Democrática Nacional].[23]

Não era um homem violento, o Getúlio. Não tivera nenhum conhecimento do plano de assassinato, que acabou matando o correligionário do Lacerda, o major da Força Aérea Rubens Florentino Vaz. Além do mais, essa violência não fazia sentido numa fase de redemocratização do país. A situação deixou o Getúlio fragilizado, a ponto de suicidar-se com um tiro no peito.

Na verdade, Getúlio, como tantos políticos brasileiros, jogou entre a direita e a esquerda. Era um conciliador, mais um de uma lista de lideranças populares. Outro político que admirei foi o presidente Juscelino Kubitschek. Homem aberto, fez um governo virado para o desenvolvimento.

No entanto, também tenho grandes críticas a fazer ao Kubitschek, até do ponto de vista da corrupção, que certamente ocorreu na construção de Brasília [inaugurada em 21 de abril de 1960]. Tudo bem, você pode até elogiar a coragem e a ousadia do Kubitschek de realizar esse projeto. Mas em que condições a nova capital foi erguida? Até hoje, ninguém sabe quanto custou Brasília. Os preços, indicados nos livros, certamente não correspondem à realidade. Houve muito atropelamento no processo de construção da capital.

---

22. Carlos de Frederico Werneck Lacerda: Vassouras, RJ, 1914 – Rio de Janeiro, 1977; político, jornalista, empresário; inicialmente comunista, converteu-se em um dos mais vocais anticomunistas na União Democrática Nacional (UDN).

23. A UDN foi criada em 1945 para combater a ditadura, mas logo virou ultraconservadora.

CAPÍTULO VI

Estréia na Rádio Panamericana

Reali: Mesmo fazendo política, meu objetivo principal, ainda com 16 anos, era o de me casar. Mas como? Eu precisava trabalhar. Procurei o radialista Casimiro Pinto Neto [1914-1983], o famoso Bauru, apelidado assim porque era de Bauru. Ele era diretor da Rádio Panamericana, rebatizada Jovem Pan em 1965.

Bauru foi amigo e contemporâneo do meu pai na Faculdade de Direito do Largo de São Francisco. Era articulado e, depois de abandonar a carreira de advogado, foi o primeiro apresentador de rádio do programa *Repórter Esso*. Inventou o sanduíche bauru nos anos 30, servido até hoje no bar e restaurante Ponto Chic, no largo do Paiçandu, centro de São Paulo. A receita muda dependendo do local, inclusive até no Ponto Chic, onde fazem o sanduíche com queijos importados. O bauru original, com receita oficializada por uma lei de 1998 da Câmara dos Vereadores de Bauru, é muito mais simples:

Um pão francês sem miolo; duas fatias de tomate; duas fatias de pepino em conserva; duas fatias de queijo; duas de queijo-estepe; duas de queijo-prato; algumas fatias de rosbife; sal. Aí você coloca o queijo e um pouco de água numa panela rasa ou na frigideira. Derreta os queijos até formar uma unidade, mas sem deixar a água ferver; se ferver, o queijo fica mole. Coloque o rosbife, tomate e pepino no pão; em seguida, derrame a mistura de queijos em cima. Acrescente sal.

Voltando ao Bauru, ou melhor, ao Casimiro e ao meu primeiro teste. Ele chamou o Estevam Sangirardi [1923-1994], o Sanja, narrador humorístico-esportivo, popularíssimo no seu programa *Quinta Avenida*, e posteriormente no show de rádio de mesmo nome. Eu tinha muita admiração pelo Sanja, que já estava na Panamericana desde 1946 e depois trabalhou para a Bandeirantes, Jovem Pan e Record, entre outras rádios, e, entre outras tevês, para a Record e a Tupi. Para personificar os torcedores, inventou ao longo de sua carreira o "Juca Coringão", o "Didu Morumbi", que tinha até mordomo, o casal de italianos idosos, o "nôno e a "noninha", que não perdiam uma jogada do Palmeiras, fundado pela colônia italiana.

Acho que senti a pressão de estar falando ao microfone diante do rei do rádio, porque meu teste foi um desastre. Repito, um desastre! Eu nunca tinha colocado os pés em uma estação de rádio na vida. Sentei à mesa, um microfone à minha frente. O locutor comercial, que estava lá havia uns vinte anos, me deu as instruções: "Reali, você faz o seguinte: vai tocar uma música, quando ela terminar você lê esse texto comercial, depois disso o programa *Quinta Avenida*, de música norte-americana, prossegue".

E o Sangirardi e o Bauru, ao lado, observando. Terminou a música. O locutor passou a bola para mim e eu, óbvio, não quis fazer feio:

"Resolva seu problema de discos comprando uma máquina de lavar roupa na Eletrodiscos, São Bento, 230".

Imagine, quem vai comprar uma máquina de lavar roupa numa loja de discos? Na verdade, eu misturei dois textos, e um deles não fazia parte do teste. Mas o Bauru mostrou-se, como sempre, solidário. "O menino é bom, hein! Ainda precisa aprender a ler direito, e ainda gagueja um pouco. Mas que tem boa voz, ninguém pode negar!" Bauru foi meu padrinho no rádio e de casamento. Virei locutor comercial, mas logo comecei a cobrir futebol, graças ao Bauru que se tornou meu melhor amigo e protetor.

Ainda hoje, apesar de ser correspondente em Paris faz mais de três décadas, muita gente lembra do Reali Jr. com seu enorme gravador adentrando campos de futebol. Recorda Itobi Alves, o amigo de escola: "Depois que nos separamos no colégio, só fui ter a oportunidade de revê-lo na tevê, como repórter de campo, quando ele era o chamado 'repórter-canarinho'". Repórter-canarinho?

Repórter Canarinho da TV Record

Reali: Invenção do Geraldo José de Almeida [1919-1976], exímio narrador de esportes da Rádio Panamericana, depois da TV Record e de várias outras emissoras de rádio e redes de televisão, incluindo a TV Globo. Eu era menino, loirinho, e por isso ele me batizou de "repórter-canarinho". Era o terceiro repórter de campo da Panamericana. E como a Rádio Record e a Panamericana faziam parte do mesmo grupo, Emissoras Unidas, do Paulo Machado de Carvalho, pai do Tuta, o diretor da Jovem Pan, havia um certo trânsito entre as duas rádios.

Até hoje o comentarista esportivo Sílvio Luiz me chama de "Canário", porque, é evidente, não sou mais um "canarinho". Durante essa última Copa do Mundo na Alemanha, em 2006, trabalhamos juntos, Sílvio Luiz e eu, pela enésima vez: fora do ar, ele só me chamava de "Canário". Prova que apelido, mesmo com o passar dos anos, pega, não é?

Fui "repórter-canarinho" da Panamericana por alguns anos. Assinei meu primeiro contrato de trabalho no ano seguinte. Tenho até hoje a carteira: 1957. E continuo com eles. Cinqüenta anos com a Jovem Pan!

Trabalhei também como repórter de campo na TV Record, no tempo em que o narrador era o Raul Tabajara, e o Flávio Iazzetti e o Paulo Planet Buarque eram comentaristas. Substituí o Sílvio Luiz na tevê. Éramos amigos, mesmo que o Sílvio Luiz fosse um pouco mais velho, mais experiente e trabalhássemos para diferentes meios de comunicação. Em comum tínhamos uma grande paixão pelo futebol. Sílvio Luiz exigia um aumento no novo contrato que estava por assinar. A Record me procurou. Queriam saber se eu aceitaria seu posto na tevê. Situação delicada.

Resolvi falar com o Sílvio Luiz. Após o jantar no Gigetto, ele me levou para casa no seu automóvel, um pequeno Ford Prefect, visto que eu tinha uma motoneta Vespa, útil somente para o dia-a-dia e nas escapadas para Itanhaém com a Amelinha, o que deixava os pais dela furiosos. No caminho para o Morumbi, onde eu morava, havia uma neblina forte, não víamos um palmo à nossa frente. Expus o problema: o pessoal da Record queria saber se eu aceitaria seu posto, caso ele deixasse a tevê. Eu ainda não sabia o que faria, disse ao Sílvio Luiz, mas minha tendência era não aceitar. Com toda aquela neblina, ele, olhos fixos na rua, não hesitou: "Canário, aceita. Já tenho proposta na TV Bandeirantes. E, de qualquer jeito, se não pagarem o que peço, não vou ficar na Record".

E assim confirmou-se, mais uma vez, o bom caráter desse magnífico profissional. Não é de hoje o fato de que o Sílvio Luiz é um homem de posição, íntegro. Ele acrescentou: "Você não pode perder essas oportunidades quando elas surgem".

Sílvio Luiz, até hoje brilhando na área esportiva, é um grande amigo. Admiro-o muito. Além de seu bom caráter, é homem de grande abertura. A conversa que travou comigo, antes de eu substituí-lo, é apenas um exemplo. Muita gente o critica, dizem que é estourado, às vezes insolente. Esse é seu estilo como comentarista esportivo e, está mais que provado, funciona. A prova é o fato de o Sílvio Luiz ser popular há décadas. Antes, era ainda mais nervoso. Brigava, xingava juízes, jogadores. Tinha gente que corria atrás dele.

Uma história mítica ocorreu no estádio do Pacaembu. A seleção de Minas Gerais jogava contra a de São Paulo. Sílvio Luiz ficou atrás do gol do Edgar, goleiro do Minas Gerais e depois do Palmeiras. Excelente figura, o Edgar. Sílvio Luiz, sempre atrás do gol, repetia: "Você vai tomar um gol na esquerda!" Edgar largou o jogo, saiu correndo atrás do Sílvio Luiz. Se o Edgar, uma fortaleza, o pegasse, matava o Sílvio Luiz de paulada. Mas ele conseguiu fugir para os vestiários do estádio, chegou a polícia e apartou a briga.

Quando substituí o Sílvio Luiz, diversas pessoas opinaram: "Você tem o mesmo tipo físico e poderá adotar o gênero de cobertura que ele faz". Pensei: "Vou fazer exatamente o contrário, porque senão viro o clone dele. E o original é sempre o melhor". Portanto, segui a linha contrária, tornei-me o amigão dos jogadores; me dava bem com todo mundo, inclusive com juízes. Tive a sorte de ser repórter de campo nos tempos áureos do futebol brasileiro, fim da década de 50, começo da de 60. Cobri a geração do Pelé [Edson Arantes do Nascimento] e do Garrincha [1933-1983; Manoel Francisco dos Santos, bicampeão mundial e tricampeão carioca, pelo Botafogo], com os quais me dava muito bem.

Como é que você conheceu o Pelé?

Reali: Conheci o Pelé no Bauru Atlético Clube [BAC] Infantil, o Baquinho. O goleiro era um primo-irmão meu, Salvador Carlos de Almeida, que depois se tornaria um médico muito conhecido na cidade. Quando passava férias em Bauru, na casa dos meus tios e avó, jogava nos treinos do Baquinho. Pelé tinha uns 12 anos. Magricela, habilidoso, inteligente, já levava um time de talentosos meninos nas costas. Impressionante! Era um jogador completo.

Quando o Baquinho ia jogar em São Paulo, invariavelmente ganhava de 7 a 1, 8 a 1. Goleada. E não era só o Pelé que se destacava. Tião, um crioulinho, não jogava tão bem quanto o Pelé, mas quase. Se você falar disso com o Pelé, ele se lembra... O Sílvio, outro garoto do time, também era bom de bola. Mais tarde, quando o grande jogador da seleção brasileira e posteriormente técnico Valdemar de Brito levou o Pelé, com 15 anos, para o Santos Futebol Clube, ninguém o conhecia. Eu disse para meu cunhado: "Esse garoto, Pelé, vai ser o maior craque do Brasil". Hoje, o Robinho lembra um pouco o Pelé aos 16, 17 anos. Mas o Pelé era infinitamente mais completo.

Acompanhei jogos do Pelé em Bauru e em várias outras cidades. Minha relação com ele continuou sendo de amigo, sem sermos íntimos. Mas profissionalmente sempre tivemos uma relação muito boa. E continua assim. Uma vez, Luiz Alberto de Andrade, meu amigo Lulu, fotógrafo de mão cheia falecido em 1998, e eu alugamos uma casa de campo na Normandia e o Pelé passou um fim de semana conosco. Lulu era muito amigo do Pelé, costumavam encontrar-se em Nova York, onde jogavam tênis. Na morte do Luiz Alberto, em Paris, Pelé telefonou várias vezes para saber se sua mulher Eugênia precisava de algo.

Lulu fez carreira em revistas como *Manchete*, *Veja*, *IstoÉ*, jornais como *Estadão*... Bom companheiro, sempre pronto a ajudar. Aliás, ele e o Raymond D'Orfani, que nos recebeu em Paris, são dois amigos queridos que perdemos nesta cidade onde os conhecidos foram muitos e os amigos, pouco numerosos. A mulher de Raymond, a milanesa Dina D'Orfani, é muito amiga nossa até hoje. Raymond e Luiz Alberto têm feito falta à família Reali, sucursal de Paris. No inverno, depois de tomarmos poucas e boas, saíamos com o Lulu pelas sinuosas estradas nevadas da Normandia no seu "Bailarino", um Alfa Romeo azul-claro, que conservou até a morte.

Numas férias, Lulu e Eugênia, Rosa e Celso Furtado [1920-2004],[24]

24. Celso Monteiro Furtado: Pombal, PB, 1920 – Rio de Janeiro, 2004; economista, ministro do Planejamento no governo Goulart, 1961-1964; ministro da Cultura no governo Sarney, 1985-1987; embaixador da Comunidade Econômica Européia (CEE), 1985-1986; economista de 1949 a 1958 da Organização das Nações Unidas (ONU); diretor da Superintendência Nacional de Desenvolvimento do Nordeste, Sudene.

Amélia e eu alugamos durante uma temporada uma casa de Marie e Márcio Moreira Alves, jornalista e deputado cassado durante a ditadura, em Fontaine, na Picardia. Lulu passava as noites ouvindo uma música do Chico Buarque de Hollanda. Talvez por conta de uns goles a mais de uísque, ele repetia uma parte específica – e fundamental – da canção: "Devolva o Neruda que você levou..." Depois da vigésima vez, eram umas 4 horas da madrugada, a Rosa saiu de seu quarto e desabafou: "Lulu, devolve logo esse Neruda, o Celso e eu queremos dormir". Contrariado, Lulu aproximou-se da lareira e respondeu: "Vocês não têm sensibilidade musical".

Foto: Luiz Alberto de Andrade

Celso Furtado e Reali na residência parisiense do ex-ministro, em 1995.

Reali, mas quando você era "repórter-canarinho" já fazia política, não?

Reali: De fato, quando acompanhava a carreira do Pelé, já cobria política. Por alguns anos fiz futebol e política ao mesmo tempo. Em 1959, ainda nesse início de carreira, conheci o Fernando Vieira de Mello na Record. Pouco tempo depois, Fernando tornou-se diretor do Departamento de Jornalismo da Rádio Record e me convidou para trabalhar com ele.

Comecei reportando na Câmara Municipal. Era meu início no mundo da reportagem política e, na época, cursei paralelamente a Escola Superior de Propaganda e Marketing.

Fernando Vieira de Mello me fez passar por todos os setores, de futebol a polícia. Embora nunca tenha me dito que acreditava no meu potencial, tudo leva a crer que foi esse o caso. Lembro do dia em que ele disse: "Agora você vai fazer Câmara Muncipal". Fiquei dois anos fazendo Câmara Municipal. Pouco depois, Fernando me chamou. "Agora você vai fazer Palácio do Governo." E tudo isso em momentos fundamentais. Foi então que cobri o Golpe de 1964.

CAPÍTULO VII

Primeiros passos na imprensa escrita

Reali: Publiquei minhas primeiras matérias para a imprensa escrita no *Correio da Manhã*, diário do Rio de Janeiro. O chefe de redação da sucursal em São Paulo era o Paulo Ferraz, que também trabalhou para o *Diário de Notícias*, entre outros grandes meios da época. Paulo Ferraz se tornaria o sogro do Clóvis Rossi. Conheci o Rossi na redação da sucursal, na avenida Rio Branco. Eram duas pequenas salas, uma empoleirada sobre a outra. O Rossi era ainda rapazinho, mas já altão. Depois foi para *O Estado de S.Paulo*. Namorava a Kátia, até hoje sua mulher. Permaneci no *Correio da Manhã* alguns anos. Lá conheci o José Carlos Bittencourt, hábil repórter, dono de texto forte e crítico, que virou meu compadre. Éramos chefiados pelo Nabor Cayres de Brito e pelo Élcio Carvalho de Castro. Em seguida, fui para a sucursal, em São Paulo, do *Globo*.

O jornalista Mauro Guimarães, ex-diretor do *Globo* na sucursal do diário carioca em São Paulo, conta: "Conheço o Reali há mais de quarenta anos, trabalhamos juntos na sucursal do *Globo*, em São Paulo, por muitos anos. Depois, quando fui para o *Jornal do Brasil*, promovi um encontro do Reali com o diretor da Rádio JB. E assim ele ficou um tempão fazendo boletins para a rádio. Mas quando chegou no *Globo*", continua Guimarães, "Reali já era um jornalista bem-sucedido. Tinha uma incrível vontade de melhorar e manter essa proximidade que nunca perdeu com a reportagem. Naquela época, o *Globo* era o único jornal publicado às segundas-feiras no Rio. E o Júnior praticamente toda semana conseguia uma primeira página, no domingo, para ser publicada no *Globo* na segunda-feira. Isso por causa das fontes que

ele tinha e de que ia atrás. O Reali Jr. nunca teve preguiça, nem aos domingos".

Para ilustrar alguns furos importantes de Reali, Guimarães volta para julho de 1961, para o Conselho Interamericano Econômico e Social, em Punta del Este, Uruguai. O chefe da delegação brasileira era o banqueiro e ministro da Fazenda Clemente Mariani. Mas o então presidente Jânio Quadros também havia incluído na delegação Leonel Brizola (1922-2004),[25] governador do Rio Grande do Sul desde 1958, que iria como "observador". Ou seja, havia um banqueiro conservador e um político de esquerda na mesma delegação. O motivo? Jânio Quadros, que havia visitado Fidel Castro em Cuba durante sua campanha presidencial, talvez pretendesse mostrar certa imparcialidade de seu governo. No entanto, isso não seria possível, visto que o Brasil teria de votar a favor ou contra a permanência de Cuba na Organização dos Estados Americanos (OEA).[26] E Mariani havia sido instruído para votar pela exclusão do país de Fidel Castro.

Ao saber que o Brasil votaria pela exclusão de Cuba da OEA, Brizola abandonou a delegação brasileira. Mais: ele foi o único delegado das Américas – não cubano, claro – a aplaudir o discurso de Che Guevara (1928-1967), chefe da delegação cubana, contra o "imperialismo norte-americano". (Ironicamente, na visita de Che Guevara ao Brasil, em agosto de 1961, mês da renúncia de Quadros, o ministro cubano foi condecorado com a Ordem do Cruzeiro do Sul, a mais alta condecoração para estrangeiros, no Brasil). Esses episódios, entre outros, são reveladores do desequilíbrio da política externa de Jânio Quadros.

De volta ao Brasil de Cuba, Brizola foi a um jantar na primeira pizzaria Speranza, ainda desconhecida, como Reali Jr. já nos contou, numa garagem do Brooklin. Estavam presentes Mauro Guimarães, Fer-

25. Leonel de Moura Brizola: Carazinho, RS, 1922 – Rio de Janeiro, 2004; elegeu-se governador do Rio duas vezes, em 1982 e 1990; eleito vice-presidente da Internacional Socialista, em 1989; fundou o Partido Democrático Trabalhista (PDT) em 1981; cassado pelo golpe militar, em 1964, partiu para o exílio e retornou ao Brasil em 1979; eleito governador do Rio Grande do Sul, 1958; em 1955, elegeu-se prefeito de Porto Alegre; deputado federal, deputado estadual, filiado, no início da carreira, ao Partido Trabalhista Brasileiro, PTB.

26. Organização dos Estados Americanos (OEA): fundada em 1948, com sede em Washington, tenta resolver questões como as da pobreza e do narcotráfico nos países do continente americano e busca a paz e a democratização. Integram a OEA 35 países das Américas, exceto Cuba.

nando Vieira de Mello, Reali, e outros. Ficaram conversando com Brizola, na pizzaria, que a partir da meia-noite fechou as portas, até quatro horas da manhã. Um tinto gelado "de péssima qualidade", conta Reali, foi servido. "Mas o fato de estar gelado nos ajudou a suportá-lo."

Guimarães: "A certa altura, o Brizola fez a seguinte previsão: 'Esse governo, o de Jânio, não vai dar certo: a orquestra está tocando samba e o pessoal dançando tango'". Ou seja, alertava sobre a possibilidade de uma renúncia ou de outro ato político grave do presidente Jânio Quadros. Escassos dias depois, um boletim de rádio de autoria de Reali Jr. antecipava a possibilidade de uma crise séria, inclusive a própria renúncia de Jânio.

Ainda Guimarães: "O Oscar Pedroso Horta, ministro da Justiça de Jânio, ficou puto da vida, mas o boletim já tinha sido transmitido". (Jânio Quadros renunciou em 25 de agosto de 1961.)

"Vários furos do Reali têm origem no Jockey Club de São Paulo", recorda Guimarães. "O Reali era sócio do Jockey. Todo domingo dava um pulo lá. E sempre encontrava alguma personalidade, um senador, um deputado, um jornalista."

Reali: O Jockey, de fato, era uma fonte de informações. Era divertido ir lá para jogar nos cavalos e conversar com políticos. Invariavelmente eu conseguia uma matéria. Conversava, por exemplo, com o Manoel Gonçalves Ferreira Filho, professor de direito da São Francisco, depois chefe do gabinete do ministro da Justiça, Alfredo Buzaid, no tempo do presidente Emílio Garrastazu Médici [1905-1985; terceiro presidente do regime militar, de 1969 a 1974] e depois ainda vice do governador "biônico" de São Paulo, Paulo Egydio Martins [1974-1978]. O apelido do Ferreira Filho era Maneco Meia Égua, porque descobriram que ele tinha uma égua no Jockey, mas ele argumentava que era apenas meia égua, porque a tinha comprado em sociedade com um amigo.

Às vezes, eu saía do Jockey e passava pela casa, numa daquelas alamedas do Cerqueira César, do ex-ministro e advogado criminalista Oscar Pedroso Horta, mencionado pelo Mauro Guimarães. De fato, no espisódio da renúncia de Jânio, Pedroso Horta ficou de mal comigo, mas nessa época já nos havíamos reconciliado. Ele era então deputado, líder da oposição no Congresso e tinha muitas histórias para contar. Uma magnífica fonte. Batíamos papo, eu tomava um uísque com ele, que estava sempre mandando ver. De sua casa, eu rumava para a sucursal do *Globo*. No caminho, digeria a matéria na cabeça: meu trabalho era só bater a matéria na redação.

De uma dessas conversas no Jockey, lembra Guimarães, Reali conseguiu uma preciosa manchete, publicada no *Globo* e no *Diário da Noite*, visto que ele também trabalhava para os Diários Associados: "O próximo presidente do Brasil vem do sul".

Na matéria, Reali previa que o presidente seria Emílio Garrastazu Médici. Ainda comandante do Terceiro Exército, Médici tomou posse em 30 de outubro de 1969.

Reali: Eu pulava de um meio de comunicação para outro. Eram empregos fixos, com contrato, mas o salário era miserável. Nos anos 60, cheguei a ter cinco empregos, todos mal pagos, mas era assim que dava para manter mulher e filhas.

CAPÍTULO VIII

Cobertura do golpe militar de 1964

Reali: Passei a noite do 1º de abril, durante o golpe militar de 1964, no Palácio dos Campos Elísios, em São Paulo. Estava entre alguns poucos repórteres que conseguiram entrar no palácio, porque o governador Adhemar de Barros simpatizava conosco. Presenciei tudo. Toda aquela movimentação, gente entrando e saindo do palácio.

No meio da confusão, eu chamava a TV Record, algo que não poderia fazer abertamente. Mas dava um jeito, usando os telefones do próprio palácio. Não tinha alternativa; hoje usaria o celular. De um canto, eu passava meus boletins ao vivo: "Está havendo isso, está havendo aquilo". Proclamações de políticos a favor do golpe, reuniões com deputados e emissários militares.

No gabinete do Adhemar entravam e saíam políticos, empresários, banqueiros. Entre eles vi o Abreu Sodré [1918-1999],[27] futuro governador de São Paulo e um dos fundadores da UDN, o doutor Júlio de Mesquita Filho, o proprietário e jornalista do *Estado de S. Paulo* que romperia com o regime militar no ano seguinte devido à edição do Ato Institucional nº 2 [AI-2], editado em 27 de outubro de 1964.

Com esse Ato, entre outras providências, os militares extinguiram todos os partidos políticos e acabaram com a eleição direta de presidente, governadores e prefeitos das capitais. *O Estado de S. Paulo* e os Mesquita opuseram-se ao Ato porque ele tornava transparente o fato de que os linhas-duras estavam assumindo o controle. O pacto era que só permaneceriam

27. Roberto Costa de Abreu Sodré: São Paulo, 1918 – São Paulo, 1999; advogado; ministro das Relações Exteriores do governo de José Sarney, 1985-1990; governador de São Paulo, 1967-1971; presidente da Assembléia Legislativa de São Paulo, 1960-1962; deputado estadual em três legislaturas; um dos fundadores da UDN; apoiou o golpe militar de 1964.

no poder um ano e em seguida, após terem "colocado ordem" em casa, o devolveriam aos políticos. Esse era o discurso do presidente [Humberto de Alencar] Castello Branco [1900-1967; primeiro presidente do regime militar, 1964-1967], apresentado como moderado, enquanto seu ministro da Guerra, o general [Arthur da] Costa e Silva [1902-1969; segundo presidente do regime militar, 1967-1969], representava a ala mais dura.

Uma das cenas mais surrealistas daquela noite do golpe foi uma conversa telefônica do Adhemar com o Carlos Lacerda, na época governador da Guanabara [Estado criado em 1960 e extinto em 1975, quando reincorporado ao Estado do Rio de Janeiro]. Depois de terem se desentendido durante anos, o Adhemar e o Lacerda estavam amicíssimos, prova, nada supreendente, do nível de oportunismo dos políticos. Ambos eram candidatos à Presidência da República e pretendiam realizar esse objetivo.

Durante a conversa dos dois governadores, toca outro telefone. O ajudante-de-ordens sussurra algo no ouvido do Adhemar. O governador desliga rápido, passa a mão no outro telefone. Pensei: "Quem será que está do outro lado da linha de tão importante?" Adhemar: "Alô, meu bem, estava falando com o seu governador".

O "meu bem" era o doutor Rui, sua amante carioca. Chamava-se Ana Capriglione, mulher de um médico famoso do Rio de Janeiro. Ela mandava no governo: nomeava secretários de Estado, os demitia... Era uma loucura. Agora, imagine eu, preocupado em encontrar um telefone para passar o próximo boletim, o golpe acontecendo, e ouço essa conversa do Adhemar com o doutor Rui! Prova de que, mesmo nos mais trágicos cenários, a vida continua.

Imagine aqueles senhores dos Jardins [nome que se dá aos bairros burgueses de São Paulo], que detestavam o Adhemar – porque era capaz de fechar com a esquerda e a direita e, portanto, poderia traí-los –, trocando sorrisos e calorosos apertos de mão com o governador. Mas os senhores dos Jardins não tinham alternativa: Adhemar, na verdade um líder conservador, popular e populista, era fundamental para que o golpe desse certo. O governador era um chefe político poderoso. São Paulo constituía uma potência econômica e política no contexto do Brasil. Já na conspiração contra a presidência de João Goulart [1918-1976],[28] em meados de 1963,

28. João Belchior Marques Goulart, mais conhecido como Jango: São Borja, RS, 1918 – Mercedes, Argentina, 1976; presidente da República de 7 de setembro de 1961 a 31 de março de

o Adhemar reorganizou a Força Pública de São Paulo, militarizando-a e aumentando consideravelmente seus efetivos.

A Força Pública contava com cerca de 40 mil homens, todos profissionais, embora não recrutados para prestar o serviço militar. Além de ter o apoio dessa força, Adhemar contava com o Segundo Exército, comandado pelo general Amaury Kruel – homem de peso, embora seu exército não fosse o mais potente do Brasil. As forças militares mais decisivas eram o Terceiro Exército, do Rio Grande do Sul, e o Primeiro Exército, da ex-capital, o Rio de Janeiro. O IV Exército, em Recife, que neutralizou o governador Miguel Arraes [1916-2005],[29] era também uma força importante.

Mesmo assim, o fato de Adhemar e Kruel contarem com a Força Pública e mais o Segundo Exército não era pouca coisa. Por isso digo que, sem o apoio do Adhemar, dificilmente o golpe teria dado certo. O governador de São Paulo poderia ter isolado seu estado. E, economicamente, teria sufocado o resto do Brasil, argumento usado para a cassação do Adhemar de Barros dois anos depois. O que explica a correria dos políticos, empresários e militares ao palácio, tarde da noite, em abril de 1964. No mínimo, Adhemar poderia ter colocado fogo no circo, promovendo uma verdadeira revolução no país. Não foi o caso, tivemos um golpe militar.

Adhemar acabou convencendo o general Kruel a aderir ao bloco pró-golpe. Isso foi fundamental para que não houvesse resistência em São Paulo ao Golpe de 1964. Kruel era padrinho do João Vicente, filho do Goulart, e temia-se que o general apoiasse o presidente. Claro, o Jango, como era conhecido o Goulart, telefonou para Kruel. Pediu adesão a seu

---

1964, quando foi deposto pelo golpe militar; vice-presidente de Jânio Quadros, 1961; eleito, em 1955, vice-presidente da República, na chapa de Juscelino Kubitschek; ministro do Trabalho em 1953-1954; eleito deputado federal, em 1950; no mesmo ano articulou a campanha de Getúlio Vargas para a Presidência; eleito deputado estadual em 1947.

29. Miguel Arraes de Alencar; Araripe, CE, 1916 – Recife, PE, 2005; político e advogado; três vezes eleito governador de Pernambuco, 1963, 1986 e 1994. Em 1997 foi acusado de utilizar mal as verbas públicas para pagamento de precatórios; por conseguinte, em 1998 sofreu sua primeira derrota eleitoral. Tornou-se presidente do Partido Socialista Brasileiro (PSB) em 1993, pelo qual foi deputado federal. Deputado federal, pelo PMDB, mais votado do Nordeste, em 1982. No golpe militar de 1964, foi cassado e preso; em seguida, exilou-se na Argélia, voltando ao Brasil, após quinze anos de exílio, em 1979. Foi recebido em Recife como herói. Eleito prefeito de Recife, em 1959; deputado estadual por Pernambuco, em 1950, e reeleito quatro anos depois. Em 1947 iniciou sua carreira política como secretário da Fazenda do governo de Pernambuco.

governo. Kruel vacilou. Para ganhar tempo, exigiu, em troca de sua lealdade, que Jango se desvinculasse da Central Geral dos Trabalhadores [CGT], liderada, segundo ele, por comunistas, e mais a demissão de alguns ministros. Na verdade, essa foi a desculpa do general Kruel para não aderir ao golpe e ao mesmo tempo se afastar da resistência liderada por um de seus oficiais, o general Euryale de Jesus Zerbini [1908-1982], comandante em Caçapava, Quitaúna, e da divisionária de Lorena.

Na noite do golpe, o general Zerbini enveredou pelo Vale do Paraíba rumo ao Rio de Janeiro. Pretendia confrontar as tropas favoráveis ao golpe dos generais Olympio Mourão Filho e Carlos Luiz Guedes, que tinham partido de Minas Gerais também em direção ao Rio. Porém, na medida em que Zerbini foi caminhando, a adesão ao golpe por parte dos generais foi se multiplicando. De modo que Zerbini se encontrou isolado no meio do Vale do Paraíba. Resultado: teve de entregar-se, não tinha mais como resistir. Foi preso e logo reformado.

Conheci Zerbini quando era coronel e comandante da Força Pública, por meio do meu pai, então secretário da Segurança do governador Garcez. Na época, Zerbini ainda era noivo da Therezinha, uma moça bonita. De vez em quando, ele e Therezinha vinham nos visitar na nossa casa em Itanhaém. Também costumavam ir às festas de aniversário em casa.

Na madrugada do golpe, depois de sair dos Campos Elísios, fui para a casa do general, no Pacaembu. Therezinha, cuja família de São Manuel era muito próxima da família do Adhemar de Barros, estava sozinha com sua filha ainda pequena, a Eugênia. Sua casa já se encontrava cercada por forças paramilitares. Após o golpe, Therezinha liderou uma importante campanha de direitos humanos, o Movimento Feminino pela Anistia. Em 1970 colocaram-na, ao lado da futura ministra-chefe da Casa Civil, Dilma Roussef, atrás das grades do presídio Tiradentes, em São Paulo, por quase um ano.

Adhemar era o oposto dos Zerbini, casal com ideais límpidos e ambos prontos a agir. Em 1964, antes de convencer Kruel a aderir ao golpe, ou pelo menos a não agir contra o golpe, Adhemar – e nesse sentido os senhores dos Jardins tinham razão – flertou com a esquerda e a direita. Era o esperado: em certas eleições anteriores aliou-se ao Partido Comunista, em outras fechou com a direita. Seu objetivo era eleger-se, com quem fosse.

Lembro-me quando, meses antes do golpe, o governador rompeu politicamente com o presidente Goulart. Renê Marinho Sierra, da *Folha de S.Paulo*, e eu viajamos com o Adhemar para Brasília. Entre outros, estavam a bordo o doutor Rui – a amante de Adhemar –, seu filho, o deputado Antônio de Barros, e seu secretário da Justiça, o jurista Miguel Reale [1910-2006]. Na verdade, o esquema do Adhemar com o Jango estava furado desde o início. O secretário da Segurança do Adhemar, o general Aldévio Barbosa de Lemos, ex-comandante de uma tropa na Itália na Segunda Guerra Mundial e general da reserva, me contou que seus homens grampeavam a telefonia do Palácio do Planalto – e lhe passavam as gravações das conversas de políticos com o Jango. Certa vez, o próprio Adhemar me confirmou que grampeava as conversas do presidente.

No vôo de Brasília para São Paulo, Adhemar esclareceu que havia rompido todos os canais com Jango. Ao chegar a São Paulo, fiz um noticiário para a TV Record. Acrescentei que Adhemar faria uma oposição aberta ao Jango. Devido a essa ruptura, o ministro da Educação, Teotônio Monteiro de Barros, deixou a pasta. A partir de então, os ataques de Adhemar ao chefe de Estado ganharam nova tonalidade: passaram a ser diretos, alertavam para o perigo de uma "república sindicalista" no Brasil.

E em 1966, ano em que Adhemar foi cassado, eu estava novamente no Palácio do Governo por toda a madrugada e eis que chegou, fardado, o general Zerbini. Ele era, mais uma vez, o único ponto de resistência em São Paulo. Informei-o, acompanhado pelo Vladimir de Toledo Piza, ex-prefeito de São Paulo [1905-1999; prefeito de 1956 a 1957]:

"General, não haverá resistência."

"Como não haverá resistência? O Adhemar vai resistir!"

"Não, o Adhemar não vai resistir", repeti. "E já decidiu passar o governo ao vice-governador Laudo Natel."[30]

Adhemar, que estava fortemente gripado, tinha criado um certo suspense. Ao chegar no palácio, convocou uma reunião do secretariado. Praticamente todos os presentes estavam tremendo de medo com a perspectiva de ele resistir. Esse pavor era tangível na reunião do secretariado

30. Laudo Natel: São Manuel, 1920; governador de São Paulo duas vezes: 1966-1967; 1971-1975; foi diretor do Banco Brasileiro de Descontos, o Bradesco; diretor financeiro e presidente do São Paulo Futebol Clube; patrono do SPFC por ter levantado recursos destinados ao estádio do Morumbi; em 2005, o novo centro de treinamento recebeu seu nome.

Reali Jr. e Laudo Natel.

no salão nobre do Palácio dos Campos Elísios, da qual, intruso, participei. Quando Adhemar anunciou que não resistiria, o alívio foi geral. A exceção foi o Dagoberto Salles, secretário dos Transportes, que se mostrou indignado com a decisão do governador.

Pelas portas dos fundos do palácio acompanhei o Zerbini e o Piza. Como repórter de setor, conhecia o Palácio dos Campos Elísios como a palma da mão. Zerbini já era um proscrito pelo fato de ter remado contra a chamada "Revolução", em 1964. Mesmo assim, se em 1966, ano da cassação do Adhemar, fossem vistos no palácio e denunciados, no dia seguinte o general Zerbini e Toledo Piza seriam presos.

Tive sorte de estar no palácio em 1964, durante o golpe, e em 1966, na cassação do Adhemar. Claro, eu era repórter de palácio e, portanto, tinha de estar no lugar certo, na hora certa. No entanto, até setoristas eram vetados naqueles momentos decisivos para a história do país. O Adhemar dava-se bem com uns escassos jornalistas, e felizmente eu era um deles – apesar das numerosas intrigas de alguns de seus assessores. O general Zerbini e o Piza também tiveram sorte de não ser detectados por algum repórter: os demais jornalistas não tinham elos com o Zerbini e o Piza, portanto poderiam ter feito artigos sobre a presença do general e do ex-prefeito que, sabia-se, eram favoráveis à resistência do Adhemar.

Naquele momento, tudo era notícia. Eu trabalhava sem parar. Por isso, nos fins de semana queria, como em qualquer situação estressante, um pouco de folga. Quando, no final de uma sexta-feira, Adhemar me convidou para ir à sua fazenda em São Manuel, perto de Botucatu, hesitei.

"Realinho, o que você vai fazer neste final de semana?"

"Vou ficar com minha mulher."

"Será que ela permite você viajar comigo?"

"Por que, o senhor vai para onde?"

"Para São Manuel, de trem. Vamos hoje, voltamos amanhã à noite. Vamos lá, para você conhecer a fazenda."

Pensei com meus botões: "É uma bela oportunidade viajar com o governador, saber das novidades. Está, afinal, brigando com o Castello Branco. Bela oportunidade para saber mais sobre as desavenças entre os dois".

Também foram conosco a dona Leonor, mulher do governador, e seu ajudante-de-ordem. Partimos num trem da Sorocabana, lembro-me daquele trenzinho até hoje. Num determinado momento, todos estavam quase dormindo. Adhemar bate na minha perna e diz:

"Broto? Está acordado?"

Chamava-me de broto, porque eu era muito moço.

"O que é, governador?"

"Vou te dizer uma coisa: a direita é pior que a esquerda. Pode dizer isso aos seus amigos de esquerda."

O governador calou-se, fechou os olhos e continuou na sua sonolência. E o trem deslizando, trilhos adiante. Comecei a rir por dentro. O pessoal que cercava o Adhemar me rotulava de comunista. No entanto, nunca fui comunista, nunca me filiei ao Partido Comunista. Tive vários amigos do partido antes de minha mudança para Paris e mantive contato com os que vieram, exilados, para cá. No entanto, para certos assessores do Adhemar, o fato de eu ter amigos comunistas, ou mesmo de entrevistar comunistas, bastava para me darem a fama de comunista.

Também se irritavam comigo, entre outros motivos, porque eu tinha um programa no jornal da TV Record e nele não poupava críticas ao Adhemar. Chamava-se *Ninguém Sabe que Eu Sei*. Divertia-me muito e dava uns furinhos. "Ninguém sabe que eu sei que hoje, no palácio, aconteceu isso, isso e isso." O programa tinha um certo impacto. Por exemplo, um secretário mandou uma missiva ao Adhemar pedindo demissão devido a algo que eu disse no *Ninguém Sabe que Eu Sei*. O secretário escreveu: "Ouvi notícias sobre minha demissão de fontes que estão aí dentro do palácio e, portanto, só podem ser oficiais ou oficiosas". Não passava pela cabeça das pessoas que, apesar de eu ter um bom relacionamento pessoal com o governador, poderia criticá-lo politicamente – e fazer o mesmo com seus próximos. Minha fonte mais fértil no palácio era o chefe da Casa Civil, Álvaro Assunção, amigo próximo com o qual convivi mais tarde, nos seus primeiros anos em Paris.

E ainda me tachavam de janguista no palácio. Naquela época, minha relação com o Jango era distante e meramente profissional. Foi somente aqui na Europa que me tornei amigo do ex-presidente, este já no exílio. No Brasil, às vezes eu e outros setoristas do Palácio do Governo o entrevistávamos, o que fazia sentido: estávamos cumprindo nossa função. Porém, para o pessoal do Adhemar, quem entrevistava o Jango era acusado, além de comuna e esquerdista, de janguista. Na verdade, vários entre nós éramos democratas que desaprovavam a violência da ditadura. Mas certos colaboradores do Adhemar misturavam tudo. Era um coquetel que jogavam na tua cara. Como dizia Ênio Pesce, ex-analista político do *Jornal da Tarde* e da TV Globo: "De manhã sou comunista, à tarde fascista. Não sobra nem um pouco de democracia para o chá das cinco".

Reali Jr. com microfone, à direita, em palanque com o governador Adhemar de Barros

De qualquer modo, o Adhemar sabia que eu me inclinava para a esquerda. Na viagem de trem para a sua fazenda em São Manuel, o governador – e tenho certeza disso – quis transmitir-me essa mensagem, na qual acreditava, de que a direita era pior do que a esquerda. Aquele foi um momento marcante: Adhemar era um homem com capacidade para governar, um hábil empreendedor, na linha do presidente Juscelino Kubitschek.

Atravessávamos uma época desenvolvimentista. Adhemar construiu a Via Anchieta, o Hospital das Clínicas, todo o sistema inicial de saúde, de infra-estrutura, de água. Estradas substituíram aquelas esquálidas estradinhas de interior. Em suma, colocou em prática projetos importantes. Por outro lado, ele cometeu erros graves. Não fosse isso, ele teria deixado uma imagem melhor na política.

Adhemar estava ligado a um esquema de corrupção primário, pelo menos em relação àquilo que vemos hoje. Entre seus procedimentos havia acertos com o jogo do bicho, comissões de contratos de obras... Outros corruptos vieram depois, tiraram ainda maior proveito do sistema político, mas isso não justifica os métodos do Adhemar.

Sua base eleitoral era sólida. Além da força em São Paulo, tinha votação grande no Maranhão e em outros estados do Norte e Nordeste. Perdeu três eleições presidenciais, mas sempre com votação consistente.

Não foram somente Adhemar e Lacerda que almejaram a Presidência da República, mas também Juscelino Kubitschek, que imaginava ter apoio suficiente para voltar ao poder, e Magalhães Pinto [1909-1996],[31] governador de Minas Gerais. Temiam que o Jango desse o golpe antes para perpetuar-se no poder, e, no caso, não concretizariam seu sonho. Fecharam com os militares, para afastar o Jango. Em tese, como já comentei, a deposição do Jango deveria garantir o poder aos militares por apenas um ano. Em seguida, seriam convocadas eleições gerais. O que houve? Pluft! Não tivemos apenas um ano, mas 21 anos de ditadura militar.

Essa mudança de planos por parte dos militares deixa claro o motivo que levou Adhemar a conspirar abertamente contra eles, e antes de 1966. Esculhambava o Castello publicamente na televisão, no rádio, onde fosse. Na época, Fernando Vieira de Mello me havia confiado a tarefa de convidar personalidades para o programa da Hebe Camargo, em transmissão direta, no Teatro Record. Levei o Adhemar. No programa, no mesmo estilo do seu atual *Hebe*, no SBT, ela perguntou ao Adhemar:

"O que o senhor acha do presidente Castello Branco? Ele é bonitinho, né?"

"Bonitinho? Aquele homem é horroroso, não tem pescoço!"

Enquanto isso, Adhemar ameaçava explodir a política econômica, de restrição, do Roberto Campos [1917-2001],[32] ministro do Planejamento e Coordenação Econômica [1964 a 1967]. Por essas e outras, acabou sendo cassado.

---

31. José Magalhães Pinto: Santo Antônio do Monte, MG, 1909 – Rio de Janeiro, 1996; ministro das Relações Exteriores, 1967-1969; eleito governador de Minas Gerais em 1959; fundou o Banco Nacional, em 1944; elegeu-se deputado federal em 1945, 1950, 1954, 1958 e 1978, pela UDN; eleito senador, 1970; deputado federal, 1978 e 1982. Apoiou o Golpe de 1964.

32. Roberto de Oliveira Campos: Cuiabá, MT, 1917 – Rio de Janeiro, 2001; economista, diplomata e político; ministro do Planejamento e Coordenação Econômica, 1964-1967; elegeu-se para o Senado e duas vezes para a Câmara dos Deputados; membro da Academia Brasileira de Letras (ABL); embaixador em Washington e Londres.

CAPÍTULO IX

Nos tempos da censura: 1964-1985

Reali Jr. era tido, mesmo por colegas e amigos, como esquerdista. Não que alguns vissem mal nisso. Paulo Planet Buarque, por exemplo, seu amigo e colega nos tempos em que foi comentarista de futebol da TV Record, escreveu no seu livro *Uma vida no plural*: "[...] Elpídio Reali Júnior, ou simplesmente Reali, era um jornalista talentoso que sabia o que falava. Ele provou isso depois, quando resolveu deixar o país na década de 70, inconformado com os rumos que a nação tinha tomado sob a ditadura militar. Tinha idéias socialistas[...]".[33] Por outro lado, José Carlos Pereira, diretor de Jornalismo da Jovem Pan, que, ainda menino, conheceu Reali na Record, observou: "O Reali sempre teve muito cuidado com a elaboração da informação e é, ao mesmo tempo, um jornalista crítico. É um profissional muito impertinente naquilo que faz. E isso é muito importante no rádio".

Reali, como você conciliava suas idéias políticas e o trabalho de jornalista?

Reali: Eu tentava ser imparcial como, por exemplo, quando era setorista do Palácio do Governo e cobria o Adhemar de Barros. Nos meus textos diários e em programas na rádio e tevê ouvia gente de todas as tendências políticas. Mas sou humano, estava mergulhado numa luta contra a ditadura, não podia ser omisso.

Mesmo agora, num Brasil sem ditadura, você não pode dizer que algum jornalista é totalmente objetivo. Claro, você tenta equilibrar suas

33. Paulo Planet Buarque, *Uma vida no plural: jornal, rádio, televisão, política, justiça e muito futebol*, Companhia Editora Nacional, São Paulo, 2003, p. 75.

matérias. Mas o jornalismo não é uma ciência exata e você tem sua cabeça, suas idéias, suas inclinações ideológicas. Portanto, você deve transmitir sua visão de alguma forma, por mais que amanhã possam te cercear. De forma geral, meus patrões sempre me deram liberdade de expressão. Talvez isso se deva ao fato de eu procurar formular minhas críticas de modo imparcial, ou pelo menos é isso que acho que faço.

Mesmo aqui em Paris, nunca tive de alterar um texto no *Estado* ou evitar um comentário na Jovem Pan. Houve episódios nos quais um artigo não foi publicado. Porém, quando textos de minha autoria não foram impressos, nunca me deram uma explicação. Pode ter sido por falta de espaço ou devido a um assunto mais premente. Na verdade, nunca houve censura no *Estado*, mas sempre existiram lobbies internos nas redações. Então, um ou outro assunto pode ser mais difícil de você abordar, como no caso do amianto, que está matando gente e é defendido por um poderoso lobby goiano no Congresso...

Sem deixar de lado a sua campanha contra o amianto, que é assunto mais recente no Brasil e seria interessante abordá-la em detalhes depois, esses lobbies internos existiam no tempo da ditadura?

Reali: Não, durante a ditadura o *Estadão* concordava com jornalistas que escreviam contra o golpe; era um diário muito menos conservador que hoje. Por um motivo simples: o *Estado* lutou contra a ditadura. Tanto é que muitos jovens tiveram certa decepção com o *Estado*, quando o regime militar acabou. Por quê? O jornal voltou a ser conservador, como tinha sido antes do golpe. Os momentos das ditaduras, tanto a de Getúlio quanto a iniciada em 64, foram excepcionais na trajetória do *Estado*. A luta contra ditaduras é uma característica do jornal.

Às vezes, claro, meus editores não podiam fazer nada. Vários artigos meus, como já mencionei, viraram receita de bolo ou trechos de Camões. Mas quando o leitor deparava com uma receita de bolo, entendia, óbvio, que algo havia sido censurado.

Por sua vez, a Jovem Pan foi o órgão de mídia em que já trabalhei no qual tive maior espaço para expressar minhas opiniões. O diretor-presidente da Jovem Pan, o Tuta, jamais interferiu. Nunca recebi uma nota dizendo: "Não fale sobre esse assunto". Isso hoje, quando falo sobre amianto, e também no tempo da ditadura. Sei que causei problemas para a Jovem Pan, pressionada, como vários órgãos da mídia, pelo lobby do amianto. Mas a posição do Tuta foi bastante positiva.

E Tuta teve postura resoluta também no tempo da ditadura. Em 1968, os estudantes, influenciados pelas manifestações na França, utilizavam as rádios. Na Jovem Pan, dávamos senhas para indicar o início de passeatas, e outras para que os estudantes alterassem os percursos para fugir da repressão. Os estudantes e líderes estudantis também utilizavam a Rádio Difusora nas transmissões do Ferreira Netto [1938-2002]. A imagem que se tem hoje do Ferreira Netto é aquela final, meio declinante. No entanto, foi um bom repórter da TV Tupi[34] e da Difusora, nos anos de chumbo. Depois andou escorregando politicamente...

Cobri várias passeatas lideradas pelo José Dirceu [ex-ministro da Casa Civil do governo Lula e deputado federal pelo PT; teve seus direitos políticos cassados em 2006] e por outros. Reportei diversos festivais de música que tiveram uma certa influência no cenário político. Jamais aderi a esses grupos de esquerda, porque eu precisava manter certo distanciamento devido à minha profissão. No entanto, como jornalista participei da resistência. Vários amigos, como o advogado Itobi Alves Correia Júnior e o Fernando Leite Perrone, ex-deputado estadual cassado do MDB, fizeram parte da resistência.

Na Jovem Pan, já de Paris, eu deixava as cutucadas mais fortes para minhas entradas ao vivo. Às vezes, era advertido por alguém da rádio preocupado com a censura. Passava um tempo e eu atacava novamente. Uma tática era comparar ditaduras em outros cantos do mundo com a ditadura brasileira.

Quando havia alguma notícia sobre a ditadura no Chile [1973-1990], eu reportava daqui fazendo associações com o Brasil. Mencionava o Chile na primeira frase e continuava o boletim, sem mais citar o país que tinha servido de gancho. Só tratava das conseqüências da ditadura. De fato, as relações diretas entre as ditaduras militares latino-americanas foram confirmadas pela Operação Condor, a aliança político-militar para reprimir, a partir do Brasil, a resistência às ditaduras em seis países da América Latina [Brasil, Argentina, Uruguai, Paraguai, Chile e Bolívia].

---

34. A TV Tupi pertencia aos Diários Associados, de Assis Chateaubriand. Foi fundada em 1950 e fechada em 1980.

Essas semelhanças facilitavam minhas críticas. Mas também usei bastante a ditadura dos coronéis, na Grécia [1967-1975], muito similar à do Brasil. Estou dando a receita, mas se surgir outro período ditatorial no Brasil, e não creio que isso ocorrerá, terei de inventar outros caminhos.

Em termos de censura, minha época mais difícil foi a anterior à minha vinda para a França, em 1972. No Brasil lidei diretamente com a censura. Felizmente, pelo menos no início, os censores da rádio eram um bando de incapazes [*risos*]. Saíam da rádio de noite com um bolo de noticiários sobre futebol e assim justificavam seu trabalho. Quando acontecia algo grave, aí, sim, censuravam e informavam quais os fatos que a rádio não poderia divulgar. Por exemplo, tinha ocorrido um atropelamento, houve confusão. "Mas é bom vocês não darem a notícia do atropelamento." O tempo foi passando, os censores se aperfeiçoaram.

Ironicamente, os maiores problemas que tive de enfrentar foram provocados por alguns colegas que apoiaram o golpe, como o Tico-Tico, apelido do jornalista José Carlos de Moraes [1922-1999]. Em 1964, o Tico-Tico e outros jornalistas de direita, aproveitando o golpe, formaram um grupo. Fizeram uma lista com os jornalistas que consideravam "anti-revolucionários". Veja bem: não éramos "anti-revolucionários", mas sim antigolpistas, visto que, para nós, 1964 não foi uma revolução, e sim um golpe de estado. O tempo mostrou que tínhamos razão.

Entretanto, esse grupo de jornalistas pensava que éramos comunistas, janguistas, esquerdistas. Vários jornalistas chegaram a ser afastados das redações, como foi o meu caso na TV Record e, entre outros, do Fernando Vieira de Mello e do Narciso Kalili [1936-1992], este posteriormente repórter de *Última Hora* e *Realidade*, entre outras publicações. Tivemos de deixar por algum tempo a tevê. Na TV Tupi, outros colegas também foram afastados. Na Rádio Difusora, o Carlos Spera [1929-1966], que fazia dupla com o Tico-Tico, foi acusado de ser janguista porque cobria o Palácio do Planalto. Spera era o melhor repórter de rádio e tevê daquela época.

No início de abril de 1964 houve uma reunião no Rio de Janeiro para homologar o presidente da República, que seria o Castello Branco. Participaram com os militares os governadores Magalhães Pinto, Lacerda e Adhemar, entre outros políticos. Isso no período em que alguns colegas e eu estávamos suspensos de nossas atividades da Record, graças à lista do

Tico-Tico e seu grupo entregue às autoridades. Não é difícil imaginar o estado de ânimo em que me encontrava.

Mas o cenário mudou quando o secretário da Segurança do Adhemar, Aldévio Barbosa de Lemos, me telefonou. Ele me disse para não nos preocuparmos: a lista preparada pelos "colegas" não deveria ser levada em conta.

Por que Aldévio, o mesmo que me confiara que grampeava o telefone do Adhemar, telefonaria para um jovem repórter como eu, em início de carreira? Ele tinha sido diretor da Guarda Civil de São Paulo quando meu pai era secretário da Segurança. Enfim, era conhecido da família. Na época em que eu cobria o palácio, ele vinha despachar com o Adhemar. E, assim, Aldévio e eu passamos a ter um bom relacionamento.

Pelo fato de o Aldévio ter descartado totalmente a possibilidade de ser verossímil a lista do grupo do Tico-Tico, fui, em abril de 1964, cobrir a chegada do Adhemar no aeroporto de Congonhas. O governador estava voltando da reunião no Rio, na qual o Castello Branco havia sido escolhido presidente. Se não me falha a memória, era início de abril, uma semana após o golpe.

Entusiasmado com o telefonema do Aldévio, peguei meus apetrechos para cobrir a chegada do Adhemar. Quando estava saindo da Record, deparei com o Jô Soares. Ele indagou:

"Aonde você vai?"

"Receber o Adhemar em Congonhas."

"Vamos lá, quero ver!"

Naquele tempo, Jô Soares, ainda rapazinho, já estava começando a destacar-se como humorista. Mas também produzia as entrevistas do Silveira Sampaio [1914-1964] na TV Record. As entrevistas que o Jô faz hoje no seu *Programa do Jô*, na TV Globo, naquele tempo eram realizadas pelo Silveira Sampaio, excelente radialista e dramaturgo, no primeiro talk show do vídeo brasileiro, o *Bate-papo com Silveira Sampaio*.

Em Congonhas, quem vejo? Tico-Tico, que, é preciso reconhecer, era bom repórter. Ele gritou:

"Realinho!"

"Realinho é a puta que o pariu."

E pá! Confusão total: separa aqui, separa lá. E ele, já com o indicador apontado para mim: "Comunista, comunista!" Não teve conseqüências aquela briga. Contudo, com a saída dele da Tupi, o Tico-Tico queria vir para a Record. Isso durante a campanha do agasalho do cantor Roberto Carlos. O diretor da TV Record, Paulo Machado de Carvalho Filho, mais conhecido como Paulinho, mobilizou todo o departamento de jornalismo para a campanha. Trouxe políticos como o governador Adhemar, ministros. Soubemos, então, que o Tico-Tico também estava trazendo seus convidados. Senti que tínhamos de nos manifestar contra essa participação do Tico-Tico.

Em seu livro *Eu é um outro*,[35] Roberto Freire, ex-psicanalista e hoje somaterapeuta, jornalista e escritor, e ex-colega de Reali na TV Record, escreveu: "[...] Numa reunião de pauta do departamento de jornalismo da Record, o Reali, furioso, afirmou enfaticamente: 'Se o Tico-Tico entrar aqui na Record para trabalhar com a gente, eu dou um murro na cara dele na frente de todo mundo[...]'".[36]

Reali: É verdade. E o Fernando Vieira de Mello, solidário, interveio: "Nós trabalhamos na campanha do agasalho, mas sem o Tico-Tico".

Roberto Freire escreveu ainda que o Tico-Tico se apresentou ao novo emprego na TV Record acompanhado do cardeal de São Paulo, dom Agnelo Rossi: "Quando o Reali chegou diante dele, logo na entrada da emissora, e sendo esperado pelos irmãos Paulo e Alfredo Machado de Carvalho, Tico-Tico escondeu-se atrás do cardeal, apavorado. Realinho pediu licença, polidamente, ao cardeal, e, afastando-o um pouco, mandou violento murro na cara do Tico-Tico. E voltou, tranqüilo, para a redação, onde foi recebido com palmas e abraços. Logo depois, deixou o Brasil, como o meu herói, pois seu gesto me pareceu o primeiro revide nosso sobre os que serviam à ditadura, traindo seus companheiros e o Brasil".[37]

Reali: O Roberto Freire contou fatos verdadeiros, mas ocorridos em locais diferentes. Acertei o Tico-Tico, mas foi em Congonhas, não na sede

35. Roberto Freire, *Eu é um outro*, Maianga, Salvador, 2002.

36. Ibid., p. 201.

37. Ibid., pp. 201-202.

da Record. O que acontece é que essas histórias são antigas e sempre um a conta de uma certa forma, outro de outra. Roberto, meu amigo, que sei que escreveu o episódio em boa-fé, também está correto quando diz que o Tico-Tico usou o cardeal dom Agnelo Rossi como escudo. Mas isso ocorreu no Teatro Record, lá na Consolação, para celebrar a campanha do agasalho, da qual, diga-se, o Tico-Tico queria participar. E no Teatro Record fui atrás do Tico-Tico, que grudou no braço de dom Agnelo. Evidente que eu não tinha a intenção de agredi-lo diante do cardeal. Mas calculei: "Uma hora ele vai ter de largar o cardeal".

A certa altura, o Randal Juliano, famoso apresentador da TV Record, do time do Tico-Tico, os anunciou para subir ao palco. Peguei o Tico-Tico pelo cangote. "Você não vai". Se meteu, para separar, o jornalista Roberto Corte Real, também do mesmo grupo do Tico-Tico. Não era o Renato Corte Real, o cômico, que não tinha nada a ver politicamente com eles. E pá, na cara do Corte Real! Ele caiu no palco, talvez porque já tivesse tomado uns tragos a mais. O contra-regra Mirabelli tentou puxá-lo para fora.

Enquanto isso, o cardeal, no palco, e sem o Tico-Tico, olhava atônito para o lado, não sabia o que estava acontecendo. Ao mesmo tempo, escutava a barulheira nos bastidores. Ninguém na platéia entendia por que o cardeal se encontrava naquele estado de perplexidade. Mais tarde, na porta do Teatro Record, o Tico-Tico, com os olhos esbugalhados, ainda estava agarrado em dom Agnelo. Não sei o que ele lhe segredou, mas escapuliu no automóvel do cardeal.

Como a vida é pontuada por ironias, não? Em plena ditadura, gente denunciando colegas, apoiando e adulando os militares, enquanto outros estavam sendo torturados e assassinados. E, hoje, somos capazes de lembrar de algumas facetas divertidas, ocorridas nesse período trágico da história brasileira.

E mesmo naquele clima terrível da ditadura houve momentos em que fomos reconhecidos no plano profissional. Em 1970 voltei ao Teatro Record, dessa vez para receber o Prêmio Governador do Estado como melhor repórter de rádio. Na cerimônia de entrega dos prêmios, marcaram presença o governador Abreu Sodré, o secretário do Planejamento e da Fazenda Dílson Funaro [1933-1989][38] e outras eminências políticas.

---

38. Dílson Funaro: São Paulo, 1933 – São Paulo, 1989; empresário e político respon-

Estávamos em plena época do AI-5,[39] ou seja, atravessávamos o período mais violento da ditadura. Ao receber o prêmio, eu disse: "Ofereço este prêmio aos colegas presos que não puderam concorrer comigo". Silêncio total. De repente, uma parte do teatro rompe o silêncio e aplaude.

Na última viagem que fez para a França, cobrindo o [João Baptista Oliveira de] Figueiredo [1918-1999; último presidente do regime militar, de 1979 a 1985], Tico-Tico me procurou. E me disse: "Pô, Realinho, vamos parar com isso. Depois de tanto tempo...".

Tico-Tico não merecia confiança. Primeiro, andou dizendo que o agredi porque ele anunciou, em Brasília, a cassação do meu sogro Edgard de Moura Bittencourt [1908-1983], desembargador de Justiça do Estado de São Paulo, cujos direitos políticos foram suspensos em 1964. Na ocasião, Tico-Tico não fez nada mais que a sua obrigação. Não foi ele, afinal, quem cassou o doutor Bittencourt. Simplesmente, num dado momento, leu uma lista de cem nomes da qual constava o de meu sogro. Tico-Tico estava no Palácio do Planalto e por tabela teve o "privilégio" de dar esse "furo". E vale sublinhar: mais de três décadas depois, essas vítimas inocentes foram absolvidas pela democracia.

De qualquer forma, o tempo passa. Quando vi o Tico-Tico aqui em Paris, parecia arrependido. Retruquei: "Por mim, Tico-Tico, essa história já está esquecida, pus uma pedra em cima dela, nem me lembro mais". Mas me lembro, como se fosse hoje, da maneira como o Tico-Tico dificultou minha vida profissional naqueles anos de ditadura militar.

Certa vez, eu disse a porta-vozes do Segundo Exército que se negavam a me conceder uma credencial para cobrir a chegada do Médici: "Estou estranhando vosso comportamento. A televisão enviou-me aos Estados Unidos para cobrir uma viagem do Médici e agora, quinze dias depois, o presidente vem a São Paulo e vocês me negam uma credencial?" Responderam: "Somos o Segundo Exército, só fazemos a segurança do presidente em São Paulo.Você não vai receber credencial".

---

sável pela reforma monetária do Plano Cruzado, 1986; ministro da Fazenda de José Sarney, 1985; secretário da Fazenda no governo de Abreu Sodré.

39. Ato Institucional n. 5: entrou em vigor em 1968. O AI-5 suspendeu a garantia do habeas corpus "nos casos de crimes políticos, contra a segurança nacional, a ordem econômica e social e a economia popular". Caracterizou o regime militar como ditadura. Revogado em 31 de dezembro de 1978.

Houve outras histórias envolvendo a truculência dos militares. Um amigo do *Jornal do Brasil*, o Wilson Palhares, foi preso. Pedi para meu pai ir ao DOPS e tentar solucionar a situação do Palhares com o delegado Romeu Tuma, atualmente senador do Partido da Frente Liberal [PFL]. Eram tempos de ditadura, meu pai já estava aposentado havia muitos anos como delegado. No entanto, era amigo do Tuma. Quando Tuma entrou na polícia, meu pai assinou sua primeira carteira de delegado. Tuma recebeu-o na hora e logo entendeu por que meu pai estava lá: "O senhor veio aqui por causa do Realinho?" Começou, então, a brotar na minha cabeça a idéia de sair do Brasil.

CAPÍTULO X

Jornalistas prolíficos

Fausto Silva lembra-se dessa época. Conheceu Reali Jr. no final da década de 60, "tempo em que era repórter esportivo e apresentava programas de juventude, com música de Celly Campello [1942-2003; precursora do rock brasileiro e do movimento depois chamado Jovem Guarda]". Depois, Faustão e Reali Jr. trabalharam juntos, de 1969 até o início dos anos 70, na Rádio e TV Record e na Jovem Pan.

Faustão comenta: "Era impressionante, mas o Reali trabalhava para cinco veículos mesmo: Jovem Pan, Rádio e TV Record, *Diário da Noite* e *O Globo*. Isso era um perigo, mas por sorte ele nunca trocou os envelopes nos quais colocava as suas matérias, senão teria sido demitido". Fausto acrescenta que uma das máximas do Reali era a seguinte: "Todo jornalista tem de ter dois ou três empregos, tem de estar com os pés em duas canoas. Se perder um, os outros garantirão sua sobrevivência".

Faustão: "Nessa convivência de grande amizade – eu ia sempre à casa dos Reali para filar uma bóia, carreguei suas filhas no colo e fui vítima de travesseiradas –, aprendi muito com o Reali. Já naquela época ele era o chamado jornalista shopping-center, ou seja, cuidava de todos os assuntos com a mesma importância. Embora tenha tido uma fase no esporte, outra na política, ele é um clínico geral, mas ao mesmo tempo com várias especialidades. Mesmo na Europa, ele manteve essa linha: suas matérias aparecem nas mais variadas editorias".

Indagamos ao Faustão qual era o ponto fraco do Reali. Ágil, ele tem a resposta na ponta da língua: "É a elegância. Ele sempre mergulhou no guarda-roupa sem ser exigente. Gravata, nunca gostou. Nem no tempo em que era considerado galã. Sempre se vestia mais ou me-

Reali recebendo o prêmio Roquete Pinto como melhor repórter esportivo de tevê.

nos. Era famoso um terno dele de veludo verde-samambaia, com a camisa amarela. Isso dentro de uma Variant II, verde". Faustão [*rindo*]: "Ele era mais canarinho do que nunca, nessa época. Quer dizer, antes de existir a ecologia, o Reali já era ecológico". [*Mais risos generalizados.*] Reali, que se diverte com a gozada do amigo Faustão, levanta-se, desaparece por uns minutos e volta com uma caixa de papelão; dela tira fotos. Indaga: "Você acha que estou mal-vestido nessas fotos?"

Reali: Mas quando o Faustão diz que eu repetia que "a grande jogada é você trabalhar para jornais de São Paulo e do Rio de Janeiro", vejo que tem boa memória. Eu trabalhava para meios de comunicação que não eram concorrentes e, portanto, as matérias não coincidiam. Por exemplo, escrevia para os Diários Associados, em São Paulo, e para *O Globo*, no Rio. O *Diário de São Paulo*, por exemplo, praticamente não circulava no Rio. Até hoje, os jornais brasileiros são regionais.

Também participei das bancadas compostas de cinco repórteres em dois programas políticos, *Território Livre*, da TV Record, e *Pinga-fogo*, da TV Tupi, do qual fazia parte também o Joelmir Beting, que posteriormente seria batizado de "Chacrinha da economia", porque passou a traduzir o "economês" para a gente. A censura era brava. Às vezes, cortavam todas as minhas perguntas. Houve vezes no *Pinga-fogo* em que eu só disse: "Boa noite, telespectador!" E logo depois: "Boa noite!" A censura nesses tempos do *Pinga-fogo*, apresentado pelo Almir Guimarães, era aberta e escandalosa. Mas, quando me deixavam falar, eu assumia um ar de quem não queria nada – e sempre apertava os entrevistados.

Minha tática chegou a dar certo, como no caso de uma entrevista com o ministro Jarbas Passarinho,[40] na época ministro da Educação e Cultura. Aconteceu no *Pinga-fogo*. O Passarinho é muito inteligente, mas fui cercando-o – e ele reconheceu que havia tortura no Brasil. Em seguida, acrescentou que essa não era a orientação, ou seja, a tortura não era a política do governo. Nossa entrevista, a primeira com repercussão internacional, foi manchete do diário francês *Le Monde*.

Pouco tempo depois, já instalado aqui na Europa, o Passarinho me telefona. Encontrava-se em Paris e me convidou para almoçar na

40. Jarbas Gonçalves Passarinho: Xapurí, AC, 1920; militar e político; governador do Pará, 1964-1966; ocupou quatro ministérios durante a ditadura militar.

embaixada. Eu não conhecia o embaixador, estava em Paris fazia poucos meses. Foi o Passarinho, ainda ministro da Educação, quem me apresentou ao embaixador, o general Aurélio de Lyra Tavares, ex-comandante da Escola Superior de Guerra [ESG] e ex-ministro da Guerra do regime militar. Lyra Tavares era o líder do triunvirato militar que governou o país de 31 de agosto a 30 de outubro de 1969, em substituição ao presidente Costa e Silva quando este adoeceu, até a posse de Garrastazu Médici. Os outros dois membros do triunvirato eram o brigadeiro Marcio de Souza Mello e o almirante Rademaker Grunewald. Resumindo, um linha-dura, o embaixador.

"General, este é o Reali, novo correspondente aqui", disse o Passarinho para Lyra Tavares.

E em tom de brincadeira, Passarinho foi adiante:

"E o Reali foi o provocador que me levou a reconhecer que havia tortura no Brasil".

"Então ele é comunista?", retrucou o embaixador no mesmo tom de brincadeira, mas com a intenção de passar um recado.

Reali: Quando cheguei em casa, disse para a Amelinha: "Começamos bem aqui, já estão dizendo que sou comunista".

Tenho outra história desse tempo de televisão no Brasil. No *Território Livre* da TV Record deixávamos umas cadeiras na primeira fila para algumas pessoas que queriam vir ao programa. Depois dele, a bancada, entrevistados e convidados saíam para jantar. Certa vez entrevistamos o ministro e economista Celso Furtado, e na assistência estava – e não foi só aquela vez – o Delfim Netto. Delfim era economista da Associação Comercial, professor da Universidade de São Paulo [USP], fazia política, mas ainda não tinha ascendido a nada.

Após o programa, como sempre, rumamos para o Gigetto. Celso Furtado e Delfim monopolizavam a conversa. Debateram assuntos de economia sobre os quais não entendíamos absolutamente nada. Em meados dos anos 80, quando o Celso viveu aqui em Paris, lhe perguntei:

"Celso, você lembra daquelas noitadas do *Território Livre*?"

"Lembro."

"Lembra que certa vez você foi o entrevistado e o Delfim compareceu aos estúdios?"

"Lembro de tudo isso."

"Pois é, certa vez, num outro programa de tevê, o *Pinga-fogo*, Roberto Campos queria saber se eu poderia lhe fazer uma pergunta sobre como o Delfim foi escolhido secretário da Fazenda do Laudo Natel. A pergunta foi feita. Roberto Campos respondeu que na cassação do governador Adhemar de Barros, em 1966, o Castello Branco lhe tinha ligado e explicado: 'Vamos ter que cassar o Adhemar porque está ameaçando a política econômica do país'. Roberto Campos continuou contando que na mesma conversa telefônica Castello Branco lhe indagara: 'Quem você sugere para a Secretaria da Fazenda de São Paulo?' E Roberto Campos retrucou: 'Sugiro um economista pouco conhecido, Delfim Netto, professor da Universidade de São Paulo e em franca ascensão'. Horas depois, o Delfim foi nomeado secretário da Fazenda pelo governador Laudo Natel. Iniciou-se assim a carreira que o levou a ser reconhecido como 'o mago da economia' do período autoritário."

Celso Furtado, aqui em Paris, e anos depois do episódio, me ouvia com atenção. Perguntei-lhe:

"Se tivesse sido um golpe de esquerda [o de 1964] e se o chefe de estado te formulasse a mesma pergunta, qual seria o nome que você indicaria?"

Celso raciocinou um pouco.

"Reali, talvez eu tivesse indicado o Delfim."

"Por que o Delfim?"

"Porque era talvez o economista mais brilhante de São Paulo. Naquele momento, estava surgindo. Ele não tinha nenhum comprometimento político direto, visto que não tinha ainda participado de nenhum governo. Além disso, era um jovem economista que se dizia fabiano."[41] [*sorriso*]

Imagine, o Delfim, um socialista fabiano! Claro, Celso estava tirando um sarro, mas reconhecia que o Delfim tinha qualidades como economista. Delfim tem exatamente a cabeça de técnico. Serviria a qualquer um. E serviu, aliás, à ditadura, com grande eficiência. Por que não poderia ter se adaptado a um governo de esquerda? Delfim poderia assumir qualquer cargo – e num governo de qualquer inclinação ideológica. Hoje é um homem politicamente próximo do presidente Lula. Quem mudou?

---

41. Fabianismo: movimento iniciado no século XIX por intelectuais britânicos, que propunha o socialismo por meio de reformas, não de revoluções.

Delfim ou Lula? Na cabeça do Celso, o Delfim poderia, pelo menos no início de sua carreira, fazer uma política até de esquerda. Uma coisa é certa: se fosse vivo, o Celso não estaria aprovando esse namoro do presidente Lula com o Delfim.

CAPÍTULO XI

Jornalista casado

Reali: Quando Amélia e eu nos casamos, em janeiro de 1961, passamos nossa lua-de-mel em Buenos Aires e Montevidéu, viagem tradicional da classe média paulista. Não podíamos deixar de conhecer a badalada Punta del Este, onde ficamos três dias. Mas houve contratempos. Na nossa noite de estréia no elegante cassino, barraram a Amelinha. A idade mínima para entrar era 21 anos, ela tinha 20. Mostramos o atestado de casamento, explicamos que era nossa lua-de-mel. Imploramos, quase de joelhos. Ela me esperou num bar ao lado, ouvindo música e tomando um drinque. Embora elegante, Punta del Este era – e creio que ainda seja, embora tenha crescido – um vilarejo de praia pacato, no quesito segurança. Somente depois houve problemas, quando da ditadura, que também não poupou o Uruguai – nem sua praia mais chique.

Quem encontro no cassino? Os cantores Maysa [Figueiredo Monjardim; 1936-1977] e Agostinho dos Santos, o qual, como já comentei, faleceria no desastre do avião da Varig, em 1973. Eu trabalhava com ambos na TV Record. Em Punta, revezavam cantando no cassino durante a temporada. Eu conhecia a Maysa desde que era menina, tinha 15 anos. Nossos pais eram amigos, jogavam buraco e pif-paf juntos.

No dia seguinte, fomos todos à praia. A Maysa e o Agostinho tinham seus contatos no cassino e a Amelinha pôde finalmente entrar. Jogamos por três dias. Um dos assíduos clientes do cassino naqueles dias era ninguém menos que João Goulart. Ainda não o conhecia; só de reportagem para a rádio, quando punha o microfone da Panamericana para ele falar. Jango tinha sido eleito vice-presidente, Jânio Quadros era ainda presidente. Quem imaginaria que, meses depois, João Goulart seria presidente?

Num dado momento, acompanhei seu jogo. Jango apostava altíssimo, além da imaginação para quem estava começando a vida profissional.

(Sentada ao lado de Reali, Amélia relembra a temporada em Punta del Este e Buenos Aires com um sorriso nos lábios.) Amélia, e como foram aqueles anos em São Paulo, e viver com o Reali no início de sua carreira de jornalista?

Amélia: Nossas vidas eram muito diferentes. Júnior passava pouco tempo em casa, por conta do seu trabalho. Para dar uma idéia, dois programas dos quais participava, *Território Livre* e *Pinga-fogo*, começavam por volta de meia-noite. Uma vida maluca. Júnior chegava em casa às 3 horas da manhã, e eu cuidando das crianças. Isso sem levar em conta os fins de semana nos quais ele cobria futebol ou fazia outros plantões. Àquela altura, final da década de 60, já tínhamos três crianças pequenas, nossa vida social praticamente inexistia. Tanto é que só vim a conhecer a maioria dos amigos do Júnior aqui, em Paris. E olha que vivemos casados durante onze anos no Brasil.

Portanto, era, mais ou menos, como se tivéssemos duas vidas paralelas. Estávamos voltados para aquilo que fazíamos, cada um do seu lado. Enquanto o Júnior trabalhava nos jornais, rádio e televisão – e viajava muito –, eu era escriturária e arquivista no Tribunal de Alçada. Isso até as crianças começarem a nascer [Luciana, Adriana, Cristiana e Mariana], uma atrás da outra. Tive de deixar o emprego para cuidar delas, visto que não tínhamos muitos recursos.

Pedi uma licença depois que a Cristiana nasceu – e comecei a enrolar, enrolar, enrolar. Faltava demais, sentia-me uma irresponsável, resolvi parar. Logo depois, tive a necessidade de fazer algo estimulante. Voltei a estudar. Fiz cursinho. Estava convencida de que não passaria no vestibular, mas fui adiante. Entrei na Faculdade de História da USP e cursei os dois primeiros anos. Dois anos depois mudamos para Paris, onde Júnior e eu já tínhamos estado em 1968, na sua cobertura para a TV Record e Rádio Jovem Pan do primeiro show da Elis Regina [Carvalho da Costa, 1945-1982], no Olympia.

A Jovem Pan me ofereceu a passagem. Nunca imaginei – naquela época era difícil viajar –, que viria, ainda moça, para a França. Esse era um projeto para quando eu tivesse mais de 50 anos de idade. E enquanto Júnior fazia suas reportagens, eu ia conhecer Paris. Ah, foi muito bom. Resumindo, noites de boemia, aquelas duas semanas, em 1968. A Elis terminava às 11 horas da noite, íamos jantar. Além dela, viajaram conosco o apresentador de televisão [Luiz Carlos] Mieli, a Anita, sua mulher, a cantora Wanda Sá...

Mariana, Adriana, Cristiana e Luciana numa festa recente

Reali: De fato, foram momentos marcantes. A TV Record era a grande televisão brasileira do momento, não existia a Rede Globo. E a Elis Regina era contratada da TV Record quando veio para cá. Devemos ter até hoje, nos arquivos, um filme em 8 mm da Elis fazendo pipi atrás de uma árvore bicentenária, em frente da casa da Maria Antonieta, em Versalhes. Quem a filmou foi Laerte Garcia Rosa, o cinegrafista da TV Record, namorado da Maysa. A árvore foi cortada, fato, aliás, que gerou a maior controvérsia na França. Se o filme não foi destruído no incêndio de 1969 do Teatro Record, na Consolação, ainda podemos vê-lo.

De qualquer modo, a Elis fazendo pipi foi uma gozação. Laerte também a filmou a bordo do Bateau Mouche [barco para passeio no rio Sena], com o grupo todo. E fizemos uma longa entrevista com ela. Na época, aquilo foi uma sensação no Brasil. Leve em consideração que não se viajava para o exterior como hoje. E não havia transmissões de programas televisivos via satélite. Esses programas, como os que filmamos em Paris com a Elis Regina, eram apresentados pela Maysa. Chamava-se *Programa da Maysa* e era uma espécie de *Fantástico*. Pensando bem, a inspiração do *Fantástico* da Globo talvez tenha sido esse programa da Maysa. A apresentadora Cidinha Campos substituiu a Maysa.

Amélia: Era tudo tão divertido, com a Elis, nosso grupo. E o Júnior inspirado, cheio de surpresas. Num belo dia, em pleno Louvre, ele me perguntou: "Você gostaria, se fosse possível, de passar uns tempos aqui?" "Claro!", respondi, imaginando que nunca fosse dar certo. "Mas lógico", repeti. Quatro anos depois, em julho de 1972, o Júnior, para minha surpresa, voltou a bater na mesma tecla: "Está na hora de partirmos. Você não mudou de idéia?" Respondi: "Arrumo as malas amanhã". Em novembro viemos, as quatro meninas e eu. Júnior já tinha chegado dois meses antes e alugado o apartamento.

Inicialmente, nosso plano era ficar dois anos; nunca passou pela minha cabeça que deixaríamos tudo e viveríamos aqui por tanto tempo. Caso contrário, acho que não teria vindo. Mas por dois anos era uma experiência irrecusável a que nos propunhamos, e boa para as crianças. Tem mais: a oportunidade caiu como uma luva. Eram tempos de ditadura, vários dos textos do Júnior não eram publicados, havia censura na tevê, muitas vezes não davam sequer credencial para ele cobrir eventos políticos. Meu pai, Edgard de Moura Bittencourt, homem sábio, brilhante, jurista correto, tinha sido cassado por ter ousado pesquisar e propor novos caminhos na área de direito de família. Então o sentimento de injustiça estava cravado em mim e no Júnior.

Paulo Planet Buarque escreveu no seu já citado livro *Uma vida no plural* que, apesar de suas "idéias socialistas", o que, mais de tudo, "revoltou [Reali] foram as injustiças praticadas contra seu sogro, um ilustre desembargador, perseguido e punido [...]" Ele acrescenta: "Reali foi embora para a França, onde se tornou o correspondente da Rádio Panamericana e do jornal *O Estado de S. Paulo*, exercendo essa função com notório brilho até os dias de hoje".[42]

---

42. Planet Buarque, op. cit., pp. 75-76.

Reali: De fato, não me conformei com a cassação do meu sogro. O Exército queria cabeças, a revolução precisava atingir todas as instituições possíveis. Não conseguiram fechar o Supremo Tribunal porque seu presidente, Ribeiro da Costa, foi claro: entregaria a chave do Tribunal se cassassem algum ministro do Supremo. Aquilo, claro, era uma orientação para que os tribunais estaduais agissem mais ou menos da mesma forma. Ou seja, deveriam resistir. Mas nem todos seguiram o exemplo do Ribeiro da Costa, inclusive o Tribunal de São Paulo, que julgou mais apropriado entregar algumas cabeças. Uma delas foi a do meu sogro. Outras foram as dos juizes Dácio de Arruda Campos, também editorialista do *Estado de S. Paulo*, e José Francisco Ferreira. No Rio, foi cassado o desembargador Osni Duarte Pereira.

O doutor Edgard de Moura Bittencourt, desembargador do Tribunal de Justiça do Estado de São Paulo, mestre em direito civil, professor de direito civil aplicado na Faculdade de Direito de Bauru, teve uma carreira ímpar. Sobre ele, Ovídio Rocha Barros Sandoval escreveu:

O desembargador Edgard de Moura Bittencourt, em sua vida, se impôs como um Homem notável e Juiz fantástico, admirado pelas pessoas de seu tempo e plantando as sementes de seu exemplo, como árvore frondosa a ser admirada pelas gerações futuras. Dotado de uma personalidade multiforme, o desembargador Moura Bittencourt era um homem de inteligência e visão do mundo além do seu tempo, cultivando, como pérola preciosa de sua existência, gostar das pessoas. Estava, sempre, a conviver com as pessoas de sua querida família, com seus alunos, advogados e promotores, colegas da Magistratura e com todos aqueles que dele se aproximaram. A todos ofertava a beleza de sua alma [...]. Foi um juiz independente e corajoso, mas a presença de tais virtudes nunca serviram para isolá-lo do convívio humano [...]. Homem e juiz com tais qualidades foi, infelizmente, alvo brutal e injustificado do Comando da chamada Revolução de 1964, vindo a ser aposentado compulsoriamente e com seus direitos políticos suspensos. Tal ato mereceu o repúdio candente de todos aqueles que amam a Magistratura e jamais se curvam à violência de um Poder enfeixado em mãos de uma guarda pretoriana. [...]” [43]

---

43. Ovídio Rocha Barros Sandoval, O *Poder Judiciário a partir da Independência*, Resenha Universitária, São Paulo, 1978, p. 97, em *Edgard de Moura Bittencourt: O juiz*, coordenador: Joaquim

Reali: Na verdade, tivemos as informações do próprio governador Adhemar de Barros de que Moura Bittencourt poderia ser cassado. Um dia, o governador me disse: "Olha, não tenho nada com isso, é coisa do Gaminha, mas o nome do teu sogro poderá constar da lista".

Devia mesmo ser coisa do Gaminha, apelido de Luiz Antonio da Gama e Silva [1913-1979], ministro todo-poderoso da Justiça do Costa e Silva e diretor da Faculdade de Direito do Largo São Francisco: Gaminha participou da área jurídica, antes e depois de ser ministro. Portanto, não foi uma grande surpresa ele estar por trás daquela tramóia. Seguíamos esse processo, mas também não fazíamos nada para impedi-lo, mesmo porque não tínhamos como fazê-lo.

O Adhemar me disse: "Pergunte ao Edgard o que ele quer que eu faça: quer ser demitido, aposentado ou suspenso?" Meu sogro retrucou: "Estão querendo pôr em mim uma responsabilidade que é deles, não minha. Diga ao governador para fazer o que sua consciência determinar; de mim não receberá nenhum pedido". Transmiti o recado, e o Adhemar respondeu: "Deixa comigo, vou resolver da melhor maneira". E o doutor Moura Bittencourt teve seus direitos políticos suspensos, foi aposentado compulsoriamente, isso após 33 anos de serviços prestados à magistratura.

O doutor Moura Bittencourt tinha ainda uma carreira pela frente. Poderia ter ido para o Supremo. Tinha possibilidades porque era um homem articulado nacionalmente, envolvido em questões como a do direito de família, uma nova legislação sobre o concubinato, e na questão do divórcio no Brasil.

No dia em que saiu a notícia de sua cassação, o desembargador me conferiu uma missão: buscar seus pertences no Tribunal, inclusive a sua beca. Levei seu último processo, já despachado e julgado. Entreguei-o ao presidente do Tribunal de Justiça de São Paulo, desembargador Custódio da Silveira. Ficaram todos me olhando, um jovem no meio daquele mar de juristas tomados pela inação, mas também pelo medo e desejo de lavar as mãos.

Custódio da Silveira argumentou: "O Edgard talvez esteja se precipitando, porque afinal se tratou apenas de uma notícia de rádio". Retruquei: "Uma notícia de rádio transmitida do interior do Palácio do Planalto, com uma lista de cem nomes cassados? Não tem cabimento o senhor utilizar

---

Macedo Bittencourt Neto, atualizadores: Sidnei Agostinho Beneti, Cornélio Vieira de Moraes Jr., Antônio Carlos Mathias Coltro, Millenium Editora, Campinas, 2002, pp. XLVII, XLIX.

um argumento como esse". Custódio da Silveira: "É, mas em todo caso lhe faremos uma visita". Não fiz rodeios: "Ele quer saber da sua beca e pediu para eu lhe entregar este último processo, já despachado". A missão de recuperar os objetos e devolver o processo do desembargador Moura Bittencourt me encheu de orgulho. Essa foi a missão recebida de meu sogro que mais me envaideceu.

Antes mesmo da notícia de sua cassação, ele já havia pedido demissão da faculdade de direito de Bauru e da *Folha de S.Paulo*, na qual escrevia uma coluna jurídica. Sua demissão, na faculdade e na *Folha*, foi aceita em alta velocidade. Pelo menos a *Folha* publicou seu último artigo, que revelava a perplexidade do doutor Moura Bittencourt em relação à sua cassação. [A seguir, alguns trechos.]

De juiz a réu indefeso

Que fiz eu para me cassarem o direito de judicar? Não sei. Por corrupção nunca me acusariam. Decerto porque não sopitei a curiosidade de conhecer o socialismo, em pesquisas e em viagens, das quais não resultou o menor pronunciamento político. Minha atividade de magistrado, de professor de direito e de jornalista está gravada em livros que publiquei e nas colunas deste jornal [...]. Meu crime talvez tenha consistido em ser um temperamento dinâmico. Alma irrequieta em constante procura de novos rumos para a inteligência, como de mim disse o desembargador Goes Nobre. Mas em que isso pôs em perigo a paz ou a honra nacional? [44]

Amélia: Meu pai participou de congressos jurídicos na então União Soviética, China, Estados Unidos, entre outros países. Lembro-me, como se fosse hoje, que recebeu artistas da Ópera de Pequim em casa. Político todo mundo é, mas meu pai nunca teve atividade política.

Sobre as obras do desembargador Moura Bittencourt, Rocha Barros Sandoval escreveu:

[...] São marcos da cultura jurídica do Brasil. O concubinato no direito brasileiro *é um clássico da nossa literatura jurídica. Trata-se da obra*

44. Moura Bittencourt, op. cit., p. XIX.

mais opulenta sobre o assunto até hoje escrita. De recordar-se que, na época de sua elaboração, o tema se apresentava polêmico e estava a exigir uma ampla abordagem capaz de levar os cultores do direito a uma madura e completa reflexão[...]. Sua obra O juiz *é um extraordinário ensaio sobre a arte de ser magistrado e de julgar, escrita em estilo claro, cativante e capaz de empolgar todos aqueles que tenham a oportunidade de tê-la em mãos [...]. Um dos aspectos mais relevantes de seu ensaio é a parte referente à Justiça e Humanidade, vindo a expor, com as qualidades de um verdadeiro Mestre sobre o Juiz Humano, demonstrando que, "se a lei é destinada aos homens, em suas relações entre si e entre a sociedade, negar o sentido de humanidade na exegese jurisprudencial corresponde a negar também a razão final da própria lei" e o "esquecimento do homem desumaniza o direito".*[45]

Moura Bittencourt manteve correspondência com o advogado romeno Vasile Stanciu (1900-1986), que dirigia, em Paris, a Sociedade Internacional de Profilaxia da Vítima. Em 1984, o instituto fez uma homenagem a Moura Bittencourt na capital francesa. Amélia, Reali e as quatro filhas compareceram. Também marcaram presença os principais dirigentes desse instituto, alguns dos quais assinaram o prefácio do livro de Moura Bittencourt, A *vítima*.[46]

No prefácio, Stanciu afirma, entre outros argumentos:

O que constitui uma originalidade de grande importância para a Justiça Penal são as aplicações práticas da vitimologia num grande número de delitos. Esse sentido prático, obtido pela experiência de advogado e de magistrado de Moura Bittencourt, falta a vários de nossos criminologistas que se deleitam no Olympio das idéias, longe das realidades.

Também Roland Souchet, antigo membro da Cour d'Appel de Paris, relata:

A Obra do professor Edgard de Moura Bittencourt constitui um exemplo de clareza e erudição. Seus estudos da doutrina internacional e

---

45. Rocha Barros Sandoval, op. cit., pp.L, LI.

46. Edgard Moura Bittencour, A *vítima*, prefácio de Vasile Stanciu, Roland Souchet e André Tunc, Ed. Universitária de Direita Ltda., São Paulo, 1978.

da jurisprudência brasileira marcam uma etapa importante em direção a novas pesquisas.

Já o professor da Faculdade de Direito e de Ciências Econômicas da Universidade de Paris, André Tunc, afirma:

A obra de nosso colega constitui aos nossos olhos uma pesquisa original e penetrante sobre a vítima. Essa pesquisa é conduzida com uma notável visão[...] Ela manifesta a preocupação do autor em relação a vítima[...] E igualmente a parte de responsabilidade penal e civil que ela pode ter na sua desventura.

Amélia: Meu pai me marcou muito. Como pai, ser humano e profissional. Intelectualmente, era muito avançado para a sua época.Veja, por exemplo, a sua visão do concubinato. Ele indagava por que somente a mulher casada, mesmo se casada por pouco tempo, deveria receber todos os direitos legais após um desquite, e não a que viveu quarenta anos com alguém, com quem, talvez, teve filhos? Hoje, filhos e netos de pessoas reticentes à sua idéia estão usufruindo da lei oriunda de seu ensaio. Mas tinha gente, no mundo da política e em outras áreas, que o entendia e o procurava. Por exemplo, meu pai teve intensa cooperação na área jurídica com o deputado e senador Nelson Carneiro [1910-1996].[47] Lembro-me dos dois fechados no escritório de meu pai, em casa.

E sua cassação, e a reação de muita gente próxima à sua cassação, tornou-me uma pessoa mais cautelosa. Nossa casa, na Maestro Cardim, perto da Beneficência Portuguesa, estava sempre repleta de gente. De repente, quando meu pai foi cassado, apareciam apenas uns gatos pingados. Quinze dias depois de ter sido cassado, vieram uns desembargadores, juntos, fazer uma visita. Quinze dias depois da notícia! Hoje, comparo aquela situação vivida pelo meu pai com a de você ver um filho seu cheio de amigos que de uma hora para outra se torna uma criança sozinha. O sentimento é o mesmo e igualmente triste. Meu pai nunca reclamou, não

47. Nelson de Souza Carneiro: Salvador, 1910 – Niterói, 1996; político e jornalista; relatou e conduziu a votação da emenda que introduziu o parlamentarismo no Brasil, possibilitando assim a posse do vice-presidente João Goulart, em 1961; célebre pela sua defesa do divórcio, aprovado em 1977; presidente do Senado, 1989; senador três vezes, pelo MDB duas vezes e pelo PMDB três; deputado federal cinco vezes, duas vezes pela UDN, duas pelo PL, uma pelo MDB.

se tornou um homem rancoroso. Contudo, percebíamos que se sentia isolado.

Amélia, como seu pai via o Reali?

Amélia: Meu pai gostava muito dele. Pelo seguinte: o Júnior entrou na casa muito cedo, com apenas 14 anos. Era mais um filho numa família numerosa: éramos sete irmãos. Meu irmão mais velho – Joaquim Macedo Bittencourt Netto, desembargador aposentado e hoje advogado – estava, na época, no CPOR [Centro de Preparação de Oficiais da Reserva]. O Júnior se aboletava na cadeira do Macedo com grande desembaraço. Durante o jantar, papai, que apreciava brincadeiras, cutucava: "Não tem nada melhor do que ficar em casa, na intimidade, com os meus filhos". E o Júnior, também ele bem-humorado, respondia: "Concordo, doutor, nada melhor do que a vida familiar". Eles sempre se deram bem. Devido à sua profissão de repórter, o Júnior participou muito da vida do meu pai.

Reali [*em tom mordaz*]: É verdade, o doutor Moura Bittencourt e eu nos dávamos muito bem. Só não perdôo uma coisa. Na sua carta de despedida, lida após sua morte, fui deserdado de doze garrafas de Ferreirinha, excelente vinho português, com a seguinte explicação: "Sorrateiramente, ele [Reali] já se apossou de outras garrafas interessantes, à razão de uma por mês, imaginando que eu não estava percebendo. Por isso, as doze garrafas ficam com meu outro genro, Sílvio Luís de Paula Souza". [*Para Amélia, sorrindo*] Desculpe, mas essa nota bem-humorada do seu pai, até na sua última carta, eu precisava registrar.

Amélia: "Só queria acrescentar que, em geral, naquela época as pessoas achavam que quem trabalhava em rádio – um meio de comunicação considerado demasiado popular – era de baixo nível. Uma vez que fui buscar uma das minhas filhas na casa de uma colega, do Colégio Madre Alix, a mãe da amiguinha comentou: "Teu marido trabalha numa rádio? Nossa, os pais dele devem ter um desgosto em ver o filho nesse ambiente, não é?" Mal sabiam do orgulho que a dona Maria e o doutor Elpídio tinham do filho. Você vê como é a vida e como as percepções mudam. Viemos a Paris, o Júnior continuou a fazer rádio, televisão, a escrever para jornais, e subitamente as observações negativas sobre seu trabalho como jornalista de rádio cessaram. Mesmo porque a maneira como o rádio é visto de uns tempos para cá mudou.

CAPÍTULO XII

Momentos kafkianos

Amélia: Apesar da repressão, das dificuldades por que meu pai passou, dos preconceitos de outrora contra a profissão do Júnior, temos boas lembranças daqueles tempos. Foram tantas as histórias divertidas! Lembro-me, por exemplo, de um evento no Natal de 1968. Meus pais sempre davam um belo presente para os netos, e naquele ano os presentearam com um gigantesco escorregador. O problema era como levá-lo para nossa casa, numa rua sem saída, lá no buraco do Paineiras, no Morumbi [a rua desemboca nos fundos do Clube Paineiras do Morumby]. Sem contar que aquilo era um mato cerrado. Por sorte, minha irmã Cecília tinha um cunhado, o Expedito, um militar já então reformado. Perguntei-lhe, num jantar, se no seu sítio por acaso haveria alguma caminhonete que transportasse o escorregador para nossa casa. E o Expedito: "Pode deixar, arrumo um caminhão. Mas vai demorar um pouquinho. Daqui a uns vinte dias está bom?" Respondi: "Lógico, não tenho pressa nenhuma".

Expedito provou ser digno de seu nome. Pediu a uns amigos do exército um "caminhãozinho" emprestado para levar o bendito escorregador. Na manhã seguinte à nossa conversa, às 7 horas, ouvi um barulho ensurdecedor. Em seguida, silêncio total. Do vitrô do banheiro detectei um caminhão do Exército; um bando de brutamontes saltou para fora. Acordei o Júnior: "Corre. Não me pergunte nada, sai daqui! Depois a gente conversa. E leve a escova de dentes!" Ele correu. À porta da casa, um deles me explicou o motivo da visita inesperada: "Vim trazer o escorregador".

[*Rindo de si mesma*]: Sou muito maluca. Mas é um sentimento de proteção. E naquele contexto tudo levava o cidadão à paranóia. Estava na

USP, cursando história, a vigilância por parte dos militares era total. Meu pai tinha sido cassado. O Júnior falava na rádio, na televisão, escrevia. E o pior é que tinha um pôster do Che Guevara dentro de casa. Portanto, no dia em que os soldados entraram em casa com o escorregador, bateu aquela paranóia: mandei o Júnior correr e escondi o Che.

Reali: Também foi divertida a nossa confusão no caso do seqüestro do cônsul japonês, em março de 1970.

Amélia: É verdade. Estávamos em casa, as crianças tinham subido para o banho. Chega um grande amigo nosso, já falecido, o Martim Arruda Campos, o Arrudão, comandante da VASP [Viação Aérea São Paulo, fundada em 1933 e cujos vôos foram encerrados em 2004], homem de esquerda e filho do Dácio de Arruda Campos, o juiz e editorialista do *Estado* que foi cassado na época do meu pai. Estava acompanhado de um amigo japonês. Todo alinhado, arrumado, o japonês. "Fiquem à vontade, porque a criançada vai tomar banho e o Júnior deve chegar em breve", lhes disse. E o Júnior não dava sinal de vida. Desci, começamos a tomar um aperitivo.

Finalmente chega o Júnior, esbaforido. E eu: "Puxa, você mata a gente de fome!" Enquanto isso, o Júnior joga o gravador de um lado, tira a gravata, nervoso. Ele disse: "Você não sabe: a Vanguarda Popular Revolucionária [VPR] seqüestrou o cônsul japonês [Nobuo Okuchi]". Foi então que ele se deu conta de que na sala havia um japonês, elegante como alguns diplomatas. Júnior olhou feio para mim, e eu olhei feio para o Martim. Após uma fração de segundo, Martim, que, claro, tinha escutado tudo, apresentou o nissei: "Este é meu amigo Izuro, advogado". Júnior disse para o advogado: "Desculpe, mas raptaram seu cônsul". Começamos todos a rir com a confusão que tínhamos armado.

Reali: No dia seguinte liberaram o cônsul em troca de cinco prisioneiros, na praça Buenos Aires, em Higienópolis, onde ficava o consulado japonês. Marcaram presença vários jornalistas, porque haviam noticiado que ele seria liberado. Eu disse ao cinegrafista Laerte Garcia Rosa: "Vamos ficar naquele outro lado, na rua Bahia. É por ali que vão entregar o cônsul, mesmo que ele venha de táxi".

Passados uns quarenta minutos, encosta um táxi Volkswagen com um japonês dentro. "Só pode ser ele", pensei. "Não vai ser a segunda vez que vou errar de cônsul." Quando o cônsul saiu do Fusca, pulei no pescoço dele. Dei uma gravata nele, assim. [*Empolgado, repete a cena usando este pobre escriba como cobaia.*] E taquei o microfone nele. Já era noite, o pessoal viu que eu estava agarrado ao japonês. "É ele!" E veio todo mundo para cima de nós.

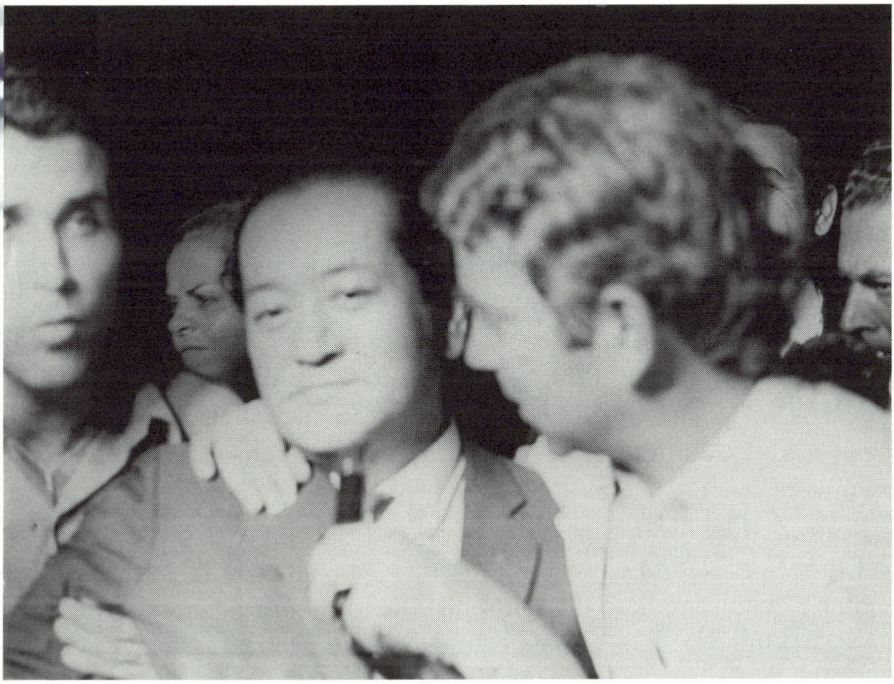

Reali agarra o cônsul japonês Okuchi, que havia sido seqüestrado, na chegada ao consulado do Japão, logo após ter sido liberado

E eu repetia para o cônsul: "Fala! Fala! Fala!" Nem pergunta eu sabia fazer mais, estava tão nervoso! "Fala, fala, fala! Como é que foi?" Em seguida, o cônsul foi levado pela polícia ao consulado. No dia seguinte, finalmente, concedeu uma entrevista coletiva. Perguntaram como o tinham tratado. "Fui muito bem-tratado pelos meus seqüestradores, mas na minha libertação, muito maltratado pela imprensa."

Amélia: É uma vida meio louca, a do jornalista. Primeiro, você não pode programar nada. Outro dia, convidamos alguém para ir à nossa casa de campo, na Normandia. Chegou aqui, com as malas, pronto para partir. E não fomos mais. Você tem de se adaptar. É uma vida diferente. Como não pude trabalhar, tomei cuidado para não ficar à mercê de uma profissão que não é a minha. Claro, muitas vezes participo. No entanto, procuro não mesclar muito as coisas para proteger os dois lados, o do Júnior e o da família. Vivemos na dependência dos acontecimentos.

Jornalistas às vezes não vêem seus limites; enquanto estiverem ali, escrevendo ou apurando para escrever, estão num outro planeta. Ainda mais hoje, com a vantagem da experiência de anos casada com jornalista, acho que às vezes exageram: o correspondente tem, ou pelo menos deveria tentar ter, certos limites. Até porque muito trabalho é prejudicial para a saúde. São horários loucos. Varam noites. Acabam trabalhando sábado, domingo. De qualquer maneira, as vantagens de viver no exterior são, creio, maiores. No Brasil foi difícil, porque eu simplesmente não via o Júnior. Sábado e domingo ele trabalhava com futebol. Cobria carnaval, a corrida de São Silvestre, no ano-novo. Para falar bem a verdade, ele tinha dois feriados por ano: Sexta-feira da Paixão e Dia dos Mortos [*risos*]. Sempre em tom irônico, eu lhe dizia: "Muito obrigada!" Para você ter uma idéia da vida louca do jornalista, fui sozinha à maternidade para ter a Mariana; entrei no automóvel tendo contrações e dirigi até lá. As meninas lembram-se disso até hoje.

Reali: E antes disso, no nascimento da Cristiana, eu estava estreando no *Correio da Manhã* e precisava produzir uma matéria de página. A Amelinha já deitada no hospital, sentindo dores de parto, e eu escrevendo a matéria, madrugada afora. O médico me deu uma bronca! Mas eu tinha de escrever, era a minha estréia, não podia deixar de publicar.

Amélia: Hoje em dia temos algumas regras. Durante férias, ele não leva seu laptop. No final de semana carrega o computador; tudo bem, ele precisa do seu intrumento de trabalho, sempre pode acontecer algo e ele tem de reportar.

Reali: Em rádio e jornal você tem de estar sempre em plena sintonia com o noticiário. Em dezembro de 2005, por exemplo, com aquela série de incêndios que ocorreu em Paris e nos subúrbios, fomos jantar com alguns amigos. Quando nos sentamos à mesa, eu soube, por uma mensagem no celular, que ocorrera mais um incêndio nos subúrbios de Paris. Pedimos os pratos, na esperança de que a coisa não seria uma sangria desatada.

Não queria, evidentemente, estragar nosso jantar. Discretamente, eu dava umas olhadelas-relâmpago no celular para saber se havia mais incêndios, se estava começando uma guerra civil na França. Mas até vir a notícia de que os incêndios tinham sido controlados, demorou uns quarenta minutos. Quer dizer, você fica estressado, já tinha perdido o prazer de estar num restaurante – e idem a Amélia, a qual, apesar das minhas tentativas de ser discreto, me conhece de cor e salteado. Ela sabia que de um segundo para o outro poderíamos ter de voltar para casa...

CAPÍTULO XIII

Políticos marcantes

Reali: A grande personalidade política que pude acompanhar nestes mais de trinta anos de carreira foi, sem dúvida, o Celso Furtado. Ele não era exatamente o tipo do líder político que busca apoio eleitoral, como os ex-presidentes Juscelino, Jânio e Jango. E nem teve as possibilidades de ascensão política, ou seja, de chegar a ser candidato a presidente da República, que teve, por exemplo, o Adhemar de Barros. Mas era um homem íntegro, dedicou sua vida à causa pública. Celso foi ministro várias vezes, embaixador, exilado. Sem fazer grande alarde, soube ter uma posição muito digna durante todo o seu exílio. E sempre trabalhando pelo Brasil.

Eu o admirava, éramos muito amigos, principalmente nos últimos vinte e cinco anos da sua vida. Pude, então, aproximar-me dele aqui em Paris. Em grande parte, isso aconteceu por causa de sua mulher, nossa colega jornalista, ex-correspondente da *IstoÉ*, Rosa Freire d'Aguiar. Aqui em Paris, minha admiração pelo Celso só cresceu, graças às suas qualidades, integridade e bom caráter. Posso dizer, sem vacilar, que Celso Furtado foi a maior personalidade pública que conheci. O presidente Lula costuma dizer que não conhece ninguém mais íntegro do que ele próprio. Eu conheci: Celso Furtado.

Ainda adolescente, ouvia falar da prefeitura do Jânio [1953-1954], quando meu pai era secretário da Segurança do governo Garcez. Lembro de um incêndio no Clube 28, da comunidade negra. Não havia saída de emergência, e por isso morreu muita gente. Enquanto essa tragédia acontecia, num sábado à noite, Jânio, meu pai e outros estavam num jogo de buraco. Chegou a notícia do incêndio, meu pai levantou-se, avisou Jânio e saiu para tomar suas providências como secretário da Segurança.

No meio da madrugada, Jânio apareceu de pijama no incêndio. Ou seja, foi para casa, colocou o pijama e deu o ar de sua graça. Seu objetivo, claro, era mostrar que estava sendo acordado àquela hora e mesmo assim, como bom prefeito que era, se dirigira imediatamente ao atendimento das vítimas... O mais interessante é que sua tática funcionava. Usando o mesmo tipo de demagogia, foi eleito governador e presidente da República na base da vassoura, o homem que veio para fazer uma limpeza.

Anos depois conheci o Jânio pessoalmente por meio de um colega da Record, o Alaor José Gomes. Ele namorava a filha do Jânio, Dirce Maria, e casou-se com ela. No mesmo período, eu namorava a Amelinha. Saíamos para jantar, os dois casais. Conseguimos, ao mesmo tempo, empréstimo na Caixa Econômica Estadual e procuramos apartamento juntos. Casamo-nos na mesma época. Essa amizade com o Alaor e a Dirce Maria não me aproximou de Jânio politicamente, mas às vezes nos cruzávamos por causa da filha e do genro.

Depois Jânio foi presidente da República, renunciou. Fizemos, vários jornalistas, uma entrevista com ele no Guarujá. Deu uma repercussão enorme. Foi uma das primeiras entrevistas que concedeu quando voltou da Europa após a renúncia. Em 1989, Jânio veio a Paris. Apareceu com o Augusto Marzagão, que trabalhou para a Globo e depois para o Fernando Henrique Cardoso.[48] Jânio, que acabara de sair da prefeitura de São Paulo, era novamente candidato forte à Presidência da República, pela direita. O Fernando Collor [de Mello; eleito em 1989, renunciou em 1992] ainda não estava em alta, em termos de popularidade.

Após uma entrevista com o Jânio, convidei-o para jantar em casa. Disse-lhe: "No dia em que o senhor estiver livre, me ligue e preparamos um jantar". No dia seguinte, toca o telefone.

"Reali, aqui é o Jânio."

"O senhor vai bem, presidente?"

---

48. Fernando Henrique Cardoso: Rio de Janeiro, RJ, 1931; presidente da República duas vezes, 1995-1998 e 1999-2002; ministro da Fazenda de 1993 a 1994 do governo de Itamar Franco, época em que introduz o plano de estabilidade econômica alcunhado Plano Real; ministro das Relações Exteriores, 1992-1993, também do governo Itamar Franco; um dos fundadores do PSDB, em 1988; eleito senador, 1986; assumiu, em 1983, vaga deixada por Franco Montoro no Senado; suplente de Franco Montoro, no Senado; aposentado pela USP em 1969 como professor de sociologia; lecionou e publicou artigos e livros em vários países.

"Tudo bem. Sua senhora está aí?"

"Está."

"Posso falar com ela?"

Chamei a Amélia ao telefone.

Jânio: "Dona Amélia, vou lhe dizer uma coisa. Seu marido me convidou para jantar, mas não suporto mais essa comida francesa cheia de molhos horríveis".

"Doutor Jânio, vamos fazer algo bem brasileiro."

"Não se preocupe, dona Amélia. Faça só um arrozinho com feijão, uma farofinha e está tudo muito bem."

"Pode contar comigo."

"Então está ótimo, amanhã estaremos aí, eu e Eloá."

Dona Eloá e Jânio chegaram mais ou menos às 19 horas, horário de verão. Estava claro, o sol batendo ainda forte. E eu escrevendo à maquina ali no meu cantinho. Saltam do táxi dona Eloá e o Jânio, ele empunhando uma garrafa.

"Trouxe para você uma garrafinha de Porto", anuncia Jânio.

"Olha, presidente, se o senhor preferir tomar seu Porto, o faremos com prazer. Mas como sei que o senhor gosta de Porto, tenho um dos bons".

"Deixe-me vê-lo."

Mostrei-lhe a garrafa de trinta anos, um presente de Natal. O dele não era ruim, mas o meu era bem melhor.

Jânio: "Tomamos o seu. Guarde o que eu trouxe para uma próxima ocasião".

De Paris, Eloá e Jânio zarparam para a Turquia. Ele candidatíssimo. Lá teve um pequeno derrame. No Brasil, todo mundo estava comentando que o Jânio havia sofrido um derrame na Turquia – e provavelmente não seria mais candidato.

Na volta deles para Paris, me telefona o Marzagão. "Olha, o doutor Jânio quer retribuir o jantar. Gostaria de convidá-los, mas pede para você escolher o restaurante."

Reservei uma mesa no Tiepolo, ótimo restaurante no Quartier Latin. Pena que já fechou. Éramos cinco no jantar: dona Eloá, Jânio,

Marzagão, Amélia e eu. Num dado momento, Jânio disse: "Tive aquela doença, me atingiu aqui (colocou a mão sobre a parte superior da cabeça, à direita) e esta parte já não funciona. Como posso ser presidente com metade da cabeça não funcionando? Não é possível". Marzagão, incomodado com a conversa, lançava olhares desconfiados para mim. Na saída, Marzagão me disse: "Não dê essa notícia. Você sabe como é o Jânio, ele muda tudo. Fala isso hoje, amanhã está dizendo outras coisas". Respondi: "Como não vou dar?" Segundos depois, o Jânio foi explícito: "Reali, faça dessa nossa conversa o que você pretender. Um artigo, uma entrevista, ou não faça nada".

Era tarde quando cheguei em casa. Datilografei tudo, para não esquecer nenhum detalhe. No dia seguinte, escrevi meu artigo. Nunca perdoei a redação do *Estado* pela chacina que fizeram com a matéria sobre o Jânio. Digo mais: essa entrevista foi um dos maiores massacres praticados por um editor durante minha carreira. Igual a essa só a entrevista de página com o então desconhecido no Brasil aiatolá Khomeini [1900-1989],[49] dias antes da revolução iraniana, quando ele ainda estava exilado nos subúrbios de Paris, em Neauphle-le-Château. Telefonei para o editor de política. Ele sentiu-se pressionado, como, aliás, tanta gente em redações diante de editores e patrões.

Coincidência ou não, a candidatura Collor cresceu a partir da renúncia por motivos de saúde do Jânio. E, claro, não podemos esquecer que Collor foi promovido pelo Roberto Marinho, dono da Globo. Em suma, tratou-se de um momento crucial, porque Jânio, candidato, ganharia o pleito, como homem da direita. Ele já tinha pagado pela sua primeira renúncia, havia feito uma boa administração como prefeito de São Paulo e não amedrontava mais as elites. Era um populista, mas assimilado pelos conservadores. Enfim, uma candidatura comprometida, a do Jânio, principalmente tendo Lula como adversário. Lula era, e continuou sendo até 2002, uma grande incógnita para os senhores dos Jardins e seus homólogos em cidades Brasil afora.

Outro político marcante que aparecia em Paris era o ex-presidente Goulart. Como já disse, ficamos amigos aqui. No Brasil, nossa relação era meramente profissional. Aqui, costumávamos almoçar e às vezes jantáva-

---

49. Aiatolá Khomeini; Khun, 1900 – Teerã, 1989: formou a oposição ao regime de Reza Shah Pahlevi e, assim, seu movimento instaurou a República Islâmica no Irã, em 1979.

mos no Le Pichet, até hoje na rue Pierre Charron, travessa dos Champs-Elysées. Já serviam uma saborosa carne, até para os parâmetros de um gaúcho acostumado com suculentos churrascos. Aliás, François Mitterrand [1916-1996; presidente de 1981 a 1995], que gostava de comer bem, freqüentava esse restaurante.

Certa vez fui ao Pichet para tomar um café com o Jango. Ele estava terminando um almoço de negócios com um amigo gaúcho, falavam sobre a venda de uma boiada. Num dado momento, seu interlocutor indagou:

"Como faço para seu capataz da fazenda me entregar os bois?"

"Tu podes dizer para ele que dei a ordem."

"Mas como?"

Telefone se usava com parcimônia aqui do exterior, mesmo sendo endinheirado como era o Jango. Ele disse ao interlocutor: "Espera". Rasgou a parte branca de um anúncio de jornal, tirou uma caneta do bolso do paletó e escreveu: "Fulano de tal, entregue, por favor, quarenta bois do lote X para este senhor que lhe traz este recado". Datou e assinou, "João Goulart". Acho que deu tudo certo.

Conversa vai, conversa vem, o Jango – já estávamos a sós – me pergunta: "E o Delfim? Não perca de vista esse cara. Ele é inteligente. Filho-da-puta, mas inteligente". Em outro almoço com Jango, lá no restaurante preferido dele, contei-lhe que tinha entrevistado naquela manhã o [Antônio Francisco] Azeredo da Silveira [1917-1990], ministro das Relações Exteriores [1974-1979]. No sábado, o ministro partiria para Madri. "Ah, está aí, o Azeredo? E vai pegar o avião das 18 horas, no sábado, para Madri? Tenho a impressão de que tomaremos o mesmo vôo!"

Jango levantou-se, telefonou do bar para o Pedro Taulois, seu assessor em Paris. De volta à mesa, explicou-me que o Pedro havia confirmado seu vôo para Madri às 18 horas, no sábado, o mesmo do Azeredo da Silveira. Jango tinha lhe pedido para tentar transferi-lo para a primeira classe.

Jango viajava de classe econômica em vôos pela Europa, mas não estava pedindo nenhum favor: ele pagava, se necessário, a quantia que fosse para sentar-se na primeira classe, próximo ao ministro. Sim, porque ministro brasileiro só viajava de primeira classe, visto que na época não havia executiva. Eu lhe disse: "Bom, presidente, o senhor tem de assumir um compromisso comigo e me contar os detalhes dessa história. Ao chegar em Madri, o senhor me telefona?" No sábado, 21 horas, toca o telefone em casa. Uma voz anuncia, num tom solene: "O presidente gostaria de falar com o senhor".

"Rrreali?"

"Como é, presidente? Viajou com o homem?"

"Ah, pois é, viajei, e ele foi de pescoço duro até Madri. Não olhou para trás nenhuma vez. Parecia que estava com torcicolo."

"Ah, é, presidente?"

"Não, tchê, não olhou nenhuma vez."

"E aí, como foi na chegada?"

"Em Madri, quando o ônibus chegou para levar-nos do avião da pista de decolagem à estação de embarque, a senhora dele, sempre muito gentil comigo, veio me cumprimentar."

"E ele?"

"No ônibus, o ministro continuou olhando para a frente, ainda com torcicolo."

"Ah, é?"

"Pois é. Desembarcamos, e sabes quem o estava esperando? O Sérgio Augusto Frazão, agora embaixador em Madri, ex-embaixador do meu governo."

"O senhor conversou com o Frazão?"

"Não me deu essa oportunidade, o Frazão. Quando me viu atrás do Azeredo, deu um grande abraço, de olhos fechados, na barriga do ministro." Tanto o Frazão quanto o Azeredo eram barrigudinhos. Deve ter sido um choque tremendo.

Certa vez, chegou uma notícia do Brasil: Jango estava cansado do exílio, tomaria, naquela noite, o avião da Varig em Paris rumo ao Brasil, acontecesse o que acontecesse. Tinham até fechado o Aeroporto Internacional Presidente Juscelino Kubitschek, em Brasília. Ou seja, os militares da Aeronáutica haviam organizado uma operação com o objetivo de prender o ex-presidente na hora em que desembarcasse. Já era quase meia-noite quando pediram para eu apurar essa história. Fui direto ao Claridge's, hotel de luxo nos Champs-Elysées onde Jango invariavelmente se hospedava. Hoje virou um Marriott.

O *concierge* disse que o presidente não estava, mas não tinha pagado a conta e, portanto, estava ainda hospedado. Calculei que talvez, apressado, tivesse esquecido de pagar a conta do hotel e já estivesse no aeroporto.

Depois pediria para o Pedro Taulois pagar sua dívida no Claridge's. Mesmo assim, nunca se sabe: resolvi sentar num sofá, no lobby. Uma meia hora depois, chega o Jango. Saudei-o:

"Presidente, tudo bem?"

"Tudo bem, tchê. Que fazes aqui a esta hora?"

"Desculpe-me, presidente, é mais de meia-noite, eu sei, mas o jornal e a rádio me pediram para averiguar a notícia de que o senhor estaria cansado do exílio e de partida, ainda hoje, para Brasília."

"Reali, meu filho, veja só: se estivesse embarcando para o Brasil, estaria chegando no hotel, à meia-noite e meia, com esta tupamara[50] ao meu lado?"

Uma uruguaia morena, de uns 25 anos, linda, alta, estava ao seu lado.

"De fato, presidente, esse não me parece o momento propício para voltar e correr o risco de ir para a cadeia."

Voltei para casa, enviei a notícia. "O ex-presidente João Goulart não tem planos de regressar ao Brasil. Pretende permanecer em Paris, no Hotel Claridge's, no qual, ontem à noite, chegou bem-acompanhado e com amigos, por volta de meia-noite."

Não inseri no texto nem na transmissão para a Jovem Pan que ele adentrou o hotel com uma tupamara; tem horas em que é de bom-tom deixar alguns detalhes de fora. A objetividade tem seus limites, e Jango dissera que sua companheira era uma "tupamara" para um amigo, não para um jornalista. Portanto, escrevi que adentrou o hotel muito bem-acompanhado...

Em um de nossos encontros, Jango tinha me dito que seu plano era ir para a Argentina acertar seus negócios. Mas estava preocupado: a Aliança Anticomunista Argentina [AAA],[51] organização de ultradireita que matou várias personalidades de esquerda nos anos 70, o estava ameaçando na Argentina. Flávio Tavares, correspondente do *Estado* na Argentina [e mais tarde em Portugal], apurou essa história. Ele me contou que as ameaças

---

50. Tupamaros pertenciam ao Movimento de Libertação Nacional, grupo guerrilheiro da esquerda radical nos anos 60 e início da década seguinte, que atuava no Uruguai. A partir de 1985 integrou-se ao novo quadro democrático do país.

51. Hoje é sabido que a Alianza Anticomunista Argentina, a "triple A", era comandada por José López Rega, ministro e secretário pessoal de Juan Domingo Perón (1895-1974; presidente da Argentina duas vezes: 1946-1955 e 1973-1974).

não vinham da AAA, mas de um capataz demitido de uma das fazendas do Jango. Para ameaçá-lo, telefonava dizendo que intregrava a AAA. Até hoje, desconheço a versão correta.

De qualquer modo, Jango estava sendo ameaçado. E seu plano era voltar para Paris, onde buscava apartamento. Pretendia ficar perto dos filhos, que moravam no Reino Unido, mas ao mesmo tempo não pretendia ficar demasiadamente próximo, para não atrapalhar a vida deles nem a sua. Embora aparentemente estivesse em boa forma, estava doente. Na última noite em que estivemos juntos, contou que havia ido a Lyon para uma consulta com seu cardiologista. Segundo o médico, tinha de parar de fumar. Mesmo assim continuava fumando, e bastante.

Essa noite em casa está registrada com a assinatura do Jango num rótulo de garrafa de uísque Old Smuggler. Jango não bebia vinho com freqüência, gostava de uísque.

Amélia [exibindo o rótulo]: Está vendo, ele esteve aqui em 8 de outubro de 1976. Jango não morreu naquele ano, na Argentina?

Reali: Morreu. Teve um enfarte do miocárdio no início de dezembro, na sua estância La Villa, perto de Mercedes. Jango era um homem simples e ao mesmo tempo elegante, afável, excelente prosa. Era um homem bom, todo mundo gostava dele, pelo menos do ponto de vista pessoal. Mas, como era de esperar de uma cria do Getúlio – e ainda mais naquela época –, seu perfil era bastante populista. Preocupava-se com as classes populares, com os sindicatos, mas estava longe de ser dotado de formação ideológica. Quando a direita se posicionou contra ele, forjou elos ainda mais sólidos com as esquerdas. Assim perdeu de vez o apoio dos militares e conservadores, que o depuseram no Golpe de 1964. Se tivesse tido condições, teria agido como Getúlio e tantos outros políticos de sua geração, cativando ao mesmo tempo a esquerda e a direita – e jogando partidos conservadores contra liberais. Era, se julgarmos Jango com o metro de sua época, um político hábil.

Outro gaúcho simpático, bom amigo, era o Brizola. Sempre senti um carinho muito especial por ele. Conheci-o faz muitos anos, ainda jovem repórter, numa das minhas idas a Porto Alegre. Brizola era governador do Rio Grande do Sul, eleito em 1958.

No início da década de 60, quando se elegeu o deputado federal mais votado do Brasil pelo Estado da Guanabara [1962], tivemos um contato mais próximo, na época dos programas de tevê *Território Livre* e *Pinga-fogo*. Quando saiu do exílio no Uruguai, estabeleceu-se nos Estados Unidos, de onde saiu em 1977 e foi para Portugal. De lá passou a fazer política Europa afora, participando, inclusive, de vários encontros da Internacional Socialista, e da qual se tornou um dos vice-presidentes em 1989. Passava pela França e sempre me procurava. Em Paris, o jornalista Roberto D'Ávila (a meu ver um dos maiores entrevistadores do Brasil), que hoje tem um programa de entrevistas, *Conexão Roberto D'Ávila*, na TVE Brasil, aproximou-se do Brizola, passou a ser um de seus homens. E o D'Ávila, grande amigo meu, sempre me informava sobre seus passos.

Na conferência sobre a ecologia, no Rio de Janeiro, em 1992, o Brizola era governador pela segunda vez. Na véspera da abertura da conferência, o D'Ávila, então vice-prefeito do Rio [ele foi também deputado constituinte], convidou-me para almoçar com o governador. Brizola fez questão que eu me sentasse à sua mesa, gesto de gaúcho generoso. Estavam, entre outros, o Enrique Iglesias, presidente do BID [Banco Interamericano de Desenvolvimento],[52] e o ministro da Fazenda, Marcílio Marques Moreira [de 1991 a 1992]. Vira e mexe, o governador indagava-me, curioso, sobre a situação política na França. Alguém dava um palpite, Brizola pedia meu parecer: "E lá de Paris, como vocês vêem isso?" Em todas as bolas divididas fazia questão de me prestigiar.

Brizola é outro hábil político de sua época. Fez boas obras. Quando governador no Rio Grande do Sul, implementou um importante programa de escolaridade, construindo 2 mil salas de aula na região de Porto Alegre. Eram salas de aula simples, mas suficientes para um professor ministrar uma escolarização básica. Nomeou professores jovens normalistas. Idéia formidável, porque o estado não tinha condições de pagar professores formados. Os jovens recebiam, claro, um salário reduzido, mas ganhavam um dinheirinho.

---

52. O Banco Interamericano de Desenvolvimento (BID) foi fundado em 1959 por dezenove países da América Latina e Estados Unidos. Os delegados dos países fundadores, diz o website do banco de desenvolvimento regional mais antigo do mundo, definiram a missão do BID da seguinte forma: "Contribuir para acelerar o processo de desenvolvimento econômico e social, individual e coletivo, dos países-membros regionais em desenvolvimento". Atualmente, o BID é de propriedade dos 47 países-membros; governado pela Assembléia dos Governadores do BID, autoridade máxima com 47 membros, e pela Diretoria Executiva, com catorze membros de diversos países. O presidente do banco, com mandato de quatro anos, é o representante legal e chefe da equipe de gerentes da instituição.

Quando foi governador do Rio, o estado também não tinha dinheiro suficiente para construir uma rede escolar. O que fez Brizola? Criou, a partir da experiência no Sul, os Centros Integrados de Educação Pública [CIEPs] elaborados pelo intelectual Darcy Ribeiro [1922-1997]. Esses centros tinham duas funções. Primeira: a criança estudava e saía alimentada. Segunda: os CIEPs eram utilizados para reuniões de suas comunidades.

Ninguém menos que o arquiteto Oscar Niemeyer projetou centenas de "Brizolões", como eram chamados os CIEPs no Rio. Como sempre, Brizola fez um grande estardalhaço em torno de seu programa escolar. Mas, de fato, seu programa de escolaridade obteve sucesso nos dois estados que governou.

Um político que me procurava em Paris e com quem me dava muito bem era o Lucas Nogueira Garcez, o ex-governador de São Paulo. Na sua última viagem para cá, senti que queria que eu soubesse algo sobre suas relações com o Joaquim Câmara Ferreira, o "Toledo", amigo de infância, sendo os pais deles da mesma cidade do interior. Quando Toledo foi para a Capital, viveram juntos na casa dos Garcez e ambos estudaram na mesma escola e faculdade. Seguiram caminhos diferentes. Garcez teve uma carreira política como técnico, e próximo do PSD. Por sua vez, Toledo tornou-se militante do PC, um homem que lutou contra a ditadura. Morreu pendurado, após ter sido torturado pelo delegado Fleury [1933-1979].[53] Ninguém sabia onde Toledo estava enterrado, mas Garcez descobriu seu túmulo depois de longa pesquisa. Portanto, logo após a morte do Garcez, em 1982, divulguei na Jovem Pan uma crônica, reproduzida pelo *Jornal da Tarde* sobre a última conversa que tive com o ex-governador. [Ao lado, transcrevemos na íntegra o texto de 17 de maio de 1982, publicado pelo JT. Precede o artigo a seguinte explicação: "Esta crônica, a respeito da vida e da morte do ex-governador Lucas Nogueira Garcez, é de Reali Jr., nosso correspondente em Paris, que foi grande amigo de Garcez".]

53. O delegado paulista Sérgio Paranhos Fleury simbolizou a repressão política durante o regime militar; após ter sido investidador do DOPS, em 1978 tornou-se diretor do Departamento Estadual de Investigações Criminais de São Paulo (DEIC).

Flores para Toledo

Morreu Lucas Nogueira Garcez, um homem de coragem tranqüila.

Muitos dos que me escutam neste momento têm consciência dos anos que vivemos num passado recente.

Volto uma década atrás, aos anos 69-70, não por desejo de retorno ao passado que todos pretendemos esquecer, mas sim para um simples testemunho.

Quero falar de um homem simples, sem ambições desmesuradas, que chegou pela via do voto direto a governador de São Paulo.

Não vou falar desse professor da Politécnica que planificou o sistema hidrelétrico de São Paulo e começou a executá-lo: das primeiras usinas da Cesp, no Paraná, Paranapanema e Tietê.

Isso todo mundo sabe e jornais de hoje de São Paulo relembram sua obra.

Chamo a atenção para um fato novo que pouca gente sabe e nada tem a ver com o governador capaz que muitos reconhecem.

Lucas Nogueira Garcez não deixa só obras que todo administrador sério e competente tem obrigação de legar ao administrado, quando escolhido num pleito livre.

Ele deixa gestos, atitudes, comportamentos, que não se constroem como uma ponte, um túnel, uma estrada ou uma escola.

Esse é o principal legado que o ex-governador de São Paulo oferece na sua morte a quem teve o privilégio de conhecê-lo de perto.

É por isso que hoje abro um parêntese no meu noticiário para uma revelação confidencial e inédita.

É preciso que se saiba.

A História deste país, que está para ser escrita, vai revelar-se uma caixa de surpresas.

Antes das opções políticas, dos interesses econômicos ou pessoais, prevalecia, para este homem que São Paulo acaba de perder, o caráter.

Nas posições que ocupou, esse foi o traço mais marcante de sua personalidade.

Poderia falar para vocês dos injustiçados de 64 – e foram muitos; de sua palavra amiga, sua visita de solidariedade, de seu abraço carinhoso num momento em que os amigos procuravam o caminho da fuga, mais cômodo e menos comprometedor.

Quem viveu, viu e sentiu.

Mas vou mais além, alguns anos depois, quando muitos não titubeavam em ficar com seus interesses, mesmo se eles sacrificassem amigos e parentes.

Foi nessa época que uma figura como Garcez se elevou ainda mais.

Quem não ouviu falar de Joaquim Câmara Ferreira, o "Toledo"?

Morto em condições estranhas, "Toledo" foi sepultado na Consolação, em local conhecido por poucos.

Só a família pôde localizar sua cruz.

Entre eles estava seu colega de ginásio, tão atacado pelo próprio "Toledo" enquanto governador.

Ali estavam dois homens mais ou menos da mesma idade, da mesma cidade, filhos de pais compadres, que dormiram no mesmo quarto, contemporâneos da mesma faculdade, separados pelo destino e opções de vida.

Até o fim havia flores de um desconhecido no cemitério da Consolação: o "Toledo".

Sejam quais forem as conseqüências desta indiscrição, é preciso que as novas gerações saibam quem foi o homem que São Paulo acaba de perder.

Não foi um pessedista de outros tempos, ou um arenista contemporâneo, ou um pedessista dos tempos atuais.

Mas, sim, um homem de coragem tranqüila, que pouco ousou em palavras, mas muito ousou em gestos e atitudes.

Que esse fato inédito que acabo de revelar sirva de reflexão para partidários ou opositores.

Acima de simples opções ideológicas, de interesses políticos ou de outra natureza, a base de uma Nação se consolida pelo caráter e dignidade dos homens.

Lucas Nogueira Garcez é um exemplo.

Hoje, o túmulo de "Toledo" amanheceu sem flores.

CAPÍTULO XIV

Jornalistas inspiradores

Reali: Tenho grande admiração por alguns jornalistas. Um é o Cláudio Abramo, com quem tive o prazer de conviver alguns anos, quando foi correspondente da *Folha de S.Paulo* em Paris, na década de 80. Amelinha e eu nos aproximamos muito dele e de sua mulher Radha, correspondente então da revista semanal *IstoÉ*. Cláudio sentia as coisas, tinha uma sensibilidade muito grande pela notícia, era obcecado pela informação – principalmente com a informação política. Além disso, foi responsável pelas maiores reformas já feitas no *Estado de S. Paulo* e na *Folha de S.Paulo*. Em momentos difíceis, você podia contar com ele. Desde então, sempre o tive como exemplo.

Outro que admiro é Mino Carta. Onde pôs a mão, as coisas funcionaram, e estão aí, nas bancas de jornal: *Jornal da Tarde*, *Quatro Rodas*, *Veja*, *IstoÉ* e *CartaCapital*. Houve o episódio do *Jornal da República*, único projeto seu que não vingou, por várias circunstâncias. Cinco de seus projetos estão nas bancas. Não é preciso dizer mais nada para explicar por que o admiro profissionalmente. Posso dizer o mesmo do ponto de vista pessoal, porque a corrente entre nós passa bem. Gosto do seu jeito e admiro sua lealdade aos amigos. Isso talvez venha da nossa origem italiana. Outra coisa: o Mino também não leva desaforo para casa, nem quando publicado nas páginas de uma das revistas por ele criadas.

Ironicamente, ele teve de lançar esses novos projetos porque, caso contrário, não teria emprego.

Reali: Exatamente. Mino é um organizador, chefe de equipe, faz editorial, escreve matérias... Qual o dono de um meio de comunicação que é diretor de redação e jornalista de mão cheia? No caso do *Estado de S. Paulo*, da Globo, os donos são famílias. Alguns você até admira, tiveram sucesso. Veja, por exemplo, o caso do Ruy Mesquita, diretor responsável de O *Estado de S. Paulo*: é um jornalista. Você pode ser contra o teor, o conteúdo dos editoriais do *Estado*, mas são as páginas de editoriais da imprensa brasileira mais bem cuidadas. E é a mão dele, Ruy Mesquita, que está ali. Mas o Mino é um jornalista completo: lidera uma equipe para formar um jornal ou uma revista. E se tiver de ser jornalista do cotidiano, ou repórter ou comentarista, ele será. Tem talento para isso.

Já o Cláudio Abramo e Mino Carta do rádio chamava-se Fernando Vieira de Mello. Seu percurso como jornalista foi brilhante. Formou-se em direito, mas logo o jornalismo o atraiu. Trabalhou no diário A *Noite* e a partir do início da década de 50 assumiu a diretoria do Departamento de Rádio e TV da Record. Depois foi diretor da Rádio Jovem Pan, desde meados dos anos 60 até o início dos 90, quando foi para a Rádio Trianon.

Além de ter feito uma bela carreira, Fernando Vieira de Mello foi um educador de jornalistas por excelência. Hoje, nas funções de direção e reportagem da maioria das emissoras de rádio de São Paulo, estão pessoas formadas por ele. Dou exemplos. Na Jovem Pan, um que ele chamou com apenas 11 anos de idade hoje é vice-presidente e diretor de jornalismo, o José Carlos Pereira. Ele ocupa agora o lugar do Fernando Vieira de Mello. Outro que trabalhou com ele é o Marcelo Parada, hoje vice-presidente do Grupo Bandeirantes de Comunicação.

O filho do Fernando, o Fernandinho Vieira de Mello, é diretor-executivo de jornalismo e apresentador da TV Bandeirantes. A Maria Lydia, apresentadora do jornal da TV Gazeta, começou com o Fernando Vieira de Mello. Heródoto Barbeiro, apresentador do jornal da Rádio CBN, também é cria do Fernando, que o tirou do Curso Objetivo, onde Heródoto lecionava, e o levou para ser apresentador de jornalismo de rádio. Milton Parron, repórter e apresentador da Rádio Bandeirantes, é outro excelente jornalista formado pelo Fernando Vieira de Mello. Uma que não daria para esquecer é a Maria Elisa Porchat de Assis, ombudsman da Bandeirantes e autora de um manual de rádio, o da Jovem Pan.

Sem dúvida, Fernando Vieira de Mello era um visionário. Nos anos 70, apostou no Osmar Santos, que revolucionou a forma como se transmite jogo de futebol pelo rádio. E um momento marcante na carreira do Osmar Santos foi quando, em meados dos anos 70, Fernando Vieira de Mello o enviou, ao meio-dia, para narrar um jogo de futebol de *office-boys* atrás da Biblioteca Mário de Andrade, na praça Dom José Gaspar, centro de São Paulo. Era um jogo que tinha se tornado popular, e o Fernando entendeu a importância do momento. Osmar Santos já era famoso, mas naquele dia virou herói, e teve de ser escoltado após o jogo. No dia seguinte, o *Estado* estampou na primeira página uma foto do Osmar Santos narrando o jogo dos *office-boys*. Fernando Vieira de Mello teve uma influência enorme na minha carreira. Aprendi muito com ele na Rádio Record, na Jovem Pan e na TV Record.

.eali e Fernando Vieira de Mello

Um jornalista com esse mesmo perfil, de formador, é o Mauro Guimarães, homem de rádio, jornal e tevê. Era concorrente e amigo do Fernando Vieira de Mello nas Organizações Vitor Costa, hoje TV Globo. E não podemos esquecer do Armando Figueiredo, da antiga TV Tupi, outro concorrente de peso. Esses foram três nomes que marcaram a história do radiojornalismo brasileiro. No caso do Mauro, vale sublinhar o fato de ele ter sido eclético, o primeiro jornalista que se destacou, no seu tempo, no rádio, televisão e jornal. Em suma, um jornalista multidimensional.

Ocupou postos de direção nesses três meios de comunicação, nos principais grupos de mídia do Brasil. Nos anos 60, por exemplo, acumulou, no cargo de diretor de Jornalismo da TV Globo, as funções de repórter e comentarista político da sucursal em São Paulo. Seus textos e análises sempre foram muito transparentes.

Foi diretor nacional de Jornalismo da Rádio e Televisão Bandeirantes e apresentador e coordenador de programas de entrevistas da tevê.

Dirigiu as sucursais do *Globo* e do *Jornal do Brasil* em São Paulo. No início dos anos 80, foi vice-presidente do *Jornal do Brasil*, comandando a redação do Rio de Janeiro; pouco depois o nomearam diretor estatutário da empresa. Não é pouca coisa. E olhe que daria para continuar falando dos postos que o Guimarães ocupou. Hoje exerce a Diretoria Corporativa de Comunicação da empresa de aviação TAM. Mauro é um dos meus gurus. Foi ele quem me levou para o jornal *O Globo*, e para a rádio Jornal do Brasil, no Rio, da qual fui correspondente em Paris por alguns anos.

REALI JR. CORRESPONDENTE ESTRANGEIRO

DE PASSAGEM POR SÃO PAULO, O REPORTER REALI JR., CORRESPONDENTE DA RADIO JOVEM PAN E DO ESTADÃO EM PARIS – DEU UMA RAPIDA ENTREVISTA AO AQUI, FALANDO EM LINHAS GERAIS O QUE SIGNIFICA TRABALHAR COM A NOTICIA NO CENTRO NERVOSO DA EUROPA OCIDENTAL E COMO A IMPRENSA EUROPÉIA E A OPINIÃO PUBLICA VÊEM O BRASIL E OS BRASILEIROS. ENTREVISTA A SAMUEL WAINER, NARCISO KALILI E SERGIO DE SOUZA. FOTOS DE JOEL SIAN.

Página do semanário *Aqui São Paulo*, novembro de 1976

Admirei, ainda, Samuel Wainer, o fundador da *Última Hora*. No início dos anos 70, foi o primeiro a definir-me como repórter, exatamente como me avalio ainda hoje. Nunca tive pretensões de ser um grande analista ou homem de redação, buscando construir uma carreira atrás de uma mesa.

Wainer me chamou de repórter no seguinte contexto: Narciso Kalili e Sérgio de Souza, este atualmente editor da revista *Caros Amigos*, quiseram fazer uma entrevista comigo para o *Aqui, São Paulo*, semanário fundado e dirigido pelo Samuel Wainer. Argumentei que a entrevista não renderia muito, visto que fazia pouco tempo que exercia a função de correspondente em Paris. Eles revidaram: "Não, você é um correspondente diferente, trabalha em rádio e jornal, faremos uma entrevista com você, sim, senhor".

Quando cheguei na redação, os dois estavam com um terceiro entrevistador, Samuel Wainer. Detalhe: ninguém tinha me revelado que ele faria parte da conversa. Talvez nem imaginassem que Wainer viria à entrevista. E quem a pilotou foi o Wainer, usando um velho gravador. Papeamos duas horas, bem à vontade. Falamos dos problemas da época, anos 70: ditadura brasileira, repercussão da ditadura brasileira na Europa, questões de política internacional... Falamos também de política francesa, já que Samuel conhecia bem a França, onde se exilou após o Golpe de 1964.

Um encontro marcante, aquele. Eu já não era um menino, com pouco mais de 30 anos de idade, portanto tinha uma certa experiência no ramo, mas estava longe de ter a tarimba do Samuel Wainer. Além disso, ele era um dos jornalistas que eu mais admirava desde os tempos em que vivia no Brasil.

Após nossa entrevista, li no *Aqui, São Paulo*: "Reali Jr., o repórter". Bem ou mal, eu era correspondente, mas estava aqui havia pouco tempo, ainda não tinha definido meus rumos. Claro, eu fazia trabalho de repórter também em Paris. Por exemplo, já havia feito aquela cobertura do acidente da Varig em 1973, com grande repercussão na rádio e nos jornais, discordantes em relação aos motivos da queda do avião.

Fiquei muito orgulhoso de ter sido entrevistado pelo Samuel Wainer. Sua simplicidade e modéstia chamaram minha atenção: duas belas revelações do grande jornalista que ele foi. O fato de ter sido ele quem realmente conduziu a entrevista e depois assinou a matéria com o Kalili e o Sérgio de Souza mostra a simplicidade do grande jornalista. Ou seja, ele interessou-se em entrevistar um jovem repórter.

Não se tratava de uma grande publicação na época, tanto é que não teve muito fôlego. Era um semanário ideológico, de luta contra a ditadura, que, claro, estava em sintonia com minhas próprias convicções ideológicas. E repito: o que mais me tocou foi a simplicidade que o Samuel Wainer transmitiu.

Este apartamento em que estamos, por exemplo, sempre esteve aberto para receber jovens jornalistas, estudantes de jornalismo que pedem entrevista ou somente querem conversar comigo sobre vários assuntos, do gênero "Que fazer para trabalhar daqui para o Brasil?", ou "Não sei se seria o caso de desistir, está muito difícil conseguir emprego; o que o senhor acha?" A minha receptividade, em parte, reflete o que me foi transmitido pelo Samuel Wainer, um dos maiores jornalistas da história do Brasil. É preciso passar a experiência recebida. Do contrário, nosso trabalho – envolvendo questões éticas, sociais e políticas – não tem o mesmo valor.

Outro dia, duas jovens jornalistas vieram me visitar, e me perguntaram na lata: "Mas o senhor é do tempo da máquina de escrever?" "Sim", retruquei, "sou do tempo da Olivetti." Escrevíamos o nosso texto e depois tínhamos de pegar o metrô até os serviços dos correios na Place de la Bourse, onde era entregue a uma habilidosa equipe de teletipistas que fazia a transmissão. Enquanto esperávamos, íamos tomar um chope na Brasserie Vaudeville, ao lado.

Qual foi a entrevista ou a matéria de maior repercussão que você fez até hoje, em nível nacional?

Reali: Com o Chico Xavier [1910-2002], o médium e líder espírita, autor de centenas de best-sellers psicografados, para o programa *Pinga-fogo*. Participaram também Saulo Gomes, Durval Monteiro e Helle Alves. A entrevista foi comandada pelo Almir Guimarães. Joaquim Pinto Nazário, um ótimo jornalista, próximo ao PTB [Partido Trabalhista Brasileiro] e a João Goulart, foi o homem, ao lado de Luis Monteiro, que me levou para os Diários e ao *Pinga-fogo*.

Lembre-se que não havia televisão direta quarenta anos atrás e o *tape* do *Pinga-fogo*, do Almir Guimarães, correu o Brasil inteiro durante dois anos, de região em região. Até hoje se fala nessa entrevista realizada por um punhado de colegas, e agora em DVD. Chico Xavier era um homem de grande honestidade. Íntegro, firme, simples. Não houve nenhuma demonstração, naquela entrevista, que pudesse levantar dúvidas a respeito de sua sinceridade.

Em nível internacional, envolvendo o Brasil, a entrevista de maior repercussão talvez tenha sido o *Pinga-fogo* com o Jarbas Passarinho, na qual ele admitiu que, embora tortura não fizesse parte das diretrizes do regime militar, não poderia tapar o sol com uma peneira – e assim, pela primeira vez, um ministro da ditadura reconheceu que havia tortura no Brasil. Vale repetir que *Le Monde* publicou artigo de primeira página sobre o assunto. E a entrevista com o Jânio Quadros, na qual ele anunciou pela primeira vez, em 1989, que não seria mais candidato, também teve a sua importância. Deveria ter tido maior destaque, mas não foi culpa minha.

CAPÍTULO XV

Adaptando-se à França

Amélia: Eu já tinha uma noção de francês, sem muita prática, mas conhecia razoavelmente a língua. Mariana era bebê, tinha um ano e meio. As outras meninas, Luciana, Adriana e Cristiana, ainda eram pequenas. Trouxe uma mocinha, a Rute, que trabalhava conosco no Brasil. Em São Paulo, revezávamos: eu ia para a faculdade e, quando voltava, ela partia para seu curso de enfermagem, à noite. Era muito boa pessoa e ótima com as crianças. Viemos em novembro de 1972 a Paris, com o acordo de que manteríamos o sistema de revezamento: eu continuaria estudando, ela faria um curso de francês. Em janeiro, dois meses após nossa chegada, a Rute, na época com 27 anos, teve endocardite [inflamação, de origem infecciosa ou reumática, do endocárdio, mucosa mais interna que recobre o coração]. Passou seis meses, muito bem tratada, num hospital público. Começamos assim a conhecer a excelente estrutura social francesa, que cuidou de uma moça ainda sem *sécurité sociale* [seguro social].

No final das contas, me vi cuidando das quatro meninas e da Rute. E tinha de ir todo dia ao hospital, ao meio-dia, porque ela ainda não falava francês, e eu precisava ajudá-la na tradução dos exames médicos. Uma situação no mínimo complicada. A preocupação com a Rute foi tão grande, que minhas outras tarefas se tornaram menores: tinha de lavar roupa, aprender a cozinhar, levar a criançada para a escola... Felizmente, a escola situava-se debaixo de nosso apartamento.

A Mariana, pequenininha, foi para o maternal. Da janela da cozinha eu a observava no pátio. E as outras três estudavam no mesmo edifício; entravam por uma outra porta. De qualquer maneira, foram momentos difíceis, e tivemos uma surpresa, a da Rute, com a qual não contávamos.

Enquanto isso, o Júnior também se encontrava em fase de adaptação. Trabalhava dia e noite, incluindo fins de semana: jornal e rádio. O Emerson Fittipaldi estava no seu auge e, portanto, além das viagens para cobrir política, ele tinha de fazer várias outras para escrever também sobre Fórmula 1 [Fittipaldi sagrou-se campeão mundial em 1972 e 1974].

Mas o tempo foi passando, as crianças ficavam o dia inteiro na escola. Fui ganhando experiência e vendo que não era a única a viver assim. Ao mesmo tempo, comecei a fazer um curso de história da arte como ouvinte, no Louvre. Lá não havia maiores compromissos, embora fosse um curso sério e muito interessante. A mais crucial das minhas tarefas era cuidar das quatro meninas, num país no qual não conhecia ninguém. Mais tarde, terminado o curso no Louvre, em 1975, pedi a equivalência do que eu tinha realizado na USP, para concluir minha faculdade de história. E assim terminei a licenciatura.

Foi mais conveniente o fato de o Júnior ter escritório em casa, principalmente enquanto nossas filhas eram pequenas. Ele me dava segurança. Houve momentos muito loucos. Um dia, o Júnior estava no escritório, escrevendo, e as meninas tinham chegado da escola fazia uma hora. E o pau começou a quebrar no corredor. Uma xingava a outra: "Você que acabou! Ontem tinha um monte, hoje não tem mais nada!"

Reali: Fui ver qual era o problema. "Quero saber o que está havendo aqui, não estou conseguindo escrever."

Uma delas retrucou, irritada:

"É que sumiram com todos os modess desta casa!"

"E precisa brigar por isso? Vou à farmácia na esquina e compro mais!"

Fui à farmácia, perguntei ao farmacêutico:

"Quantas *serviettes périodiques* [absorventes higiênicos] o senhor tem no estoque?"

"Dez."

"Quero todas."

"Todas?"

"Todas."

E trouxe, carregado, todo o estoque da farmácia. Em casa, avisei: "Guarda isso tudo e não quero mais nenhum grito nessa casa por causa de *serviettes périodiques*. Está resolvido o problema de vocês?" Não escutei um pio. Depois, descobrimos a causa da falta de modess: Mariana, ainda pequenininha, tinha uns três anos, punha modess em todas as suas bonecas, como fraldas. Até hoje lido com o mesmo farmacêutico e ele sempre me lança olhares estranhos. Creio que ainda se lembra desse episódio.

Amélia: De qualquer maneira, quando as meninas chegavam da escola, Júnior me ajudava a tomar conta delas. Pouco a pouco passei a conhecer alguns pais das colegas das nossas filhas. Eram muito cordiais, mas distantes. Para mim, era importante saber com quem as crianças estavam convivendo. Por isso, minha casa foi sempre aberta; nunca me neguei a receber as amigas das minhas filhas para evitar barulho e bagunça.

Não eram somente quatro meninas, as nossas filhas: geralmente eram oito. Cada uma trazia uma amiga para jantar ou mesmo para dormir aqui. A origem do interesse pelo teatro das três mais velhas – a Mariana era muito criança – é esta casa, que tem um espaço razoável [110 m^2]. Posso dizer, creio, que elas tiveram uma mãe nada avessa a noites mais agitadas. Nos finais de semana, elas faziam em casa os ensaios para o teatro da escola, o Liceu Molière. Um grupo lia o texto na sala, outro ensaiava na cozinha... Vinha até a professora, a Anne Florange. E isso varava a noite. Eu ficava no meu quarto, lendo, ou saía com minhas amigas; o Júnior muitas vezes estava viajando. No final do ano, apresentavam uma peça no teatro dos Champs-Elysées.

O teatro foi uma excelente escola para as meninas. Conviviam com a literatura francesa, e nessa fase da juventude elas têm vontade de pôr tudo para fora, portanto, nada melhor que o teatro para canalizar essas energias. E temos lembranças boas daquela época, como, por exemplo, fotos da Adriana encenando trechos de uma peça baseada no filme *La Strada*, do [Federico] Fellini [1920-1993]; guardamos fotos da Luciana em *Huis Clos*, do [Jean-Paul] Sartre [1905-1980]. Por sua vez, a Cristiana ganhou um prêmio fazendo trechos da peça *La Fille Bien Gardée*, de Eugène Labiche [1815-1888]. Também preservamos essas fotos.

Reali: Cultivávamos diversas amizades brasileiras e, por tabela, sempre levamos vida de casal que corre por fora. Nos integramos muito bem no país, sem dúvida – tanto é que estamos aqui há mais de trinta anos. Mas não posso dizer que houve uma integração total à sociedade. Ocorreu por parte das meninas, que chegaram aqui crianças. Mas nós, menos. E isso não foi culpa dos franceses. Nem nossa: tratou-se de uma escolha, diria espontânea, da Amelinha e minha. De certa forma, também tive de manter-me próximo dos brasileiros devido ao fato de ser correspondente de meios de comunicação do Brasil, numa época em que muitos políticos brasileiros passavam por aqui e um mar de exilados residia em Paris.

Além disso, é óbvio, mantivemos elos com nossas famílias e amigos. Mas não tenho nenhuma queixa. Pelo contrário: este país só me deu alegria. Amélia e eu temos um carinho muito grande pela França. Foi o país onde conseguimos criar nossas filhas. Em momentos de dificuldade, sempre encontramos apoio. Na França, o sistema hospitalar é fantástico, como deixou claro o caso da Rute. As escolas públicas em que minhas filhas estudaram são fantásticas, mesmo se hoje em dia a fatura está se tornando cada vez mais salgada para o contribuinte: os sistemas escolar e de saúde estão em crise, visto que o buraco da *sécurité sociale* [seguro social] é de 10 bilhões de euros.

Suas filhas são mais francesas que brasileiras?

Reali: Em algumas áreas, as três mais velhas são francesas; em outras, brasileiras. Conosco exprimem-se em língua portuguesa, por exemplo.

Amélia: Elas falam francês entre elas, sempre, até a que mora no Brasil há quinze anos, a Adriana. Às vezes, aqui na sala, quando estou lendo no meu canto, as meninas tagarelam em francês. Se me interesso pelo assunto, levanto a cabeça – e imediatamente começam a dialogar em português. Quando volto a ler e abaixo a cabeça, elas voltam a conversar em língua francesa. Sempre foi assim.

Reali: Ainda pequenas, falavam francês entre elas por causa das amigas, que estavam sempre em nossa casa. O francês predominava para as amigas poderem entender. E assim acabaram se acostumando a falar, entre elas, em francês. De certa forma, acontece com o neto e as netas [Luciana tem duas meninas; Adriana, um filho; Cristiana, duas meninas]. Em grande parte, os avós influenciaram os netos fluentes em português. Agora veja, na casa da Cris predomina o francês, visto que é esta a língua que elas, as filhas Elisa e Toscane, e o marido Francis Huster falam. Cristiana decidiu colocar as filhas numa escola para aprenderem o português.

Já não é o caso do filho da Inha [Adriana], Pedro, que vive no Brasil com a mãe e, portanto, fala português. E apesar de a Lulu ter marido francês, o Jérôme, e viver na França, eles falam português em casa. A filha mais velha do casal, Gabriela, nascida no Rio de Janeiro, e mesmo a segunda, a parisiense Alice, usam mais o português que o francês para comunicar-se com os pais. Creio que isso se deva, em parte, ao fato de terem morado dois anos no Rio, em 1990, quando Lulu participou da montagem do primeiro filme do Walter Salles, A *grande arte*, baseado no livro do Rubem Fonseca.

Mas as três filhas mais velhas parecem ligadas ao Brasil de verdade. Num recente programa televisivo do Thierry Ardisson (no qual o famoso apresentador francês convida grupos de pessoas para jantar na sua casa), a Cristiana cantou músicas brasileiras, e de cor e salteado.

Amélia: Você lembra que nesse programa a Cris disse que estava com saudade das noitadas que fazíamos aqui em casa? Pois é, cantávamos bastante, muitas vezes sentados no chão. Essas reuniões deixaram para todos nós muitas saudades. Eu fazia feijão, lingüiça, farofa, todo mundo adorava.

Reali: E vinham amigos de todas as áreas profissionais: jornalistas, cantores, políticos, incluindo ex-presidentes, diplomatas e exilados.

Amélia: As meninas chegavam das festinhas de jovens franceses e davam continuidade à noitada aqui em casa, entre boêmios. Elas adoravam. Por exemplo, cantavam canções como o Chico Mineiro, música sertaneja, o que fosse.

Reali: Apesar de viver no Brasil, a Adriana mantém elos com a França. Já nossas três filhas residentes em Paris vão ao Brasil com as filhas a cada dois, três anos. Nossas netas não têm idade para maiores preocupações com os problemas que assolam o Brasil e aproveitam tudo que o país tem de positivo: praias, sol, contato pessoal fácil...

Mas, respondendo à pergunta – se elas são mais francesas do que brasileiras –, a Mariana, a mais jovem, tem de ser analisada sob outro ângulo. Veio para cá pequena. A influência francesa, e falo mais no sentido cultural, é, portanto, mais marcante no seu caso. As outras vieram na fase de alfabetização, ou alfabetizadas; portanto, já impregnadas por uma cultura brasileira de base.

Sempre digo, em tom de brincadeira: das quatro, Mariana é a mais cartesiana, a mais francesa. Às vezes, ela até reage quando a defino como "a cartesiana". Vou contar uma história, para ilustrar por que a chamo assim. Mariana, ainda pequena, era míope. Morávamos já neste apartamento, no térreo. Um belo dia deu o ar de sua graça um camundongo. Pusemos uma ratoeira, o camundongo mordeu a isca. Chamei a Mariana para ver o pequeno roedor por ela desconhecido. Ela pôs os óculos. Olhou, compenetrada, o camundongo fisgado, e indagou: "*C'est quoi comme fromage?*" [*Que tipo de queijo é?*]. Pensei: "Essa virou francesa!" A preocupação dela, ao ver um camundongo que lhe era mostrado pela primeira vez, não foi observá-lo, mas sim saber o tipo de queijo que o havia atraído.

Amélia: Temos muitas recordações boas. E não só da infância e juventude das meninas. Acabamos conhecendo bem a França e respeitamos muito este país, em parte por causa dos problemas que tivemos, todos muito bem solucionados. Não fossem nossos amigos e jornalistas franceses, o Júnior e eu teríamos ficado fechados no nosso ninho brasileiro. Mas quem realmente trazia a França para nós eram as meninas. Graças ao sistema público escolar, o qual lhes deu uma base cultural sólida, aprendemos sobre a França com elas. Mesmo a Adriana, que cabulava aula, era malandra e gostava mais de curtir a vida do que de estudar, se deu bem. Hoje é responsável, publicitária, uma mulher preparada. Isso se deve à sua base em escolas na França. Sem esquecer da riqueza obtida fora das classes de aula: nas escolas públicas, elas fizeram amizades com pessoas de diferentes religiões, culturas e raças. E até hoje conservam algumas dessas amizades.

Reali: É preciso enfatizar, também, que Amélia se adaptou perfeitamente. Isso me ajudou muito, em várias ocasiões. Por exemplo, quando o *Estado* me mandou para o Iraque, durante a Guerra Irã–Iraque [1980-1990], tive de passar um mês inteiro na região. Amélia segurou as pontas aqui em Paris. E até resolveu meu problema financeiro. Quando me vi com escassos dólares nos bolsos, e o jornal não podia enviar remessas para o Iraque porque os bancos estavam fechados, a solução foi mandar dinheiro para Paris. A Amelinha tomou um avião e foi levá-lo num envelope.

Eu tinha sido expulso do Iraque, estava baseado em Amã, capital da Jordânia – e tentando entrar novamente em Bagdá. Nos encontramos no aeroporto de Atenas, de onde rumamos para a praia de Mikonos durante o final de semana. Foi romântico e muito merecido. Na segunda-feira, retornei à Jordânia com o dinheiro no bolso. E a Amelinha voltou a Paris.

Reali com o correspondente do *Clarín* à esquerda e Pedro Cavalcanti à direita, na fronteira Irã-Iraque, durante a guerra de 1980 a 1990.

Amélia: Acho que tínhamos o otimismo próprio da idade. Eu acreditava que tudo daria certo. Hoje em dia, muita gente vem para a Europa e diz: "Vou procurar emprego, tentar fazer algo". Na verdade, chegamos aqui de outra maneira: o Júnior veio com trabalho. Baixou em Paris dois meses antes, para que eu pudesse chegar com as crianças já num lugar fixo. Isto é, saímos de uma casa para chegar em outra. Tínhamos alguma segurança, pelo menos no sentido material. Houve alguns percalços, o que era inevitável. O susto com a Rute, por exemplo, mas depois deu tudo certo, felizmente. Ela sarou, voltou para o Brasil. Chegou a ser enfermeira do meu neto, Pedro, o filho da Adriana, em São Paulo. Mas, para dizer a verdade, não sei se hoje teria esse tipo de coragem. Aliás, nem sei se posso dizer que era coragem aquilo que eu sentia. Talvez fosse mesmo o otimismo da juventude. Por outro lado, quando tivemos problemas, os enfrentamos, e muitas vezes. Em alguns casos, talvez tenhamos sido corajosos.

Reali: Não tem sido a ilha da fantasia, nossa vida na França. Mas também não podemos reclamar.

Amélia: Um dos maiores sustos de nossa vida foi no dia em que a Mariana, com sete anos, estava numa festa e foi vítima de um incêndio. Sofreu queimaduras no rosto. Vim da terra do Ivo Pitanguy, o melhor cirurgião plástico do mundo, e ela no hospital sendo tratada por profissionais que desconhecíamos. Não podia tirá-la de lá – nem queria –, porque era o melhor hospital. Ao mesmo tempo, não podia viajar com ela para o Brasil. Mariana ficou internada três dias. Quando explicamos que ainda não tínhamos *sécurité sociale*, a enfermeira foi objetiva: "A senhora a leva para casa, mas todo dia Mariana terá de vir aqui, para podermos lhe fazer um *peeling*". Era um sofrimento para a Mariana e para mim. A enfermeira, *mademoiselle* Lacroix, era duríssima. Por isso, naqueles dias infernais, acreditei no clichê difundido no Brasil e mundo afora: francês é chato, francês é ranzinza. Em casa, eu dizia que *mademoiselle* Lacroix era dura como uma pedra. Um dia ela anunciou: "Quarta-feira será o último dia da Mariana aqui: fará seu último *peeling*, o décimo sétimo". Cada dia que ela fazia um *peeling*, a melhora era notável. Hoje, Mariana não tem nenhuma cicatriz.

Feliz, fui dar a boa notícia para a Mariana, crendo que ela daria pulos de alegria: "Má, *mademoiselle* Lacroix avisou que quarta vai ser seu último dia". Ela olhou para mim e, com ar tristonho, indagou: "Nunca mais vou ver *mademoiselle* Lacroix?" Resolvi contar essa história para a durona da *mademoiselle* Lacroix, para ver sua reação. "*Mademoiselle*, a Mariana disse que está chateada porque não vai poder mais vê-la." Percebi sua sensibilidade quando ela me chamou de lado e disse: "Meu horário de trabalho era sempre esse, de manhã, quando vinha a Mariana. Inúmeras vezes eu implorei para ser substituída, porque não estava agüentando ver o sofrimento da sua filha. Entretanto, tinha de ser dura, caso contrário ela não ficaria assim, sem cicatrizes".

Evidentemente, Mariana precisou ausentar-se da escola por um bom tempo. Expus a situação ao seu professor, *monsieur* Baumain, um homem de 50 e poucos anos. No dia seguinte, sem me avisar, ele bateu à porta de casa. O hábito dos franceses é sempre o de avisar antes de fazer uma visita; mas ele tomou a decisão de que tinha de ver a Mariana e pronto. Trouxe um presente, um livrinho. Quinze dias depois, apareceu novamente. Mariana já estava melhor, parecia que tinha apenas tomado um sol forte. A partir desse dia – e eu fico até emocionada quando lembro –, às quartas-feiras, sábados e domingos, ela era convidada para ir brincar na casa de alguma coleguinha.

Ou seja, quando Mariana voltou para a escola, uma vasta maioria das crianças já tinha estado com ela, e assim não houve nenhuma curiosidade e nenhum desconforto. *Monsieur* Baumain era, na verdade, um grande psicólogo, e numa escola pública. Por vezes, os franceses podem até parecer distantes, mas dificilmente te enganam. Pelo menos conosco, sempre foram solidários.

CAPÍTULO XV

O trabalho do correspondente

Reali: Sempre tive de tomar muito cuidado ao publicar um artigo no *Estado de S. Paulo* e fazer um boletim para a Jovem Pan. Em outras palavras, passo as informações para a Jovem Pan e *Estado* ao mesmo tempo. Dou um exemplo: a detenção pela brigada financeira do ex-prefeito Paulo Maluf em Paris, em 2003. Tive a informação de que ele tentava sacar somas sobre 1,7 milhão de dólares do seu banco Crédit Agricole, instalado na antiga sede do Banco do Brasil. A brigada financeira queria investigar a origem do 1,7 milhão de dólares.

A informação de que Maluf havia sido detido caiu no colo. Eram umas 11 horas da manhã, tocou o telefone. Do outro lado da linha, alguém queria confirmar a informação de que o Maluf teria sido preso. Eu disse:

"Não estou nem sabendo que o Maluf está em Paris".

"Ah, não? Ele está em Paris."

Sei que Maluf se hospeda no Plaza Athénée há anos. Telefonei para o hotel, conectaram-me ao seu quarto. Ninguém atendia. Em seguida, falei novamente com o *concierge*, que confirmou: Maluf estava hospedado no hotel. Pareceu-me tudo muito estranho: pela manhã, ele costuma ficar nas vizinhanças do Plaza, ao qual retorna com freqüência. Só se afasta na hora do almoço. Sempre foi assim.

Fiquei com a pulga atrás da orelha. Telefonei para algumas fontes, ninguém sabia de nada. Finalmente, contatei uma fonte no Ministério Público de Paris e confirmaram que Maluf havia sido detido para averiguações. Aqui, para interrogatório e investigações, eles mantêm a pessoa isolada; ela não pode telefonar nem receber telefonemas. Ao mesmo tempo, presta informações às autoridades. Apurei a história: Maluf tinha tentado dar uma "carteirada" nos policiais exibindo seu passaporte diplomático, que lhe fora concedido indevidamente pelo Itamaraty. Esse foi seu principal erro. Sem a "carteirada", teria sido ouvido e liberado, como, aliás, acabou acontecendo, mas só depois da divulgação da notícia e de toda a repercussão negativa por ela causada.

Outros políticos importantes da época também mantinham passaportes diplomáticos, o que era uma vergonha. Maluf, ao ostentar seu passaporte diplomático, só piorou o quadro, pois os policiais levaram o caso para o Quai d'Orsay, o ministério do Exterior, que por sua vez, entrou em contato com a embaixada do Brasil.

Telefonei para o Sandro Vaia, então diretor de redação do *Estado*: "Sandro, tenho essa informação aqui. Seguramos ou não seguramos até esta noite?" Acrescentei:

"Precisamos ver como daremos a informação, porque gostaria que o *Estado* e a Jovem Pan divulgassem ao mesmo tempo ".

Vaia: "O que você acha? Dá para segurar?"

"Olha, acho perigoso segurar, a notícia é quente e pode vazar porque é muito cedo, meio-dia, em Paris. Se fosse noite, daria para segurar. Temos o dia inteiro pela frente."

Vaia: "Então vamos dá-la pela Agência Estado".

"Perfeito."

Liguei para a Agência, combinamos. Expus o plano: "Vou ligar para a rádio e entrar, ao vivo, dentro de cinco minutos. Mando a mesma notícia para a Agência, e a notícia será dada simultaneamente". No momento em que entrei ao vivo na Jovem Pan com a notícia, a Agência a estampou. Em resumo, nenhum dos dois órgãos foi furado, pelo contrário, ambos furaram – e ao mesmo tempo. Depois, tive de sair de casa, porque o telefone não parava de tocar. Rádios do Brasil inteiro me telefonando. "Vamos fazer uma entrevista", propunham-me, quase em coro.

Mas esse esquema de dar a notícia ao mesmo tempo pode falhar, pelo menos na opinião de alguns entre meus superiores. Quando o Paulo César Farias [1945-1996],[54] tesoureiro da campanha presidencial do

54. Paulo César Farias, mais conhecido como PC Farias: Passo de Camarajibe, 1945 – Maceió, 1996; tesoureiro da campanha de Fernando Collor de Mello nas presidenciais de 1989; primeiro empresário/político a passar pelo processo de *impeachment* no Brasil; apareceu morto ao lado da amante, e até hoje se fala em queima de arquivo.

Collor em 1989, estava foragido aqui na Europa e ninguém conseguia localizá-lo, passou um jornalista da revista *Manchete* por Paris e me disse: "Acho que vi o PC Farias em Frankfurt. Tentei atravessar a rua para alcançá-lo, mas ele desviou".

Alguns dias depois, eu estava prestes a fazer um boletim na Jovem Pan. Ainda era cedo. Quando se espera, escuta-se algum comentário de algum âncora, um debate, outro boletim; e alguém dizia:

"Onde poderia estar o PC Farias?"

Fui ao ar e disse: "Olha, posso garantir uma coisa: em Paris ele não se encontra, mas passou aqui um jornalista e me disse que o teria visto em Frankfurt". Acrescentei que o colega não tinha confirmado se era, de fato, o PC Farias. Isso porque o homem que ele acreditava ser o PC Farias havia atravessado a rua e ele não conseguira alcançá-lo.

De tarde, houve um rebuliço no *Estado*: "O Reali furou o jornal!", diziam.

"Como furei o jornal?"

"Você disse na Jovem Pan que o PC Farias está em Frankfurt."

Respondi: "Não, senhor. Disse que um jornalista passou por Paris e me falou que ele poderia encontrar-se em Frankfurt. Em Paris, onde teria condições de apurar, sei que não está. Só se estiver chegando agora, mas neste exato momento está em outra cidade da Europa. Das outras vezes que esteve aqui, eu sabia onde estava e com quem; estava a par dos mínimos detalhes, do cotidiano do PC Farias".

Sei que houve até uma reunião convocada pelo Julinho Mesquita, então um dos diretores de redação do *Estado*, sobre o que fariam com o Reali em Paris. Segundo Julinho, eu tinha furado o *Estado* via Jovem Pan. Resultado: minha situação balançou no jornal, porque houve quem concordasse com Julinho. O doutor Júlio, como sempre, tomou a decisão sábia e me telefonou para perguntar o que tinha ocorrido. Expliquei. Nem poderia ser notícia minha, porque era mera especulação de outro colega, que citei. Além disso, jamais noticiei rumores. E se o PC Farias não estivesse em Frankfurt? O doutor Júlio entendeu. Não me apoiou diretamente, mas também não concordou com seu filho. Foi, de qualquer forma, o conciliador.

Dois dias depois, a *Folha* deu a seguinte manchete: "PC Farias em Londres". Morreu a história. Já imaginou se eu tivesse passado a informação para o jornal e Julinho estampasse, na primeira página, a manchete "PC Farias em Frankfurt" – e na verdade ele se encontrava em Londres? Aí, sim, me punham na rua, e com razão.

Devo sublinhar, contudo, que a família Mesquita sempre se comportou corretamente comigo. Houve somente esse episódio, passageiro, com o Julinho, que me valeu a única advertência recebida durante 33 anos no jornal. Entendia-me muito bem com o doutor Júlio, e também com sua mulher, a dona Zulu. Lembro da presença constante dos dois no InCor [Instituto do Coração do Hospital das Clínicas, da Faculdade de Medicina da Universidade de São Paulo], quando fui operado. Não posso esquecer desses amigos. Também tenho boa relação com o Ruy, e não é de hoje. Sempre me dei bem com o Fernão e com o Rodrigo, o qual, como o irmão, também passou uma temporada aqui em Paris. Na Agência Estado, Rodrigo, seu ex-diretor, me apoiou em diversas ocasiões. O Ruizito, filho do Ruy, se expôs publicamente para me defender, mostrando-se leal e correto comigo. Não posso esquecer esses seus gestos. Conheci "os meninos" nos tempos de futebol em que eu era repórter de campo no Pacaembu, e também quase um menino.

Sobre a sua relação com Reali Jr., Ruy Mesquita Filho, o Ruyzito, comenta: "Posso falar por mim, pelos meus irmãos e pelo meu pai. Nunca houve um problema sequer. Viramos amigos e temos um relacionamento fraternal, como se fosse da minha família. Morei em Paris, em 1975. Cheguei lá como todo rapaz que acaba de sair da faculdade, um pouco perdido, buscando, querendo aprender. E o Reali teve uma importância enorme, pois foi quem encaminhou e me ajudou com tudo e todos. Graças a ele, conheci muita gente importante, como o Celso Furtado e o Jorge Amado. Meu irmão Rodrigo também morou em Paris, e foi a mesma coisa. O Reali, que estava na Europa fazia poucos anos quando morei em Paris, é um homem para qualquer tipo de trabalho. Cobria a Europa inteira, quando necessário".

Reali: E me dou e me dava bem com outros membros da família Mesquita. O falecido Luiz Vieira de Carvalho Mesquita, o Zizo [1921-1997], filho do Chiquinho, o qual me acusaram de ter peitado na greve dos jornalistas de 1961, e a Daisy, sua mulher, freqüentemente jantavam comigo quando vinham a Paris. O Zizo, ex-diretor administrativo do *Estado*, conhecia a história do piquete diante de seu jornal e sabia que eu simplesmente estava ao lado da minha corporação numa disputa sindical. Por isso, jamais deu importância para aquele evento na greve de 1961, e assim nossa relação foi sempre muito boa.

Hoje em dia, a família Mesquita está um pouco mais distante, porque se afastou das funções de direção, e seus membros permanecem como acionistas do *Estado*. Falo menos com eles, mas mantenho contato com alguns deles. No casamento do Ronaldinho, na França, o Fernão Lara Mesquita foi convidado e funcionou como repórter do *Estado*. Você sabe, repórteres foram vetados. Deram um celular para o Fernão e ele me passava, lá do casamento, as informações.

Como foi a transição para você quando os Mesquita se afastaram do comando do jornal?

Reali: Bastante profissional, do lado deles e do meu. Os que eram amigos continuam sendo: Ruyzito, Rodrigo, Fernão, Marina, Patrícia... Quando viajo ao Brasil, eu sempre os encontro. Houve também uma enorme mudança na redação, já na saída dos Mesquita. E no final de 2006, houve outras mudanças. O Sandro Vaia, por exemplo, ex-diretor de redação do *Estado*, e o Elói Gertel, ex-repórter e diretor do *Estado*, deixaram a direção do jornal.

Na entrevista para este livro, quando ainda era diretor de redação do *Estado*, perguntamos a Vaia por que e como mudou a relação de Reali Jr. com o jornal.

Sandro Vaia: "Mudou de comum acordo. Houve a oportunidade de uma rescisão de contrato de trabalho bastante vantajosa para ele [Reali]. Fazia tempo que o Reali conversava com a redação sobre a possibilidade de um regime de trabalho menos cansativo, menos ligado ao dia-a-dia, ao desgaste da pauta diária quase obrigatória. Vamos estabelecer com ele uma nova relação de trabalho, baseada em matérias especiais, um ritmo de trabalho mais tranqüilo, com mais tempo para apuração, matérias mais cuidadas, mais trabalhadas".

Ruyzito Mesquita: "Saí do jornal há três anos... Sei que o Reali

está querendo fazer outras coisas, mas nem sabe o quê, ainda. O que posso dizer é que isso não vai afetar em nada a nossa amizade. Torço para que ele continue trabalhando para o *Estado* e, principalmente, para que o projeto pessoal dele se realize".

Reali: O contrato tinha um carimbo do Sandro Vaia, pois o negociei com ele. Creio que a tendência é eu ir me afastando. Continuo fazendo matérias especiais para o *Estado*. Mas, reconheço, os tempos são outros. Minha história de amor com o jornal foi vivida com muita intensidade, mas tudo tem um fim. O amor é eterno enquanto dura. Minha história com o jornal teve começo, meio e fim.

Entrou uma nova geração de repórteres no *Estado*. Ainda tenho alguns contatos, e a nova geração é correta comigo. Mas, como em toda ruptura, como essa no *Estado*, sempre ficam mágoas, não é mesmo? Não comigo, porque sou um profissional que executa seu trabalho aqui da Europa, portanto, longe da redação. Comigo, tudo funcionou normalmente. No entanto, talvez tenha ocorrido algo entre os membros da família Mesquita, ou entre os Mesquita e certos colegas, ou entre colegas e colegas.

De certa forma, estar fora, na Europa, numa hora dessas, também tem suas vantagens...

Reali: Isso nunca se sabe. Pode ser bom ou ruim. O correspondente tem de administrar qualquer crise com cautela. Se estivesse na redação, poderia brigar, discutir. Caso a pessoa com quem você se desentenda tente dar uma versão diferente da sua, você está *in loco* para contestar. Quando você está a 10 mil quilômetros de distância, uma mudança de redação, ainda mais depois que seus amigos foram removidos, pode ser complicada. Mesmo uma pequena rixa provocada por uma questão profissional – alguém, por exemplo, corta ou assassina uma matéria sua, como já assassinaram diversas das minhas –, você briga, mas existe um limite. Dependendo do caráter da pessoa envolvida no conflito, ela pode te arrumar a cama. Claro, tem gente de bom caráter que jamais faria isso. Mas, na nossa profissão, não faltam também jornalistas de mau caráter. Há grupelhos em que se aglutinam esses colegas. Sempre houve, e em todas as redações.

Agora, o problema desses desentendimentos é o seguinte: você tem de brigar, porque não pode levar desaforo para casa. Resolvo diretamente com as pessoas envolvidas. Às vezes, não passa de um mal-entendido. Ligo direto para a pessoa, para tentar resolver a questão. "Fulano, me explica, porque não estou entendendo o que aconteceu. E logo você?" Se a pessoa tiver uma explicação razoável, aceito. Caso contrário, sou objetivo: "Você agiu mal por isso, isso e isso". Se eu precisar ir até as últimas consequências, topo a parada. Por isso é até bom eu estar longe [*risos*]. Evito, porém, levar contendas para a direção, porque aí você perde a razão. Hoje em dia, evito também qualquer estresse. Na maioria dos casos, é tempo perdido.

Que perfil deve ter um correspondente?

Reali: Em primeiro lugar, o correspondente tem de ser correto e equilibrado no tratamento da informação. Para tanto, precisa ter certo distanciamento para poder analisar os fatos. O correspondente é, na verdade, como todo jornalista: tem de marcar presença no sentido físico, quer dizer, na medida do possível, deve estar presente onde os fatos ocorrem, e precisa falar pessoalmente e ao telefone com as fontes, as quais têm de respeitar. Precisa ficar em constante sintonia com a informação, isto é, com jornais, revistas, tevê, rádio, internet. Precisa ler jornais estrangeiros, para saber o que falam sobre, no meu caso, a França e outros países da União Européia. Se eu fosse o responsável, no *Estado* ou na Jovem Pan, pela contratação de novos repórteres, a minha primeira pergunta seria: "Posso olhar sua caderneta de nomes e telefones?" Ela constitui a arma fundamental do jornalista.

O correspondente não pode se levar muito a sério, ou achar que é um ser poderoso. Não deve crer que sabe tudo pelo simples fato de ser mais informado sobre o noticiário do que a média dos cidadãos. Ora, esse é seu trabalho. Mas sempre haverá alguém com alguma história que o correspondente desconhece, ou algo a acrescentar – e pessoas especializadas em diferentes áreas podem ajudar o correspondente a fazer análises mais aprofundadas. Em todo caso, a profissão do jornalista é um aprendizado constante.

Porém, alguns correspondentes, baseados por um longo período em alguma capital, acham que sabem tudo sobre o país. Isso poderia acontecer comigo, que vivo na França há mais de três décadas. Entretanto, a questão é que há uma renovação diária no noticiário. Ou seja, a mesma notícia de anos atrás evolui. E o correspondente precisa ter em mente, principalmente quando está há muito tempo fora, que o público leitor muda.

O fato de eu ter tratado de uma informação há algum tempo não quer dizer que não voltarei mais a escrever sobre o mesmo tema, erro que alguns correspondentes cometem. "Já escrevi sobre isso, é assunto velho." Esse erro, às vezes, o novo correspondente não comete: para ele, o assunto é novo. Em outras palavras, correspondente pode até repetir o assunto, às vezes, com o mesmo tipo de análise, ou evoluindo um pouco, em função dos desdobramentos. Dou um exemplo prático. Todo correspondente que passou por Paris já fez matéria sobre cocô de cachorro nas ruas. Mesmo porque, certamente, pisou em algum e ficou louco da vida. Em Paris, quem não aprende a caminhar olhando para a calçada pisa mesmo...

Ao chegar a Paris, essa história me chamou a atenção. Era uma matéria curiosa, e diferente do ângulo de um brasileiro. Da mesma forma, vários correspondentes escreveram sobre os italianos que vendiam jaquetas nas ruas parisienses. A conversa era sempre a mesma: ele te parava na esquina, dizia que tinha chegado da Itália na véspera, passara a noite em Paris, gastara todo o seu dinheiro e agora precisava colocar gasolina no carro; aí explicava que trabalhava com jaquetas italianas e poderia te vender uma, ou algumas, por um preço bem abaixo de seu valor. Na verdade, o italiano fazia parte de um grupo que vendia jaquetas defeituosas. Até hoje, de vez em quando, cruzo com alguns deles.

Fui parado por italianos inúmeras vezes. Na última, comecei a rir na cara do homem; ele virou o rosto e foi embora. No entanto, o Celso Furtado caiu na armadilha. Não só comprou uma jaqueta, mas, como não tinha a soma suficiente, pediu para o cara acompanhá-lo até a sua casa. Com aquela sua nobreza, convidou o rapaz para tomar um café no bar da esquina, enquanto foi pegar o dinheiro na sua casa, ao lado. Quando a Rosa, mulher do Celso, chegou em casa, lhe disse: "Celso, essa gangue pegou o Reali duas vezes, ludibriou fulano três vezes, e hoje você cai na mesma história?"

Ninguém é perfeito [*Reali abre um sorriso de orelha a orelha*], também fui vítima dos vendedores de jaqueta. Mas, veja, a jaqueta era até de boa qualidade. E tão barata! Claro, sempre tinha um defeitinho: você a colocava e ela ficava meio torta [*risos*].

Celso adorou a jaqueta. Alegou que a comprara para ajudar o rapaz, sem dinheiro para voltar à Itália. Politicamente, o Celso era um sertanejo desconfiado, mas do ponto de vista pessoal acreditava nas pessoas. Era o seu lado humano, um homem com um grande coração. Argumentava: "Pobre rapaz. Por que não ajudá-lo, já que a jaqueta era bonita?"

Enfim, você escreve um artigo sobre a jaqueta, outro sobre o cocô de cachorro, e a certa altura deve reescrever essas histórias porque os leitores talvez sejam outros, ou não se recordam, ou houve uma evolução. Talvez os italianos vendam *grappa*, não mais jaquetas. Ou os donos dos cachorros estão cientes de que serão multados devido a uma nova lei, mas mesmo assim deixam o cachorro fazer cocô na calçada.

Outra linha que o correspondente deve seguir: a de citar as fontes jornalísticas, por vezes, concorrentes. É uma questão de honestidade. Há uma tendência de os jornalistas obterem a informação e depois não darem o valor devido às fontes: um colega, um jornal, uma estação de rádio. Se você vai cobrir um acontecimento e não foi você quem o levantou, talvez tenha sido um concorrente, e é preciso citá-lo. Faço isso sistematicamente. Às vezes, quando detecto falhas na apuração do colega, cito a fonte até para criticá-la.

De qualquer jeito, o correspondente, seja brasileiro, americano ou alemão, precisa trabalhar também com a mídia local, internacional e até brasileira. Por vezes, você vai dar uma notícia, mesmo uma menos importante, e pode pensar: "Por que citar o *Monde* ou o *Figaro*?" Precisa citar se foram eles que deram a notícia. Se for uma notícia geral, claro, não é necessário. Todo mundo noticiou o processo, pena de morte e enforcamento de Saddam Hussein [1937-2006], por exemplo. Contudo, quando se trata de uma matéria levantada por um determinado jornal, você tem a obrigação de citá-lo. Digo mais: sempre que tratar desse assunto, tem de citá-lo.

O mesmo acontece com correspondentes franceses no Brasil, que lêem os principais jornais brasileiros. Às vezes, citam suas fontes; às vezes, não. Isso é um absurdo. A *CartaCapital*, nessa cobertura da crise diplomática entre a França e o Brasil em relação a Ingrid Betancourt, seqüestrada pelas Forças Armadas Revolucionárias da Colômbia [FARC], foi plagiada.

Bob Fernandes, então na *CartaCapital*, levantou a história e lhe deu continuidade com várias reportagens realizadas na Amazônia. Alguns jornais, como *Le Monde*, o citaram, outros não.

No Brasil, poucos mencionaram a fonte. Daqui, eu fiz várias matérias de repercussão da crise para a Jovem Pan e o *Estado* e em todas elas lembrei que a *CartaCapital* levantou a história. Essa falta de ética profissional tem explicação: os jornais competem para publicar novos desdobramentos e preferem não citar quem descobriu a história. Esse comportamento não é justificável, porque essa é, antes de tudo, uma questão ética.

No caso do jornal e da rádio para os quais trabalho, o *Estado* e a Jovem Pan, não houve problema em citar a *CartaCapital* nas matérias de minha autoria. Também cheguei a fazer um comentário sobre o fato de o Sérgio Dávila, da *Folha de S.Paulo*, ter sido o primeiro jornalista brasileiro a entrar em Bagdá durante a guerra. Obteve o visto porque, óbvio, teve peito para encarar a parada, mas teve também uma certa dose de sorte. E a obtenção do visto se deve, por vezes, em parte a esquemas mais administrativos que políticos. É preciso ir buscá-lo no lugar certo, na hora certa.

Dito de outra forma, o Dávila e a *Folha* talvez tenham tomado o rumo certo ao requisitar visto para o correspondente poder entrar no Iraque, enquanto outros jornais entraram administrativamente pelo lado errado para obtê-lo. Curioso é que, quando você cita alguém, no Brasil há críticos na área de imprensa. Já me disseram que ouviram a seguinte frase: "Vira e mexe, o Reali cita os jornais nos seus artigos". Todo correspondente trabalha com jornais, porque a base de seu trabalho é também a imprensa local e internacional. O correspondente tem, vale repetir, de respeitar suas fontes. Isso se aplica aos colegas brasileiros e aos correspondentes franceses no Brasil, mas também aos americanos e a todos os outros correspondentes de diferentes nacionalidades.

Agora, competição sempre existe entre correspondentes, é ridículo negar. E faz parte dessa profissão. O que é o furo? Dar a notícia antes, investigar uma história e divulgá-la em primeira mão. Dizer que a concorrência inexiste é tapar o sol com a peneira. Crucial, porém, é cultivar o melhor relacionamento possível com os colegas. Quando o William Waack, atualmente apresentador da TV Globo, e o Ricardo Kotscho foram correspondentes na Alemanha, davam-se bem, eram amigos – mas, às vezes, ocorriam umas diferenças, por conta de furos que um dava no outro. Eu intervinha de Paris, talvez porque estava na Europa havia mais tempo, e ambos me acatavam. Precisavam de alguém para mediar e restabelecer a boa relação que sempre tiveram, mantendo-a até hoje. E veja: o número de furos que cada um deles deu não é fundamental para definir as qualidades de William e Kotscho, ambos hoje com seu próprio espaço e excelentes profissionais.

Existem algumas regras tácitas para que correspondentes não tenham maiores atritos. Quando se trata de uma cobertura corriqueira, como, por exemplo, a vinda do ministro brasileiro das Relações Exteriores, todos os correspondentes saberão, mesmo porque haverá, na maioria dos casos, uma coletiva para a imprensa na embaixada. Por que esconder do colega que tem ministro na praça? Por outro lado, existem matérias que você investiga sozinho. Não há, em suma, nenhuma razão para compartilhar essa matéria com outros. Os jornalistas, afinal, têm de se diferenciar uns dos outros.

Às vezes, uma mesma história é contada de formas diferentes por correspondentes. A diferença se estabelece no texto, na qualidade da informação apurada, ou ainda na forma como ela é apresentada. Mas, na maioria dos casos, isso é fácil de remediar. Foi o caso de uma nota escrita pelo Paulo Francis [1930-1997] para o *Estado de S.Paulo*, de Nova York, sobre Lurian, a filha do presidente Lula, que na época estava em Paris.

Segundo Francis, Lurian estava matriculada num colégio famoso de Paris, onde pagava 3 mil dólares por mês. Mais: vivia no luxuoso apartamento da família Andrade, do famoso Grupo AG [engenharia, construção, telecomunicações e concessões públicas]. Noticiei o seguinte: Lurian veio passar três meses em Paris, onde se hospedou com um ramo da família Andrade, petista desde a fundação do PT. Os irmãos Andrade haviam sido donos da *Gazeta de Pinheiros*, jornal de esquerda que existia em São Paulo. Na sua estada aqui, Lurian estudou no Molière, liceu público.

Conheço bem o liceu porque, por coincidência, minhas quatro filhas se formaram lá. Nunca pagaram um tostão, salvo as refeições na cantina da escola, situada, aliás, na rue du Ranelagh, onde vivo há mais de trinta anos. Da mesma forma que a Marília Andrade hospedou Lurian, recebi várias sobrinhas aqui em casa. Algumas estudaram por três, quatro, até seis meses no Liceu Molière. Outros cursaram a Aliança Francesa.

Resumindo, a notícia do Francis estava errada. E comprometia a primeira candidatura do Lula. Simplesmente coloquei a notícia no seu verdadeiro contexto, não se tratou de um desmentido à noticia do Francis. O *Estado* publicou uma carta na qual um leitor, confuso com as duas versões, indagava: qual delas é a verdadeira? E o próprio leitor respondeu: "Prefiro acreditar no correspondente em Paris, porque se encontra lá. O outro está em Nova York".

Entretanto, minha versão diferente da história do Francis não afetou nossa relação, sempre muito boa, embora nunca de amigos íntimos. Cobrimos alguns eventos juntos, nos tempos em que o G-8 era G-5, do qual faziam parte Itália, França, Estados Unidos, Reino Unido e Alemanha.

Há ocasiões em que você leva um furo porque sua fonte mente. Foi o caso, em 2005, quando uma jornalista brasileira entrevistou o presidente Lula supostamente para o canal televisivo France 2, no Hotel Marigny, residência de hóspedes oficiais, ao lado do Palácio do Eliseu. Para ela, o presidente brasileiro falou sobre a crise no Partido dos Trabalhadores. Detalhe: a moça, embora tivesse algum contato com a France 2, não estava fazendo a entrevista para a rede francesa. De fato, a France 2 negou que havia encomendado essa entrevista. A jornalista *freelancer* telefonou para o Caco Barcellos, da TV Globo, em Londres, e assim ele foi a ponte para que a entrevista fosse ao ar no Brasil, depois de ter sido negociada. Esse foi o maior furo que levei em todos esses anos.

Minutos após a entrevista, Lula esteve com o presidente Jacques Chirac [1995-2007] e aí concederam uma entrevista coletiva para a mídia francesa e brasileira. Perguntado sobre a crise no PT, Lula, secundado por Chirac, retrucou que não falaria sobre política brasileira. Veja bem, a colega deu um furo e não a critico por isso. Pelo contrário: ninguém pode contestar seu furo, mesmo se as condições tenham sido pouco transparentes. Mas Lula não disse a verdade. Por isso, escrevi um artigo para o *Estado* cuja abertura foi "O presidente mentiu". É desagradável utilizar um verbo tão pesado em relação ao presidente de seu país, mas às vezes é necessário, ou melhor, indispensável.

Certa vez, um correspondente brasileiro em Nova York disse que não precisava sair de casa para escrever suas matérias. Bastavam-lhe os

jornais, um canal de informações de 24 horas, e às vezes ele fazia uns telefonemas.

Reali: Ele precisa ter para quem telefonar e para isso precisa circular, participar de coberturas, estreitar relações, fazer contatos, comunicar-se com colegas locais e trocar informações. Trocando em miúdos, é preciso tirar a bunda da cadeira. Por exemplo, em Paris, os professores, técnicos dos institutos internacionais, como os do Instituto Francês de Relações Internacionais [Ifri], dificilmente concedem entrevistas para quem desconhecem. O Ifri tem especialistas em todas as áreas, mas, se você nunca colocou os pés lá e requisitar uma entrevista, lhe pedirão para enviar um fax. E você pode esperar sentado a resposta para o pedido.

Dito isso, o correspondente trabalha mais em casa do que o jornalista local. A redação dele é sua casa ou seu escritório. Portanto, ele precisa ter uma estrutura para trabalhar como se estivesse numa redação: canais de informação de 24 horas em línguas diferentes, fax, gravador que lhe permita registrar entrevistas telefônicas, computador com banda larga e todos os programas possíveis, acesso a todos os jornais importantes do dia, assinatura de algum arquivo eletrônico e uma enciclopédia eletrônica. Cada vez custa mais caro manter um correspondente bem equipado.

Suponhamos que explodiu uma bomba na Bastilha. Vou lá para sentir o ambiente, faço pequenas entrevistas locais. Depois, volto para casa e escrevo com a televisão ligada, para saber se há novidades, para obter, por exemplo, números de mortos e feridos, enfim, para inserir no meu artigo ou comentário na rádio análises e dados que um jornalista sozinho não poderia levantar rapidamente. Portanto, o trabalho do correspondente é uma mescla de acompanhar a mídia local e acrescentar suas próprias informações e percepções. Para tanto, ele precisa de contatos, e circular é fundamental.

Um erro que cometi foi não ter tido um escritório fora de casa. Trabalhei mais de trinta anos aqui [*Reali aponta para seu pequeno escritório, com portas movediças, agora abertas, no fundo da sala de estar*]. Mas não será agora que mudarei meu esquema de trabalho. Quando cheguei em Paris, os jornais e rádio para os quais trabalhava não me davam condições de alugar um escritório. Você sabe, um escritório, hoje em dia, encarece muito manter alguém no exterior. Além da conexão internet de banda larga e de outras tecnologias sobre as quais já falamos, é preciso pagar caução, mais três meses de aluguel no momento em que se assina o contrato para alugar um escritório. Isso sem falar de outros detalhes: imposto predial, eletricidade, duas linhas telefônicas (telefone e fax)...

Houve momentos nos quais tive a oportunidade de montar um escritório. O Gilles Lapouge nunca trabalhou em casa. Tem seu escritório há anos, como o Paulo Sotero [até pouco tempo atrás, correspondente do *Estado* nos Estados Unidos; hoje, colaborador especial do jornal], em Washington. É uma questão de opção, com vantagens e desvantagens. O grande problema de ficar em casa é que você se intromete em assuntos não relacionados com o seu trabalho, invadindo a área doméstica: "Não faça carne para o almoço, gostaria de um prato de macarrão". Aí começa a tomar bronca da mulher [*risos*]. E para ela também há vantagens e desvantagens de ter você em casa. A melhor solução é separar a vida profissional da familiar, mas agora é tarde. Contudo, não me arrependo. Pude conviver mais tempo com a Amelinha e minhas quatro filhas, o que não ocorria quando estava no Brasil. Em São Paulo, saía às 7 horas da manhã e voltava à meia-noite.

Alguns meios de comunicação transferem o correspondente para que não fique demasiado tempo em uma só cidade e perca, assim, o olhar por aquilo que é inusitado, como no caso do cocô de cachorro em Paris. Acha essa tática válida?

Reali: De fato, existe essa política em alguns órgãos da mídia. Quando os jornais tinham uma verdadeira política de correspondente, ela ou ele permanecia não mais de quatro, cinco anos, no posto. No entanto, vários correspondentes ultrapassaram esse limite. Adoto uma linha diferente, não para justificar minha presença há mais de trinta anos na França. Vim para ficar três, quatro anos. Fui ficando, ficando e fiquei.... E outros, poucos, também permaneceram no exterior. É o caso do Paulo Sotero.

E temos o caso do Araújo Netto, de quem já falamos, o decano dos correspondentes, falecido há alguns anos. Apesar de ter vivido anos a fio em Roma, continuava apurando seu material com grande profundidade. Então, veja, se fosse diretor de jornal e percebesse que o correspondente, a despeito de sua longevidade num determinado país, executa bem seu trabalho, por que transferi-lo? Por que tirar o Araújo Netto de Roma, se era o melhor correspondente de jornal na Europa? Existe também um risco, para o diário, revista, tevê ou rádio, ao colocar, no lugar do correspondente experiente, um outro que pode fracassar, ou criar problema para o jornal, ou chegar em Roma e não se adaptar...

A cultura e a línguas são diferentes, o teu jornal, rádio ou tevê não é conhecido, e, por tabela, é difícil conseguir certas entrevistas que no Brasil seriam fáceis. Você, de certa forma, passa a ser um desconhecido. E quem não se adapta, quer voltar para o Brasil. Essa ida e volta de correspondentes custa dinheiro. Resumindo, o melhor critério é manter o correspondente por muitos anos se ele for bom, ou substituí-lo se não der no couro.

José Carlos Pereira, diretor de Jornalismo da Jovem Pan, detalha a rotina de Reali: "Ele faz quatro entradas. Três no *Jornal da Manhã* e uma na *Hora da Verdade*. Mas é comum ele entrar durante o dia para falar de futebol, de que gosta muito. E participa também, todos os sábados, do programa do Flávio Prado, o *Mundo da Bola*, no qual fala de futebol europeu. É muito comum o termos em Paris, nós em São Paulo e o Caio Blinder em Nova York, numa conferência ao vivo. Sempre que surge um assunto relevante, fazemos isso. Da mesma forma, ele participa do processo político aqui no Brasil. Pois, mesmo em Paris, ele sabe tudo de política brasileira. Reali tem autonomia, é ele mesmo quem se pauta, graças à qualidade do seu trabalho. Às vezes, o provoco. Recentemente falei do racismo no esporte, na Europa. Mas a prova de que o Reali não precisa de pauteiro é sua popularidade. Em mais de trinta anos de trabalho, 80% dos seus boletins são patrocinados.

Reali: As três entradas no *Jornal da Manhã* são, cada uma, de um minuto e meio ou dois. Quando o assunto é importante, o tempo aumenta. Faço essas três primeiras entradas até 7h30, 8 horas, no Brasil. Tendo em vista essa defasagem horária de, em média, quatro horas a mais aqui – e no verão chegamos a ter cinco horas de vantagem –, de manhã aproveitava para me inspirar sobre possíveis temas de matéria para o *Estado*. A conversa diária com o Lapouge também ajudava muito; juntos peneirávamos os assuntos relevantes, algo que, mesmo agora que estou fora do

Estado, continuamos fazendo para a Jovem Pan. Às vezes, no *Estado*, eu dava a notícia pura e simples, porque deve se levar em conta que muita gente ainda prefere o jornal para obter informações.

Como é a relação do pauteiro com os correspondentes?

Reali: O pauteiro manda seus pedidos, ou o correspondente pode propor um tema. O pauteiro, ou editor, ou ambos, normalmente aprovam. Já no fim de semana, sempre liga alguém sugerindo matérias.

Houve uma época em que pediam pautas difíceis: "Quero uma entrevista para hoje com o etnólogo [Claude] Lévi-Strauss". É um exemplo típico. Lévi-Strauss é meu vizinho no bairro. Consegui duas entrevistas com ele. O Gilles Lapouge teve uma meia dúzia de entrevistas com o Lévi-Strauss, porque o conhece bem, e o próprio Lapouge é uma espécie de Lévi-Strauss da língua francesa. Para você ter uma idéia, o Lévi-Strauss lê os livros do Lapouge.

Outros correspondentes também chegaram a entrevistar o Lévi-Strauss. Mas não é uma entrevista fácil. Ele está beirando os 100 anos de idade. Acha que já se exprimiu o suficiente via livros, mídia, conferências. Só quando algo excepcional acontece ele fala com a mídia. É um homem que prima pelo bom humor.

No entanto, o jornal pede uma entrevista com o Lévi-Strauss como se pedisse uma entrevista com o João da Esquina. Aliás, pauteiro, ainda mais aquele que não tem noção das dificuldades de um repórter ou correspondente, é uma praga que deveria acabar. Na próxima encarnação, gostaria de ser pauteiro de pauteiros. Diria: "Você aí, em Paris, me mande, ainda nesta semana, uma boa entrevista com o presidente Jacques Chirac". Pauteiro de primeira linha, eu continuaria: "Vamos ouvir o presidente da França sobre a crise brasileira, ele deve estar muito preocupado". Como dizia o Cláudio Abramo: pauteiro deveria se limitar ao nome do entrevistado e, se possível, seu número de telefone. Existem exceções, claro, mas pauteiro nunca levantou a bunda da cadeira e poucas vezes deixou a redação. É o caso de certos editores, homens que na redação separam o joio do trigo, mas geralmente publicam o joio.

[*Sério, encarando o entrevistador:*] Você está rindo, entendo, mas já trabalhei com pauteiros desse tipo. Estou falando de pauteiros doentes e imaginários. Pois eu estava fazendo uma cobertura de eleições na Espanha quando o José María Aznar foi eleito primeiro-ministro pela segunda vez, em 2000. Trabalhei até quase meia-noite. Fui comer uns pescados, porque ninguém é de ferro, e eu queria curtir Madri. Volto para o hotel, recebo um recado do *Estado*: "Ligar urgente para o jornal". Telefonei para um editor. "Reali, te liguei porque estávamos querendo fazer, para domingo, uma entrevista em formato pingue-pongue com o papa." Fiquei admirado: "Com o papa?". "É, com o papa." Pensei: "O que vou responder para esse cara? Se disser que está maluco, doido, é capaz de não gostar. Além disso, vai fazer minha caveira lá no *Estado*. E eu, a mais de dez mil quilômetros de distância, levo desvantagem".

Indaguei-lhe: "Você quer esse pingue-pongue para domingo. Já marcou a entrevista, é só ir lá?" E ele: "Não, temos de conseguir a entrevista. Se você precisar de ajuda, nós acionamos o Itamaraty e o embaixador no Vaticano". Eu disse: "Vamos fazer o seguinte. Tenho minhas fontes no episcopado francês. Você tem as tuas, no Itamaraty. Então, acione as tuas fontes, eu aciono as minhas amanhã, bem cedinho, aqui da Espanha. Chegando em Paris, entro em contato com minhas fontes". Era óbvio que não ia dar certo. Mas eu estava querendo ganhar tempo, sem entrar numa dividida com o editor. Nunca mais ele me cobrou o "pingue" [*coloca ênfase no "pingue", termo que os bacanas das redações insistem em usar*] com o papa, e nem eu falei com ele sobre o "pingue". Enfim, eis mais uma história absurda vinda de um pauteiro que não conhece o trabalho de um correspondente.

E tem o reverso da medalha na relação com o pauteiro: às vezes, você pode sugerir uma pauta e o editor não entende. Dou um exemplo: certa vez propus uma entrevista, como já te contei, com o aiatolá Khomeini, quando ele estava exilado aqui em Paris, às vésperas de sua ascensão ao poder em 1979, no Irã. Ninguém sabia ainda, nem mesmo alguns de meus editores, quem era esse líder xiita. Foi uma dureza vender a idéia da pauta.

Fui ao Neauphle-le-Château, onde Khomeini era assessorado por dois colaboradores que não se gostavam. Um era o [Abolhassan] Bani-Sadr, que seria o primeiro presidente do Irã após a Revolução Islâmica, e logo depois deposto. Mantenho contato até hoje com o Bani-Sadr. O outro era o Sadegh Ghotbzadeh [1936-1982], diretor da Rádio e Televisão

Nacional do Irã e ministro das Relações Exteriores após a Revolução Islâmica. Ghotbzadeh acabou executado como traidor, embora não o fosse. Você tinha de passar por esses assistentes para chegar ao Khomeini. E eram eles que traduziam para o francês as entrevistas com o Khomeini. Entre os brasileiros, fui um dos primeiros a entrevistar Khomeini. À porta da casa, tive de tirar os sapatos, hábito de várias culturas, para entrar.

Tirar os sapatos não foi nenhum problema, mas o grande obstáculo respondia por Khomeini. Fizemos um pingue-pongue difícil: houve perguntas que ele simplesmente não respondeu. Fez malabarismos para contorná-las. Indaguei-lhe, por exemplo: "Como o senhor lidará com o problema do Partido Comunista no Irã?" "As coisas serão resolvidas no momento certo." Escrevi 150 linhas, publicaram 50. Em suma, assassinaram a matéria, mas pelo menos a publicaram. Como sempre, a Jovem Pan deixou-me fazer boletins nos quais tratei dos mínimos detalhes do encontro.

O interesse pelo Khomeini no Brasil foi aumentando. Roberto D'Ávila, pela TV Bandeirantes, foi entrevistá-lo. Denise Reis, ex-mulher do Roberto e na época da TV Globo, e vários correspondentes participaram de entrevistas, separadas ou conjuntas. Quando Khomeini voltou para o Irã, o presidente Giscard d'Estaing [1974-1981] colocou à disposição dele um avião da Air France. Estabeleceram um charter e somente os jornalistas selecionados puderam acompanhar o Khomeini, mediante o pagamento de 1.000 dólares. Não fui, a rádio e o jornal não se interessaram... O que fazer? Acharam que os aiatolás não valiam o preço do charter.

No final das contas, temos, como funcionários de meios de comunicação, de lidar com alguns percalços. E há jornais que adotam diretrizes no mínimo estranhas. Acho, por exemplo, um absurdo o que a *Folha de S.Paulo* faz com seus "estagiários". Envia para o exterior jovens jornalistas – alguns, diga-se, talentosos – como se fossem correspondentes, e por um período demasiado curto, de seis meses. Resultado: chegam aqui, não têm tempo suficiente sequer para retirar suas credenciais de jornalista no ministério das Relações Exteriores. O processo é lento: demora cinco, seis meses, por vezes até mais, para obtê-las. Quando recebem as credenciais, está na hora de voltar para o Brasil.

Muitas vezes, os jovens jornalistas vêm para cá concorrer com correspondentes sem receber salários condizentes. Não tenho nada contra um jornal dar uma bolsa para um jornalista fazer um curso e algumas matérias na Europa; afinal, todos temos de começar. E dar esse passo inicial no exterior pode ser fundamental para a carreira de um jovem. Mas a realidade é que o correspondente tem de ter uma certa experiência, conhecer um pouco a vida do país, lidar com pessoas de todos os tipos, saber analisar situações políticas... O jovem pode ter talento, mas aos 20 anos você está, com raras exceções, engatinhando nessa profissão. E essa competição que a *Folha* promove não é sadia. Que mandem correspondentes, não "estagiários". Os bolsistas poderiam trabalhar com os correspondentes.

Em Paris, parece que a *Folha* colocou um fim nesse esquema, pelo menos por ora. Agora a *Folha* contrata *freelancers*, ou envia repórteres especiais quando há algum acontecimento de maior envergadura. Nesses casos, mandam um bom jornalista, como o Clóvis Rossi, que é experiente, entende de política, economia, esporte. Volta e meia, o Rossi, ex-correspondente da *Folha* na Espanha e na Argentina, cobre eventos importantes na Europa, inclusive na França. E temos de admitir que a *Folha* não mandou somente bolsistas para Paris, mas também primorosos correspondentes, como o Cláudio Abramo, Natali e Caio Túlio. Mas isso ocorreu no passado.

É importante para o correspondente ir com freqüência ao Brasil, para cimentar relações nas redações?

Reali: Viajo ao Brasil apenas umas duas vezes ao ano e, cada vez, por no máximo duas semanas. Antes passava um período maior, mas agora prefiro desfrutar mais tempo em férias com a Amélia, em algum lugar escondido na Europa ou em outro canto. De modo geral, desses quinze dias lá, passava dez dentro da redação. De manhã ia à rádio. À tarde dava um pulo no jornal para conversar com cada redator e editoria. Indagava como meu material poderia ser mais bem aproveitado, o que interessava mais em termos de política internacional, etc. Tentava colocar os pontos nos "is" em relação a matérias anteriores não publicadas. Quando deixavam de publicar artigos de minha autoria, era geralmente devido a problemas técnicos. Mas às vezes não me forneciam motivos válidos, e aí queria resolver os problemas com pente fino. Também lidava com questões administrativas. No final das contas, nessas duas semanas no Brasil, trabalhava e muito.

Antes, além de passar nas redações, renovava meus contatos na área política. Encontrava amigos deputados, senadores, que foram ex-ministros ou empresários. Passava pelo Rio, São Paulo e Brasília. Na campanha das Diretas-já, por exemplo, tomei um avião e fui para a capital. Fiz questão de estar lá no dia da votação, para ter contato, conversar com as pessoas. Às vezes, rendia um trabalhinho. Mas, normalmente, ia para fazer contatos.

Em São Paulo, também procurava meus contatos, como o Delfim Netto, porque foi embaixador em Paris. Conversava com o José Carlos Dias, advogado criminalista e ex-ministro da Justiça do Fernando Henrique Cardoso, sempre muito amigo meu. Isso foi importante para mim, principalmente por ser um repórter que estava fora do Brasil fazia anos. Era preciso manter e renovar esses contatos.

Igualmente importante era ter contato com os empresários. Um que nunca deixei de procurar, por amizade e admiração à sua competência, é o Edson Vaz Musa, hoje dono da Caloi. Mas, antigamente, eu procurava menos empresários do que políticos, porque havia um relacionamento muito longínquo do empresário brasileiro com a Europa. Os empresários vinham à Europa mais para passear. Poucos eram os que mantinham níveis de negócios importantes no exterior, a não ser os que já tinham relações com grandes transnacionais, caso do Musa. Mas, hoje, já existe uma aproximação muito maior do empresariado brasileiro com o europeu. Luiz Fernando Furlan, ministro do Desenvolvimento, da Indústria e Comércio Exterior, foi um exemplo.

Creio que esses laços deveriam ser ainda mais estreitos. Existe um interesse muito grande do empresário brasileiro em estar presente na Europa, para estabelecer contatos de negócio com o empresariado europeu. Essa rede está se formando rapidamente. E isso contribui para que aumente o interesse dos europeus pelo Brasil. E também o interesse pelo Brasil de médios empresários, que não pertencem às transnacionais, está aumentando muito. O Brasil torna-se cada vez mais competitivo, e aos poucos empresários franceses são obrigados a realizar uma relocalização industrial, instalando suas empresas no Brasil.

Veja o caso da empresa francesa Doux Frangosul, com sede principal na Bretanha. Hoje, grande parte de suas exportações tem sido feita a partir do Brasil. Ocorre que os preços no Brasil são realmente inferiores, inclusive a mão-de-obra. De modo que a Doux Frangosul não pode concorrer no mesmo nível com o Brasil. Então, levou todo o seu *know-how* para o Brasil e agora opera de lá. Em 2005, assumiu a liderança no mercado de elaborados no Rio Grande do Sul. Essa iniciativa da Doux Frangosul gerou dificuldades com outras concorrentes suas na Bretanha.

Isso acontece em diversos setores, principalmente no agropecuário. Cada vez mais, empresários franceses estão se deslocando para o Brasil. E também os brasileiros começam a ter condições de entrar aqui. Há poucos meses, a Companhia Vale do Rio Doce [CVRD], principal produtora mundial de ferro, adquiriu uma fatia do grupo metalúrgico francês Eramet. Resumindo, os empresários, tanto no Brasil como na Europa, passaram a ter uma importância, na mídia, que não tinham há vinte anos.

E, por tabela, o correspondente tem cada vez maior interesse em estar a par dessas negociações e em contato com empresários. Uma entrevista com um empresário brasileiro, quando está negociando algo na Europa, é fundamental. Quando passa por Paris, sempre o procuro. Antes, o ministro de sua área vinha para ter contato com seu homólogo. Recentemente o ministro Furlan vinha não somente para tratar de diversos assuntos com os empresários franceses, mas também com a mídia.

Quando o correspondente volta ao seu país, esse não deveria ser um momento para descansar um pouco, ir a uma bela praia, pelo menos por uns dias?

Reali: No Brasil, devo admitir, descansei pouco. O estresse anda de mãos dadas com o jornalismo. E o jornalista acaba, por vezes, pagando fisicamente. Tive uma crise cardíaca séria, um pequeno infarto, durante a cobertura da Conferência sobre Meio Ambiente e Biodiversidade, no Rio, em 1992. A crise teve início quando fui para a sucursal do jornal escrever meu artigo. Tinha almoçado com o Brizola, na época governador do Rio, e com muita gente de peso. Normalmente, as quarenta linhas teriam fluído em minutos. Daquela vez, contudo, encontrei grande dificuldade para escrever.

Quando terminei, pedi para uma colega da sucursal do Rio, Sueli Caldas, dar uma olhada no texto. "Por favor, veja para mim se está tudo correto, não estou legal." Fui ao hotel descansar. No dia seguinte, acordei sentindo-me um pouco melhor, fui para o Riocentro. Lá tive a crise cardíaca, antes da abertura da conferência. Felizmente, tinham montado um centro médico para as dezenas de chefes de governo e de estado.

Lembro-me de quando comecei a perder os sentidos. Estavam comigo os colegas Ibsen da Costa Manso, o Laerte Fernandes, o Paulo Sotero e o William Waack, que haviam deixado seus postos de correspondente no exterior para cobrir o evento no Rio. Em seguida, comecei a ver cortinas rasgadas – o mundo parecia estar desabando. Surrealismo total. Na verdade, já tinha sido carregado para uma mesa do centro médico. Estavam rasgando, às pressas, o plástico transparente que cobria as máquinas, novinhas em folha. Não esperavam uma vítima tão cedo, antes mesmo de o show começar [*risos*].

A crise cardíaca decorreu da minha tensão, que levei de Paris para o Rio. Quando me despedi da Amelinha, ela me pediu um presente do Brasil.

"O que você quer?"

"Seus exames médicos."

"Vou fazê-los depois da conferência, porque antes não terei tempo."

E, de fato, não deu tempo. Recuperei-me muito bem, graças a Deus. Quando recebi alta no hospital do Rio, não podia viajar. Portanto, tinha de hospedar-me num hotel. No meio-tempo, o Roberto D'Ávila tinha contado o que me acontecera ao empresário Almeida Braga, o Braguinha, então em viagem ao exterior. E nessas ocasiões inesperadas da vida, certas pessoas se revelam. Braguinha e sua mulher Luiza colocaram o seu apartamento à minha disposição. Um grande apartamento na Vieira Souto. Passei lá uns dez dias até ter condições físicas para viajar a São Paulo, onde, no InCor, fui operado: três pontes de safena.

A reação de Braguinha e Luiza faz parte daqueles gestos que você não esquece. Eu não tinha nenhum relacionamento mais íntimo com o Braga. Já o conhecia da Europa, quando ele acompanhava a Fórmula 1 e eu cobria as corridas. Ele é amigo do Roberto D'Ávila, temos vários amigos em comum e isso bastou para Braguinha e Luiza me oferecerem seu apartamento. Naqueles momentos difíceis, eles se mostraram de uma generosidade inigualável. Sua filha Kátia herdou dos pais essa generosidade e amizade. Acompanhei a Eco 92 do telão da casa do Braguinha.

Muita gente não imagina a tensão do dia-a-dia do correspondente, especialmente o que faz rádio e trabalha para um diário...

Reali: Certa vez, um jornalista escreveu um artigo no qual dizia basicamente o seguinte: "Reali é um sujeito muito bem pago. Em uma única entrada no rádio, de um minuto, fatura 2.000 dólares". Isso ele escreveu no tempo em que o dólar era, entre todas as moedas, a mais forte. Não sei onde ele conseguiu essa informação, mas se fosse verdade eu estaria rico [*gargalhadas*]. Agora, é verdade que consegui manter no exterior o mesmo nível de vida que tive no Brasil.

Clóvis Rossi, Saul Galvão e Roberto D'Ávila nos disseram que você é um aglutinador, um jornalista de quem ninguém fala mal. O William Waack, que foi seu foca na sucursal paulistana do *Globo*, no início da década de 70, diz ainda que você é uma das pessoas que ele mais respeita. William afirmou que admira você "como pessoa em primeiro lugar e como jornalista em segundo. É irrestrito, e se alguém falar mal do Reali na minha frente eu bato. É meu ídolo, como pessoa. Não é questão de um acordo, eu tenho por ele quase uma questão filial. Quando foi meu chefe, aprendi muito com ele, sobretudo a me comportar como homem. Então eu sempre tive em relação a ele uma atitude de filho para pai, não de igual para igual. Não me considero igual a ele, é muito superior a mim".

Reali, nessa profissão, ser tão admirado por tantos colegas, e de forma sincera, é um fato quase inédito.

Reali: Creio que fiz poucos inimigos, mas certas pessoas não gostam de mim no nosso meio jornalístico e manifestam isso de forma até aberta. Quem sabe o William acabe batendo em alguém para me defender [*risos*]. Mas, veja, desde que não seja algo ofensivo, que meus princípios não sejam postos em dúvida, ou colocados em jogo, creio que as pessoas têm o direito de não gostar do meu trabalho ou até da minha pessoa. Também tenho minha lista negra.

Mas a questão é a seguinte: por que daria nome aos bois? Pelo fato de a pessoa não gostar de mim, ou por ter feito uma ou outra sacanagem comigo? Quando alguém faz algo de que não gosto, reajo na hora. Gosto de colocar as coisas às claras. Seja no jornal, seja onde for. E discuto de forma áspera, se necessário. Na maioria das vezes, acabo me entendendo com a pessoa; às vezes, não. E assim você cria alguns inimigos. Mas não ganho nada em citá-los.

Em relação às críticas do trabalho por colegas ou pelo público em geral, sei que tem gente que não gosta dos meus artigos. E isso independe do fato de gostarem ou não de mim. Uma vez, um coleguinha veio fazer uma futrica: "O Cláudio Abramo criticou um artigo seu". Cláudio tinha todo o direito de me criticar. Todos nós que escrevemos e publicamos somos passíveis de crítica. Vamos querer somente elogios? Não. Tem gente que não gosta do que escrevo, outros apreciam. E ponto final.

O Cláudio era um grande amigo. Acredito que tenha feito alguma crítica ao artigo, mesmo porque sempre foi muito franco. Tem dia que escrevo bem, tem dia que narro o que tenho à minha disposição e talvez não seja um tema interessante – ou eu não esteja, por este ou outro motivo, inspirado. Fazer o quê? Não é todo dia que tem pão quente. Certa vez indagaram à jornalista Garda Gurgel, da *Tribuna de Santos*, também veterana de mais de trinta anos em Paris, quais foram os jornalistas brasileiros que deram certo no exterior. Sem hesitar, essa amiga que me hospedou em sua casa quando eu era enviado especial, e ainda não correspondente, retrucou: "Os que ficaram".

A falta de retorno de editores, pelo fato de você estar longe, não pode te desencorajar?

Reali: Quando é um assunto de impacto, às vezes, você tem reações imediatas na área da rádio ou do jornal. O artigo sobre a viagem do presidente Lula em 2005, "O presidente mentiu", rendeu uns quatro telefonemas de colegas ou de gente conhecida. Em linhas gerais, diziam: "Li seu artigo, estava duro, mas é isso mesmo. Meus parabéns". É bom ouvir isso. Você ouve mais elogios do que críticas. E tem gente que liga, internacionalmente, e te diz: "Você não deveria ter escrito aquele artigo". Respondendo objetivamente à tua pergunta, a falta de retorno é muito sentida pelo correspondente; afinal, todos temos "egos", mas numa redação de jornal não há espaço para o tratamento dos "egos" de suas vedetes.

O Antonio Carlos Magalhães (ACM)[55] já te ligou para reclamar?

Reali: É normal que ACM te telefone. Liga para todo mundo que fala mal dele. Depois anuncia, publicamente, que passou um pito no autor ou autora do "desaforo". Mas o ACM te trata muito bem. Num domingo, eu estava com o Fernando Pedreira na Normandia e o ACM telefonou para reclamar de um artigo de minha autoria. Mostrou-se gentil e educado, mas sei como ele passou para a frente nossa conversa.

O Roberto D'Ávila disse para a reportagem deste livro: "Reali é o repórter por excelência. É um jornalista completo. Seu estilo no rádio é inconfundível. É respeitado pelos seus artigos no *Estado*. Fez televisão, e bastante bem, mas preferiu dedicar-se ao rádio e à imprensa escrita. São opções". Reali, que meio de comunicação você prefere?

Reali: Eis uma pergunta que tenho dificuldade em responder. Cada meio tem seu atrativo. Na televisão é preciso ter mais pique. O correspondente de tevê precisa estar disponível o tempo todo, principalmente para viagens, e são várias. Depois de certa idade, você tem a experiência para cobrir o que for, até guerras. Mas existe uma diferença fundamental entre um homem de 30 anos e um de 60: você não tem a mesma resistência física.

E nesse ciclo de coberturas, você precisa ter uma resistência importante. Outra questão é a seguinte: o repórter do dia-a-dia, no caso da tevê, precisa ter uma boa imagem. Desaprovo essa obsessão com a aparência do apresentador, do repórter. Mas, na França e no Brasil, você nota que o apresentador ou apresentadora raramente é de se jogar aos cães.

Comecei no rádio, mas logo em seguida fui para a televisão. Fiz um pouco de tudo na tevê. Como já disse, fui até apresentador no Brasil, nos anos 70, do programa da cantora Celly Campello. Aqui em Paris, há mui-

---

55. Antonio Carlos Peixoto de Magalhães, mais conhecido como ACM: Salvador, BA, 1927; eleito senador pela Bahia, em 2002, pelo PFL; eleito, em 1997, presidente do Senado, e permaneceu no posto até 2001; governador da Bahia três vezes, e apenas no último mandato foi eleito de forma direta; nomeado ministro das Comunicações, em 1985, do governo Sarney; nomeado prefeito de Salvador pelo regime militar, 1967–1970; primeiro presidente da Aliança Renovadora Nacional (Arena); deputado federal três vezes, na época da ditadura militar; deputado estadual pela União Democrática Nacional (UDN).

tos anos, trabalhei para a TV Globo, mas como *freelancer*. Na hora que quiseram me contratar, pediram exclusividade. Ou seja: eu teria de deixar a Jovem Pan e o *Estado*. Como estava muito bem na rádio e no jornal, decidi não assinar o contrato com a TV Globo e permanecer nos meios de comunicação em que me encontrava numa situação conveniente. Não me arrependo. Mas guardo boa imagem das pessoas que pretendiam me contratar: Boni [José Bonifácio de Oliveira Sobrinho; ex-diretor da rede de televisão Globo], Alice Maria, Armando Nogueira e o meu amigo Edvaldo Pacote.

Roberto D'Ávila nos disse que, nessa época, você o colocou em contato com a TV Globo. E acrescentou: "Devo minha carreira ao Reali".

Reali: O D'Ávila tem talento para tevê e teria feito o mesmo sucesso sem a minha ajuda. Mas, de fato, eu disse à Alice Maria, da TV Globo, que, se lhe interessasse, eu poderia indicar um nome em Paris. Era um jovem que estava começando, sem vícios, sem nada. Era bonito, ousado, ambicioso, tinha um sorriso cativante, fazia sucesso com as mulheres e estava na flor da idade, aos 22 anos. Enfim, tinha excelente imagem para a televisão.

Após esse contato com a TV Globo, trabalhei três anos para a TV Bandeirantes. Cobri a Copa do Mundo de 1998 para a ESPN. E em 2006 cobri a Copa do Mundo da Alemanha para a TV Bandeirantes. Ao mesmo tempo, fiz a cobertura para a Jovem Pan e para o *Estadão*. É, mas o pique já não é mais o mesmo [*risos*].

Redes de televisão estrangeiras, como, por exemplo, a BBC, têm apresentadores e correspondentes de guerra, como o John Simpson, para citar um correspondente de guerra de uma certa idade.

Reali: Claro, sempre haverá casos de correspondentes de guerra mais idosos na tevê. Mas creio que, de forma geral, chega uma hora em que você perde o *physique du rôle* [o tipo físico para o papel] para a televisão. E não tem mais a energia para cobrir bem um evento, como uma guerra, na linha de frente. Até agora, me dividi muito entre rádio, jornal e algumas temporadas na televisão. Entre os principais meios de comunicação, rádio e jornal considero mais interessantes, caso contrário, não teria dedicado a maior parte de minha vida profissional a eles. Um grande jornal como o *Estado* – e existem outros no Brasil – te dá um certo prestígio. O rádio confere ao repórter certa popularidade. Utilizando bem os dois instrumentos, pude estabelecer um bom equilíbrio entre prestígio e popularidade – e as duas coisas são importantes.

Ser correspondente pode parecer romântico, e até é, mas não é, digamos, um passeio no parque, ou melhor, para nos situarmos na França, um passeio no Bois de Boulogne. O trabalho jornalístico em si, quer dizer, sentar-se e escrever, ou comentar uma história, não é difícil quando você tem certa experiência. Difícil é, sendo estrangeiro, impor-se, conseguir contatos, telefonar para pessoas que nunca ouviram falar da Jovem Pan ou do *Estado* e pedir uma entrevista. Da mesma forma, não é fácil organizar viagens para fazer grandes coberturas. O correspondente não tem uma secretária, alguém num arquivo que possa ajudá-lo numa pesquisa.

Certa vez, o Caio Túlio Costa, da *Folha*, confessou-me o seguinte: "Nunca imaginei que vida de correspondente fosse tão dura". E ele mesmo admitiu que, antes de sua experiência aqui, era crítico do trabalho dos correspondentes. Admiro-o pela coragem de ter reconhecido como é difícil o trabalho de alguém lançado a um país estrangeiro.

CAPÍTULO XVI

Almoços, ideologia e a imprensa francesa

Reali: Confesso que comi bem nessas mais de três décadas como correspondente. Tão bem que queria até escrever um livro sobre gastronomia intitulado *Confesso que comi*, mas o editor do escritor chileno Pablo Neruda [1904-1973] ameaçou me processar quando lhe segredaram o título. Não somente não pude escrever o livro, mas agora estou pagando um preço alto aos médicos por ter me comportado como um *gourmet* [apreciador da gastronomia refinada] e, pior ainda, *gourmand* [glutão]. Quando tive um pequeno infarto em 1992, o doutor Júlio Mesquita Neto me enviou, antes de me visitar no InCor, um telegrama que dizia: "Esse foi o preço da boa comida parisiense".

Mas devo esclarecer que, apesar de sempre ter apreciado um saboroso prato de comida e um copo de vinho, na França, as relações profissionais – que, claro, podem virar amizade – são cimentadas em almoços. É raro alguém marcar um encontro no seu escritório, em que te servem um cafezinho, como é praxe em São Paulo. Na Itália, funciona como na França. Os encontros com colegas ou com uma fonte italiana acontecem invariavelmente em algum restaurante.

No meu início como jornalista na Europa, ficava surpreso quando telefonava para marcar um encontro e a pessoa consultava a agenda e respondia: "Hoje não posso almoçar, amanhã também não. Mas que tal na segunda-feira da próxima semana?"

Resumindo, a vida do jornalista – e de outros profissionais – gira em torno da gastronomia. Talvez hoje um pouco menos, porque as pessoas estão evitando longos almoços, de entrada, primeiro e segundo pratos, queijos, doce e café – e, em outras épocas, a costumeira garrafa de vinho, de preferência tinto. Creio que, em parte, as pessoas almoçam uma salada, um sanduíche ou apenas um ou dois pratos, porque dispõem de menos tempo. Há também quem queira preservar a linha, mas mesmo assim a obesidade começa a fazer estragos na França, graças aos McDonalds e outras cadeias norte-americanas que invadem o país. De qualquer maneira, o almoço, mesmo que leve e breve, ainda é crucial para o jornalista.

De fato. As entrevistas realizadas em Paris para este livro deram-se em restaurantes ou cafés. No entanto, aquelas feitas pelo Fábio Kadow, no Brasil, deram-se em escritórios, ou via telefone ou internet.

Reali: Você vê como na França a relação, mesmo entre jornalistas, requer um almoço? Claro, no Brasil ainda almoço com os colegas e fontes, mas menos do que nos anos 60 e início da década de 70. Naquela década, almoçávamos e jantávamos fora quase diariamente. Após o programa *Pinga-fogo*, já falamos disso, era inconcebível não irmos ao Gigetto para jantar. Na Speranza, te contei, estivemos com o Brizola em 1961, e a longa conversa, durante a qual devorávamos aquela deliciosa pizza, rendeu um furo.

Aqui em Paris, hoje em dia, almoço com colegas e fontes com freqüência. O Makarian, da *L'Express*, é um com quem converso de política diante de um prato de comida. Há temas em que ele é especialista, principalmente na área de partidos e políticos da linha liberal-gaullista, na qual tem muitos contatos. Por vezes, desvenda um detalhe inusitado, que associado a outros fatos acaba virando uma pensata para um artigo. Makarian mostra o outro lado da moeda. E não vejo empecilho nenhum nisso, pelo contrário. Sei medir o que o está levando a tecer essa ou aquela análise, em função de sua formação política. E, por tabela, posso usar suas informações ou análises, incontestavelmente honestas e bem elaboradas.

Em certos casos, pode ser mais interessante ouvir algum colega mais liberal. De qualquer jeito, é crucial, nessa profissão, tentar compreender as posições de todas as tendências. E os pareceres de colegas de diferentes inclinações ideológicas podem ser úteis para histórias distintas, ou para o mesmo artigo. Mas, no fundo, creio que minha amizade com o Bailby foi crucial nessa área jornalística.

Logo percebi que, assim como eu procurava colegas franceses, eles, particularmente aqueles interessados no Brasil, também me telefonavam – e continuam telefonando. Cabe a você, com sua capacidade social, desenvolver esses relacionamentos com os colegas franceses.

Fosse o *Estado* um diário de esquerda, teria sido impossível a entrevista com o Giscard, e viável aquela com Mitterrand, ambas em 1974?

Reali: Não necessariamente, mas ajudou, no caso da entrevista com o Giscard, o fato de ser um jornal conservador. Como te disse, o secretário de imprensa do Giscard certamente telefonou para o Quai D'Orsay para obter detalhes sobre o *Estado de S. Paulo* e seu correspondente em Paris. Por outro lado, o Mitterrand, que era socialista, também me concedeu uma entrevista, e na mesma campanha para a Presidência.

Mas, de fato, os franceses estranhavam que um diário conservador como o *Estado* tivesse um correspondente de esquerda. Uma história ilustra muito bem esse sentimento. Tínhamos uma pequena entidade no início dos anos 80, a Associação dos Jornalistas Latino-Americanos. Chegou a funcionar razoavelmente bem. Conseguíamos entrevistas, contatos. Mitterrand tinha acabado de assumir a Presidência, estava no auge de sua carreira política.

Estabelecemos, portanto, um contato com o Jacques Attali, então secretário-geral da Presidência do Mitterrand. Attali ficou de convidar-nos para um almoço. Às vésperas do almoço, Attali veio à sede de nossa associação. Disse que tinha conversado sobre a gente com o filósofo Régis Debray, conselheiro responsável das relações da França com a América Latina, e ele, preocupado, observara que, na relação dos jornais apresentados, todos eram de direita.

Veja bem: Debray era assessor de Mitterrand no início de seu mandato presidencial. Depois, rompeu com os socialistas, deslizou radicalmente para a direita e agora está envolto por uma aura de misticismo. Em outras palavras, alteração completa. Admito essa sua alternância ideológica, porque o homem tem todo o direito de mudar. Da mesma forma, Attali também atravessou uma clara metamorfose ideológica, ou pelo menos de aversão ao seu mentor político. No seu livro, *C'était François Mitterrand*,[56] esculhamba Mitterrand.

56. Jacques Attali, *C'était François Mitterrand*, Fayard, Paris, 2006.

Mas, no início da década de 80, os senhores Debray e Attali eram esquerdistas roxos. Debray, que mantinha boas relações com Cuba, foi enviado por Mitterrand a Havana para tentar obter a liberação de alguns cubanos presos pelo regime de Fidel Castro. Naquele encontro, na Associação dos Jornalistas Latino-Americanos, Attali indagou:

"Por que, nessa associação, vocês não têm jornais de esquerda?"

"Porque a América Latina é assim", retruquei. "O senhor me cite um único grande jornal de esquerda representado em Paris, e nós o convidaremos para participar da nossa associação. O problema para nós, latino-americanos, não é ter jornalistas de direita ou de esquerda. Mesmo porque, no Brasil, a imprensa funciona de outra maneira. O fato de só constarem jornais conservadores nessa relação não significa que eles não empreguem jornalistas progressistas."

Eu estava furioso diante do Attali e de seu desconhecimento da imprensa latino-americana. Em dado momento, lhe disse: "Posso garantir que pelo menos 60% desses jornais conservadores da América Latina têm, aqui em Paris, correspondentes de esquerda".

Falei dessa diferença com o Attali para o Cláudio Abramo, correspondente da *Folha de S.Paulo*. No almoço, que eventualmente aconteceu, Cláudio foi duro com o Debray, que tentou em vão se defender. Alegou que não foi bem assim a história... A verdade é que Debray mostrou desconhecimento da América Latina. Cláudio rebateu. Argumentou para Debray que, devido às suas teses, tinha sido responsável por muitas mortes de latino-americanos. Debray, surpreso e sem palavras, colocou um fim abrupto no almoço. E veja como são as coisas: quem mudou de posição não fui eu, correspondente, foi o próprio Debray.

Mas creio que essas posições ideológicas arraigadas, na imprensa, estão mudando. Há, por exemplo, repórteres do *Figaro* que identifico como mulheres e homens de esquerda, ou pelo menos adeptos de um pensamento humanista, mais ligado à esquerda. Enfim, gente desligada do pensamento da direção do *Figaro*. Os artigos desses repórteres são mais focados no factual e, ao mesmo tempo, não têm nada a ver com os editoriais desse diário conservador.

Um exemplo é a Lamia Oualalou, repórter especializada em América Latina, do *Figaro*. Conheço-a bem, mas seus artigos não me parecem redigidos por alguém de direita. Trata-se de uma repórter objetiva. Certamente ela tem boas fontes, amigos, políticos e jornalistas latino-americanos, os quais jogam luz sobre detalhes que transcendem questões ideológicas ou partidárias. E a Lamia fez a melhor cobertura na França da reeleição do presidente Lula.

Meu jornal de referência é o vespertino *Le Monde*. De manhã, você não pode deixar de ler um jornal como *Le Figaro*, pois – mesmo não aceitando sua linha editorial e de opinião – contém matérias informativas de boa qualidade. Na linha econômica, leio o *Financial Times*.

Não acha o *Monde* meio chato?

Reali: Sempre foi, mas ainda é um dos jornais de referência na Europa. Da política francesa. Perdeu um pouco de sua ousadia, porque o jornalismo atravessa uma veloz metamorfose. Nesse novo contexto, eu diria no mínimo incerto, no qual as tecnologias sacodem o mundo da mídia, os jornais encontram-se desnorteados. Por ora, mesmo os diários e revistas mais consolidados fazem reformas e atravessam experiências: vários têm website na internet, alguns excelentes, como os do *Figaro* e do *Monde*, nos quais é possível fazer pesquisas nas edições anteriores por um preço, se você não for assinante; nesses sites você assiste a vídeos, lê blogs de repórteres, comentários de leitores, etc. O *Corriere della Sera*, outro diário consolidado da Europa, está fazendo o mesmo. No entanto, ninguém tem bola de cristal para prever o futuro da imprensa e da mídia.

Um diário que eu lia com mais assiduidade é o *Libération*, porém seu nível jornalístico e a profundidade de suas informações caíram muito. Eu diria que ainda é um jornal de grandes dossiês. Na ocasião de um acontecimento importante, explora-o muito bem sob todos os ângulos, mas sempre em detrimento de outras informações.

Em suma, o *Libé* não é mais o jornal da vanguarda, de esquerda, aquele fundado pelo filósofo Jean-Paul Sartre [1905-1980]. Manteve um padrão razoável até o início desta década. Em 2006, seu diretor, o lendário Serge July, que substituiu Sartre, o diretor-geral Louis Dreyfus e vários outros jornalistas conceituados pediram demissão. Alegaram que o maior acionista do *Libé*, o banqueiro Édouard Rothschild, é um conservador que interfere na linha editorial do jornal. Ironicamente, o próprio July havia se esforçado para que seus colegas aceitassem o famoso banqueiro como principal acionista do jornal em 2005. Imagine o que diria Sartre. Uma nova tentativa de reerguer o *Libération* está sendo feita pelo Laurent Jaffrey, ex-diretor do semanário *Nouvel Observateur*.

Mesmo assim, o capital de Rothschild não está melhorando a existência do *Libé*, hoje com tiragem pequena, pouco mais de 140 mil exemplares ao dia, segundo dados de 2005. Para você ter uma idéia, o *Figaro* vende mais de 300 mil, e o *Monde* teve, em 2005, uma tiragem nacional de mais de 350 mil exemplares, e cerca de 600 mil mundo afora. Entretanto, creio, sem querer ser demasiado pessimista, que todas essas tiragens vão despencar.

Na verdade, o problema de hoje é que a grande imprensa se encontra nas mãos de importantes grupos econômicos, sejam eles industriais, de serviço ou de comunicações. Não existe mais o jornal dirigido apenas por jornalistas.

Desde 2004, o *Figaro* está nas mãos do grupo Dassault. Nos tempos áureos da imprensa francesa, nos anos 50, a *L'Express* foi fundada pela intelectual Françoise Giroud [1916-2003] e por aquele que seria seu diretor e proprietário durante mais de duas décadas, o jornalista Jean-Jacques Servan-Schreiber [1924-2006], que anteriormente tinha mostrado seu talento jornalístico no *Monde*. A *L'Express* foi vendida em 1977, e desde então foi comprada por diversas empresas, entre elas os grupos Alcatel e Dassault. Em 2006, o maior grupo de mídia belga, o Roularta, a adquiriu.

Enfim, o Servan-Schreiber, que seria o equivalente francês do Mino Carta, criador da *CartaCapital* no Brasil, perdeu o controle de sua revista já no final da década de 70. E no Brasil está acontecendo o mesmo: o capital estrangeiro está entrando em vários setores da mídia. Tudo isso, de certa forma, é, infelizmente, esperado no mundo da globalização: os tentáculos das grandes empresas dominam as revistas, diários, canais de televisão, rádios e até a internet.

Por essas e outras, a *L'Express* deixou de ser leitura obrigatória. Da mesma forma, o *Nouvel Observateur*, semanário de esquerda, só compro dependendo da capa, ou caso traga algum dossiê especial. Todas as revistas semanais revelam poucas novidades, para não dizer nada de diferente dos diários, tevê e rádio. Dos semanários, leio mais assiduamente somente o *Courrier International*. É uma referência interessante para o correspondente, porque oferece uma compilação dos melhores artigos sobre diversos assuntos publicados pela imprensa mundial, além de algumas coberturas que o próprio *Courrier* produz.

A meu ver, hoje, mais do que em outros tempos, você não precisa ser de direita para trabalhar para um diário conservador, desde que seja um jornal o mais imparcial possível na divulgação de notícias. Na mesma linha, nada te impede de trabalhar com um político de direita, desde que seja íntegro. Em outros tempos, você, se fosse de esquerda, fazia isso, no Brasil, para provar que respeitava políticos que acreditavam numa redemocratização do país, independentemente de suas linhas partidárias.

No final dos anos 60 e início dos 70, acusavam-me, no Brasil, de ser comunista, e resolvi fazer a campanha do [Carlos Alberto Alves de] Carvalho Pinto [1910-1987; governador de São Paulo, 1959-1963] para senador, durante três meses. Pedi uma licença na Jovem Pan, e foi uma experiência interessante. Trabalharam comigo os jornalistas José Carlos Pereira e Walter Nori, posteriormente secretário de imprensa do Paulo Egídio Martins, governador de São Paulo [1975-1979]. O CP, como o chamavam, foi eleito por uma grande margem de votos, em 1966. Era um homem íntegro, um bom administrador que marcou o governo de São Paulo.

Carvalho Pinto tinha muito receio de conceder entrevistas. Era um político tímido com a imprensa. A solução foi preparar perguntas para ele, numa época na qual poucos faziam isso. Ao entregá-las, lhe disse: "Professor, raramente um jornalista vai desviar dessas questões essenciais. Quando o senhor tiver tempo, leia-as, e estará preparado para as coletivas". Nas nossas viagens para o interior, de trem ou avião, líamos o noticiário e em seguida eu lhe fazia perguntas. Ele as respondia e eu fazia alguns reparos. "Talvez o senhor devesse responder a essa pergunta assim." Carvalho Pinto hesitava, mas acabava aceitando algumas das minhas sugestões.

Ele passou a tirar coletivas de letra. Então eu convocava reuniões com a mídia local de todas a cidades do interior pelas quais passávamos. As perguntas técnicas, ele, homem de ampla cultura, respondia sem o menor problema. Tinha de tomar maior cuidado quando as perguntas eram políticas. Carvalho Pinto era candidato pela Arena [Aliança Renovadora Nacional], o partido de sustentação do regime militar, mas ao mesmo tempo criticava o regime militar. Queria a Abertura, posição do Partido Democrata-Cristão [PDC], ao qual pertencera. Cabe mostrar como era um homem aberto citando alguns de seus colaboradores: o advogado e jornalista Hélio Bicudo, militante na luta pelos direitos humanos durante a ditadura, e hoje ex-petista, o Plínio de Arruda Sampaio, militante socialista que em 2006 foi candidato à governador pelo PSOL, e o próprio Cláudio Abramo.

Mas nesse debate sobre ideologias, sempre digo o seguinte: sua posição ideológica não deve ser obstáculo para uma relação profissional ou de amizade com alguém que pense de forma diferente da sua. Dito de outra maneira, a relação profissional e a amizade vêm em primeiro plano. Desde que o patrão, cliente ou amigo não fique te cutucando com vara curta. Ou seja, um aceita o outro e suas posições porque, creio eu, existem elos, fora da esfera política, que solidificam uma relação profissional ou uma amizade. Isso a despeito do fato de a posição política de alguém ser uma característica fundamental para a formação do seu "eu". O homem, e aqui recorro a um jargão, é um ser político por natureza.

O percurso político do José Dirceu ilustra como amizades transcendem inclinações ideológicas. Ele fez política estudantil e partidária. Hoje, tem vários companheiros que estiveram em greves estudantis ao seu lado, foram presos na mesma época, em Ibiúna, exilados. Depois, essa turma de amigos dispersou-se por partidos de orientações políticas diversas – e mesmo assim permaneceram unidos. Essa solidariedade entre eles forjou-se no tempo em que eram perseguidos pela ditadura. Portanto, são ainda amigos, do ponto de vista pessoal, de solidariedade. E, dentro do possível, ajudam-se.

Ideologias à parte, eu presenciei cenas, em Londres, nas quais os jornalistas brasileiros ficaram intimidados diante de líderes políticos, como o então presidente Fernando Henrique Cardoso, um verdadeiro pavão que cita Nietzsche por vaidade e para atemorizar os entrevistadores. Mas aqui na França – e não é esse o caso no Reino Unido e na Itália – os colegas franceses são demasiadamente reverenciais com seus líderes políticos. Isso apesar de os colegas franceses viverem num país varrido por revoluções determinantes para o destino de civilizações...

Reali: Reconheço que o FHC é um homem com grande ego, mas não é um pavão...

...Mas o pavão simboliza homens com grandes egos, e, portanto, não estamos definindo o ex-presidente FHC da mesma forma?

Reali: Concordo que minha resposta tenha algo a ver com o antigo partido do Tancredo e do Ulysses, o velho PSD, que sempre encontrava soluções para se definir politicamente. Quanto à França, é verdade, as relações são reverenciais, às vezes, até com um ministro qualquer, e, no caso, refiro-me ao comportamento dos colegas franceses. Responde às suas perguntas numa fração de segundo. E, quase sempre, embute na resposta uma gozação ou uma frase mordaz. Resultado: os jornalistas, diante dele, ficam acanhados.

Será que os tempos em que ninguém podia falar da vida privada de políticos do alto escalão terminaram? O próprio Nicolas Sarkozy e outros políticos estão se abrindo mais para a mídia francesa. Depois de ter sido abandonado pela sua mulher Cécile, Sarkozy fez questão de ser fotografado quando, em 2006, se deu a reunião do casal, marcada por um vôo num helicóptero sobre a floresta amazônica. E o mesmo se pode dizer da socialista Ségolène Royal, a qual, no verão de 2006, ao que tudo indica, chamou os paparazzi para fotografá-la. Um pormenor interessante: ela estava numa praia, de biquíni, com o marido François Hollande e a filha mais velha. O que está acontecendo?

Reali: Sarkozy e Ségolène são políticos de uma nova geração, ambos de 50 e poucos anos, e sabem o que dá ibope. Ao falarem abertamente da sua vida, tornam-se mais populares, deixam de fazer parte só dos editoriais, colunas e artigos dedicados à política. Passam, assim, a ser notícia em jornais e revistas populares e, por tabela, têm melhores chances de conquistar uma fatia maior do eleitorado nas presidenciais de 2007. Atualmente, os políticos estão invadindo o chamado jornalismo "*people*". No passado não era assim.

Por outro lado, Sarkozy é cauteloso em relação ao que escrevem ou falam dele. Ele manipula, ou pelo menos tenta manipular, sua imagem pessoal. Refiro-me, em particular, à história do livro de sua mulher Cécile, *Entre le coeur et la raison*, um romance sobre a vida do casal. Incrivelmente, Sarkozy conseguiu suspender sua distribuição. Na tarde em que a notícia da suspensão do livro foi ao ar, o vespertino *Le Parisien* publicou capa sobre o assunto. E depois a história esparramou-se por toda a mídia. Virou aquele estardalhaço. Acho um absurdo o Sarkozy tentar tirar um livro de circulação.

Escrevi um artigo, na verdade uma nota na qual digo que é raro isso acontecer na França. No entanto, houve pelo menos dois casos do gênero. Um deles foi aquele do escritor e apresentador de tevê Jean-Edern Hallier, que ameaçou publicar um livro sobre a existência da Mazarine, filha de Mitterrand com sua amante Anne Pingeot. Depois, Mitterrand mandou tirar de circulação, com sucesso, o livro de seu médico Claude Gluber. O médico escreveu sobre o câncer na próstata do presidente, que acabou provocando sua morte. Imagine, o livro foi publicado apenas anos após a morte de Mitterrand.

Como você cobriu a vida paralela do Mitterrand com a mulher oficial Danielle e dois filhos, e com a amante Anne Pingeot, mãe da Mazarine?

Reali: Rolava o boato, mas não teria cabimento eu entrar ao vivo na Jovem Pan falando da história, nem escrever um artigo no *Estado* sobre a vida dupla do Mitterrand. E se o presidente provasse que essas histórias eram caluniosas? Portanto, eu, jornalista, fiquei com as mãos atadas. E se você me indagar se é relevante o fato de ele ter tido uma segunda família, te direi que, moralmente, importa pouco. O que importa, na verdade, é a omissão, não o fato de Mitterrand ter tido uma segunda mulher; a meu ver, esse era um problema do presidente. Relevante foi o fato de ele escamotear, e, ao mesmo tempo, ser o presidente de um país.

Agora, te pergunto: quantos políticos não tiveram amantes e filhos fora do casamento em todo o mundo, inclusive no Brasil? Basta conhecer um pouco de história. Esses casos envolvendo amantes passaram a chamar a atenção a partir do momento em que começaram a influir na administração política, caso do doutor Rui, a amante do Adhemar de Barros. Mas há amantes que acabam esquecidas, porque não tiveram impacto na vida política do país. Amante de político leva vida dura. Fica na sombra, à espera de espaço próprio...

Em relação ao Mitterrand, eu pensava: "Assume que tem uma filha!" A menina viveu sem identidade até os 20 anos, com o nome da mãe, que no fundo é o de menos. Mas sem o pai assumi-la, pelo menos em público, e isso sim é grave para uma menina em fase de crescimento. Quando as coleguinhas falavam de suas famílias, ela não podia dizer nada sobre seu pai. Se dissesse que era o presidente da República, morreriam de rir da cara dela. Foi somente em 2006 que ela passou a assinar Mazarine Pingeot-Mitterrand.

Mitterrand era um rei, como todos os presidentes o foram na França até hoje. De Gaulle, fundador da V República, em 1958, foi o primeiro desses presidentes com ares de monarca. Somente depois da publicação da autobiografia de Mazarine,[57] após a morte do pai, em 1996, ficamos sabendo como deve ter sido difícil sua vida. Ela contou, por exemplo, que era obrigada a entrar e sair abaixada no automóvel, no Palácio do Eliseu. Não podia ser reconhecida.

Essa hipocrisia do Mitterrand manchou sua biografia! E as falcatruas de seu filho, Jean-Christophe, ex-conselheiro do pai na África, também só vieram à tona após a morte do ex-presidente. Jean-Christophe esteve, entre outros escândalos, envolvido na venda ilegal de armas para Angola, na qual ele teria recebido quase 2 milhões de dólares, no início dos anos 90. Depois resolveu publicar um livro.[58]

O livro autobiográfico de Mazarine levou os franceses a se interessar mais pela vida privada de seus dirigentes?

Reali: Provavelmente, não. O Chirac esteve doente, mas ninguém sabe ao certo qual foi sua doença. Sigilo total. Acho que essa nova postura em relação à vida privada dos dirigentes políticos será traçada após as presidenciais de 2007. Gradualmente saberemos como os líderes querem se expor, dependendo, em parte, da maneira como tratarem a mídia. Sim, porque, no caso do Mitterrand e de sua filha Mazarine, foi um jornal suíço, o *La Tribune*, que primeiro publicou as histórias da vida dupla do presidente. E por quê? Antes disso, a mídia francesa não divulgava nada sobre o assunto. E não houve nenhuma notícia no rádio ou na televisão sobre o presidente e sua filha, após o furo do diário suíço. Foi somente

57. Mazarine Pingeot, *Bouche cousue*, Pocket, Paris, 2006.

58. Jean-Christophe Mitterrand, *Mémoire meurtrie*, Plon, Paris, 2001.

após a publicação da vida privada no *La Tribune* que Mitterrand negociou a matéria sobre a filha com a *Paris Match*. Em outras palavras, o furo foi dado no exterior.

Mas, como já disse, essa relação do poder com a imprensa prevalece desde o tempo dos reis e confirmou-se com De Gaulle. Outro que se dava ares era o Giscard. Lembro quando o *Canard Enchainé* publicou uma pequena nota sobre a batida de um automóvel dirigido pelo presidente Giscard num caminhão de lixo, às 5 horas da manhã, perto do Arco do Triunfo. Detalhe: Giscard estava com uma mulher no automóvel. A notícia se espalhou rapidamente, mas na base do "boca-a-boca".

O *Canard Enchainé* alegava que Giscard provocou a batida, mas a polícia negou. Ou seja, o jornalista que apurou a história ficou com cara de bobo. E nenhum outro jornal, rádio ou tevê fez matéria sobre o assunto. Diziam que não podiam confiar na notícia fornecida por um jornal satírico; poderia ser tudo ficção. Ironicamente, o *Canard* é o semanário francês responsável pelos grandes furos do país, tanto na área política quanto na econômica.

Os jornalistas franceses têm uma outra concepção desse tipo de noticiário que envolve políticos do alto escalão. Isso é no mínimo curioso. Se no carro do Giscard estivesse uma celebridade sem poder político, a história teria tido repercussão.

CAPÍTULO XVIII

Conversas com presidentes e presidenciáveis

Reali: Apesar de privilegiar os possíveis elos do exterior com o Brasil, jamais deixei de correr atrás dos eventos importantes e de entrevistar personalidades na Europa. Por exemplo, estive com três dos quatro presidentes franceses desde que cheguei aqui: só não entrevistei o Pompidou. Mas, evidentemente, escrevi bastante sobre ele.

Pompidou era homem de uma direita civilizada, vinha do interior, da chamada França profunda. Não era nada carismático. Tinha uma feição dura, parecia um javali preparado para dar o bote. Mas, na verdade, tratava-se de um homem sutil. Foi professor de literatura francesa no nível secundário, antes de ingressar na política.

Entrevistei duas vezes o Giscard d'Estaing. Na primeira, durante a sua campanha presidencial de 1974, havia outros correspondentes. Chamaram apenas um punhado de correspondentes brasileiros, escolhidos a dedo: do *Estado de S. Paulo*, *Jornal do Brasil*, *Globo*, *Folha de S.Paulo* e um de Brasília.

Cada um fazia uma pergunta ou duas. O jornalista de Brasília perguntou: "Como o senhor analisa essa crise que está havendo com os representantes do governo brasileiro, com os militares da Sorbonne?" Giscard, perplexo, indagou: "Militares da Sorbonne, no Brasil?" E o repórter: "É, os militares que seguem a linha da Sorbonne". Giscard: "E como seria a linha seguida por esses militares da Sorbonne?"

Digamos que não se tratou de um momento de glória desse correspondente da capital brasileira. Pior: parecia que éramos um grupo de ignorantes ou que estávamos construindo teses absurdas. Não lembro bem se foi o Natali ou eu quem explicou ao presidente aquilo que o nosso colega, talvez um pouco ingênuo, queria dizer ao referir-se aos militares da Sorbonne.

Enfim, um de nós resumiu que os militares no poder, supostamente os mais cultos do exército brasileiro, eram denominados "grupo da Sorbonne" – embora não tivessem absolutamente nada a ver com a conceituada universidade parisiense. Não tinham feito sequer o mais elementar curso oferecido pela Sorbonne. Tratava-se, apenas, de uma referência.

Explicamos, ainda, que o objetivo dos militares brasileiros ao forjar elos, na imaginação deles, era mostrar às elites brasileiras, e menos para o povo, que nunca tinha ouvido o nome "Sorbonne", uma suposta afinidade com os intelectuais da Sorbonne.

Giscard sorriu, talvez com certa condescendência, e é compreensível. Imagine se havia militares brasileiros da Sorbonne! Giscard, homem de elite, sabia bem qual era a função presidencial. Mitterrand podia ser distante como o Giscard, mas não era um elitista, no sentido social do termo. Giscard tinha punhos de renda, representava perfeitamente essas antigas gerações monárquicas francesas. Era, ao mesmo tempo, um político de direita liberal, inteligente e preparado. Contudo, sua família tinha seus percalços, a meu ver. O título nobre "d'Estaing" foi negociado por seus antecessores.

A segunda entrevista com o Giscard aconteceu na véspera de uma viagem sua ao Brasil, em 1976, quando já era presidente da França. Tenho a vaga impressão de que meus colegas dormiram no ponto. Simplesmente enviei meu pedido para o gabinete do Giscard. O *Estado de S. Paulo* tem seu peso também, visto que é um diário conservador, e Giscard era presidente de direita. Você sabe como funciona: o assessor de imprensa pede detalhes à embaixada do Brasil sobre o jornal, sobre a Jovem Pan e sobre o seu correpondente.

Nessas ocasiões, nas quais o presidente ou político tem interesse em falar ao Brasil por conta de uma viagem para lá, ou no caso da vinda de um eminente líder político brasileiro à França, o segredo é procurar rápido o político ou política – agora temos a Ségolène Royal, mulher forte do Partido Socialista. Isso porque o Ministério das Relações Exteriores prepara uma lista dos correspondentes que participarão de uma coletiva para a imprensa, ou viajarão com o político em questão.

Por exemplo, a ida do presidente Jacques Chirac ao Brasil, em

1997, foi ocasião para um correspondente brasileiro obter uma entrevista com o presidente francês da República. No dia-a-dia, é muito mais fácil um correspondente do *New York Times*, ou de um diário alemão como o *Frankfurter Allgemeine*, conseguir uma entrevista com, digamos, Nicolas Sarkozy, do que um correspondente brasileiro. Sarkozy tem interesse em ser entrevistado por diários norte-americanos, porque estes provocam maior ressonância ao que ele diz; e por jornais europeus. A escolha, pelo político, de um meio de comunicação para conceder entrevista também se inscreve no contexto da União Européia, porque suas idéias podem influenciar as de outros países da UE.

Voltando à ida do Giscard ao Brasil, em 1976, havia vários correspondentes em Paris, e eu achava que dificilmente conseguiria uma entrevista exclusiva. Mesmo assim, se fizesse o pedido rapidamente, faria parte daquele punhado de jornalistas que estariam numa coletiva. Para minha surpresa, obtive uma exclusiva no gabinete recém-inaugurado de Giscard, no Palácio do Eliseu. Como ele era distante, a conversa não fluiu naturalmente como a mais recente que tive com o Chirac. No entanto, ele respondeu bem às minhas questões e, evidentemente, uma exclusiva com o presidente da França não ocorre todo dia.

Em meados dos anos 70, também estive, como outros jornalistas, com o Mitterrand. Ele era primeiro-secretário do Partido Socialista, e sempre recebia o Brizola. E Mitterrand nos concedia uma conversa depois, ou antes, de seu encontro com o dirigente do PDT [Partido Democrático Trabalhista]. Em Latché, sul da França, Mitterrand falou com a Any Bourrier e comigo por alguns minutos, após uma audiência com o Tancredo Neves, acompanhado do Aécio Neves, atual governador de Minas Gerais, e do publicitário Mauro Salles.

Minha primeira entrevista exclusiva com o Mitterrand deu-se em 1974, quando ele era candidato à Presidência, concorrendo com o Giscard. Ele já tinha perdido para o De Gaulle no segundo turno das presidenciais anteriores, em 1965. Tratava-se, portanto, de sua segunda candidatura. Recebeu-me no seu gabinete, na Tour Montparnasse, por meia hora. No elevador, antes da entrevista, perguntei-lhe sobre a sua campanha. Ele respondeu: "Está difícil, mas acho que desta feita vencerei".

No seu gabinete, ele quis saber sobre a linha ideológica do *Estado de S. Paulo* e que público alcançava. Achei-o interessante. Primeiro, aos

58 anos, era um homem realmente dotado de ampla cultura. Segundo, ele propunha um discurso de esquerda, que apreciei. Na época, era um Mitterrand aparentemente imaculado.

Em 1974, acreditei nele. Mitterrand passava convicção, tinha autoridade, carisma, grande inteligência. Quando faltavam cinco minutos para o término do nosso encontro, Mitterrand olhou para o relógio, sinal de que estava na hora de fazer a última pergunta. Fazendo um balanço da primeira eleição de Mitterrand, eleito em 1981, ele conseguiu aglutinar todos os grupos de esquerda e assim provocou uma vitória de toda a esquerda francesa, através do chamado "Programa Comum" da esquerda.

A aplicação desse programa foi muito veloz. Os socialistas estavam preparados para o poder, na verdade, desde a eleição de 1974, a qual perderam por um triz. Estavam cientes, portanto, de que a vitória seria uma questão de tempo. Continuaram afinando seu programa. Quando venceram, em 1981, estavam preparados para administrar o país. Sabiam o que seria feito nos primeiros cem dias e em seguida. Já no dia da posse, Mitterrand assinou decretos e enviou numerosos projetos ao Parlamento.

Vibrei com a sua primeira vitória. Depois, foi uma decepção. O Mitterrand eleito em 1981 não tinha nada a ver com o Mitterrand dos seus quatro últimos anos no segundo mandato. Descobrimos que seus verdadeiros pendores ideológicos eram, na verdade, os de um conservador, ou os de um homem sem ideologia. Alguns de seus gestos chocavam até mesmo seus colaboradores.

Nos últimos tempos, homenageava o marechal Pétain [1856-1951][59] colocando uma braçada de flores no seu túmulo. Dizia, sem convencer,

---

59. Henri Philippe Pétain: Cauchy-à-la-Tour, 1856 – Ilha de Yeu, 1951; militar e político; herói na defesa de Verdun, em 1916, na Primeira Guerra Mundial; ao tornar-se primeiro-ministro, em 1940, com a ocupação da França naquele ano pelos nazistas, Pétain assinou um armistício com os alemães em junho, e a capital da França não ocupada passou a ser Vichy; Pétain assumiu plenos poderes aos 84 anos em Vichy, pagando aos nazistas altos tributos, enviando judeus franceses para campos de concentração e mandando tropas francesas ao norte da África para impedir desembarques dos Aliados; em suma, Pétain foi aliado dos nazistas e agiu como ditador do regime de Vichy, que contava com dois quintos do território nacional; os nazistas controlavam o norte, oeste e toda a costa Atlântica. Contudo, com a invasão de Vichy pelos nazistas, em 11 de novembro de 1942, em retaliação a um ataque de Aliados no norte da África, Pétain perdeu seus poderes; foi preso e levado à Alemanha pelos nazistas; em abril de 1945, seu pedido para se apresentar à Alta Corte de Justiça na França foi aceito, e naquele mesmo ano foi condenado à morte na França; o general De Gaulle, entretanto, interveio e mudou sua sentença para prisão perpétua; Pétain morreu na prisão, aos 95 anos.

que estava celebrando o herói da defesa de Verdun, em 1916, durante a Primeira Guerra Mundial [1914-1918], não o líder de Vichy que se subordinou aos nazistas. Esse gesto era quase uma provocação. Na verdade, Mitterrand, não resta a menor sombra de dúvida, teve elos com o regime de Vichy. Entretanto, creio que não teve sólidos vínculos pessoais com Pétain. Mas recebeu a medalha do regime de Pétain, a Francisque de Vichy [Ordem da Francisque]; em parte para retribuir o gesto do marechal, colocava a braçada de flores sobre o seu túmulo.

O comportamento do Mitterrand na campanha para o seu segundo mandato foi outro. Na campanha anterior, em 1980, a rosa, símbolo da esperança, do Partido Socialista, esteve muito presente. Terminado cada discurso, ele arremessava rosas na multidão. Na campanha para o segundo mandato presidencial, a rosa quase desapareceu. Testemunhei cenas, num comício em Marselha, nas quais alguém lhe dava uma rosa e Mitterrand, quase com desdém, a passava imediatamente para o assessor mais próximo. Ou continuava segurando a flor, mas com a mão abaixada: as câmeras indiscretas mostraram esse gesto inúmeras vezes durante a campanha. Afastou-se desse símbolo em sua busca de apoio do centro-direita, ou seja, um segmento não socialista.

A partir de 1981, quando se iniciou o primeiro mandato de Mitterrand, então de sete longos anos, acompanhei-o em vários eventos. Sombrio, sempre cumprimentava os jornalistas. Às vezes, fazia um pequeno comentário, mas mantinha aquela costumeira distância.

O raciocínio de Mitterrand era o seguinte: aquilo que não funcionar, corrigimos. E daremos continuidade aos programas que vingarem. Nos primeiros anos, tudo parecia correr nos trilhos. Nacionalizações, reformas sociais importantes. Ele implantou imediatamente as 39 horas semanais de trabalho, trampolim para o plano de, um dia, chegar-se nas 35 horas semanais, programa hoje em prática. Mitterrand realizou o maior aumento do salário mínimo que a França já teve, considerável alavanca para as classes mais desfavorecidas.

No terceiro ano, ainda do primeiro mandato, sua política econômica estilhaçou-se, porque não havia como financiar todos os programas. Mitterrand começou, então, a dar sinais de que mudaria seu estilo de dirigir o país; contudo, pelo menos na aparência, manteve o discurso de esquerda por mais algum tempo.

A nomeação de Laurent Fabius como primeiro-ministro [1984-1986] confirmou a guinada à direita do governo socialista. De fato, Fabius foi chamado para desfazer o governo de esquerda de Mitterrand, com a implantação da política do franco forte. Fabius, independentemente do fato de você estar ou não de acordo com sua gestão, executou sua tarefa de forma brilhante. Mas jamais conseguiu se desvencilhar de sua imagem de homem conservador. Prova disso foi sua tentativa de participar da campanha presidencial de 2007: Fabius apresentou-se como o candidato mais à esquerda do PS, mas sua posição não vingou: Ségolène Royal tornou-se a candidata oficial do partido. Nem sempre o eleitorado esquece o passado dos políticos. É o caso do atual presidente Lula, que hoje afirma não ser de esquerda, para ele, uma questão de juventude. Aos 60 anos, acredita, a ideologia passa para o segundo plano. Mas essa não é a opinião de todos.

O segundo mandato de Mitterrand foi um desastre. A exceção foi a sua luta, ao lado do chanceler alemão Helmut Kohl [chanceler da Alemanha ocidental e reunificada – em 1989 –, de 1982 a 1998], pela formação da União Européia com um mercado comum. A questão é mais simples do que parece: se alguém foi presidente de um país por sete anos, não poderia jamais ter um segundo mandato, e, para piorar o quadro, de mesma duração. Moço ou velho, terminou sua carreira política. Sete anos são uma eternidade para um segundo. Por isso, o mandato presidencial foi reduzido para cinco anos.

Mesmo em mandatos mais curtos, de cinco anos, como o do José Sarney,[60] de 1985 a 1989, tudo pode ir por água abaixo. Após o sucesso do Plano Cruzado, Sarney, ainda no seu terceiro ano de mandato, poderia ser reeleito, caso isso fosse possível. Gozava de enorme popularidade. Mas depois teve um péssimo quinto ano e assim sua gestão terminou mergulhada na impopularidade.

Em relação ao Mitterrand, no segundo mandato houve inúmeros problemas, a começar pelo problema endêmico da corrupção. Mitterrand

60. José Ribamar Ferreira de Araújo Costa Sarney: Pinheiro, MA, 1930; primeiro presidente civil após o golpe militar de 1964, governando o Brasil de 1985 a 1989; de 1995 a 1996 foi presidente do Senado Federal e do Congresso Nacional; eleito senador pela terceira vez, em 1990; elegeu-se governador do Maranhão, em 1964; presidente da Arena, em 1979; presidente do PDS (Partido Democrático Social), em 1981; deixou o PDS em 1984 para ingressar no PMDB; tomou posse da ABL em 1980; ex-suplente de deputado federal pela UDN; publicou uma série de livros.

contribuiu financeiramente para a campanha alemã de 1994 do Partido Democrata-Cristão [CDU], liderado pelo chanceler Kohl. Ele temia que Kohl não fosse reeleito num momento crucial para a implantação do mercado comum europeu. O que fez? Colocou milhões de dólares na privatização da refinaria de petróleo alemã Leuna, e parte dessa soma foi desviada para o caixa 2 do CDU. Nesse caso, sejamos claros, Mitterrand perdeu-se completamente. Essa foi também uma das causas da queda de Kohl.

Houve o escândalo do grampeamento de telefones de inimigos do então presidente Mitterrand, incluindo jornalistas e celebridades como a atriz Carole Bouquet. Incógnitas ligadas ao Mitterrand dificilmente serão desvencilhadas, como, por exemplo, a morte de Hallier, em 1997. Hallier, o escritor e apresentador de tevê que ameaçou publicar o livro revelando, entre outras coisas, a existência de Mazarine, a filha até então ilegítima de Mitterrand, era polêmico. Tornou-se amigo de Mitterrand na época em que publicou uma carta aberta na qual atacou o então presidente Giscard d'Estaing.

No entanto, quando Mitterrand foi eleito pela primeira vez, Hallier ficou desapontado por não ter sido nomeado ministro da Cultura, que era seu sonho. Virou então inimigo de Mitterrand e ameaçou publicar seu livro *L'honneur perdu de François Mitterrand.*[61] No livro, só publicado doze anos depois de redigido, Hallier inseriu tudo o que sabia de Mitterrand, inclusive a existência de Mazarine, sua filha. Assunto que já não era novidade, mas voltou a capturar o interesse do público mais tarde, com a divulgação do artigo sobre a filha do presidente, que contou com a cúmplicidade de Mitterrand.

Em meados dos anos 80, o telefone de Hallier, como o de tantos outros, foi grampeado. E um ano, após a publicação do livro, morreu andando de bicicleta em Deauville. Disseram que teve uma parada cardíaca e despencou das alturas. Para mim, sua morte é um mistério.

Não acha que Michel Rocard (premiê de Mitterrand de 1988 a 1991) poderia ter sido mais eficaz, inclusive para o PS, como presidente socialista da França?

Reali: Cobri o congresso de Metz, em abril 1979, decisivo para a escolha de Mitterrand. Rocard, naquele congresso, disse: "Se Mitterrand não for

61. Jean-Edern Hallier, *L'honneur perdu de François Mitterrand*, Editions du Rocher, Paris, 1984.

o candidato, serei candidato". Ali acabou o sonho de Rocard de um dia ser presidente da República. Sim, Rocard chegou a lançar a sua canditatura para as presidenciais de 1981 – mas somente por um mês, até o momento em que Mitterrand anunciou a sua. Rocard sabia que sua *deuxième gauche* [segunda esquerda], mais conservadora que a de Mitterrand, pelo menos naquela época, não seria capaz de amalgamar os partidos mais radicais de esquerda.

Não sei se Mitterrand, na época, manteve essa linha de esquerda porque acreditava nela ou se já raciocinava de forma mais calculista. De qualquer maneira, a linha adotada por ele funcionou: foi eleito como homem de esquerda e colocou em prática uma política de direita, durante a maior parte de seu mandato.

Na verdade, a política de direita não foi o maior problema de Mitterrand, porque este sempre foi um país conservador. Sim, aqui houve a Revolução de 1789, que iluminou o mundo. Mas não por acaso se tratou de uma revolução burguesa. No final dos anos 50 elegiam De Gaulle. Depois, três dos quatro presidentes foram de direita. Isso, claro, se não considerarmos Mitterrand de direita. E a popularidade de Nicolas Sarkozy é a confirmação dessa linha conservadora-liberal.

Você argumentará que, nos anos 70, Georges Marchais [1920-1997], então líder e secretário-geral do Partido Comunista Francês [1972-1994], era o escolhido de uma fatia considerável da população. É verdade, mas Marchais não tinha votos suficientes para vencer. O povo francês é, em sua maior parte, conservador. Houve períodos de exceção, como a eleição de Mitterrand e os primeiros três anos de seu governo de esquerda, como já discutimos. Houve, ainda, o governo do socialista Lionel Jospin, primeiro-ministro de 1997 a 2002. Entretanto, naquelas legislativas que elegeram Jospin, o povo votou contra a direita – não foi uma vitória dos socialistas pelos seus méritos. E o escrutínio só aconteceu graças à dissolução desnecessária do Parlamento pelo presidente Chirac.

Da mesma forma, Chirac foi reeleito presidente em 2002 não por conta de seu primeiro mandato, mas porque os socialistas e outros partidos de esquerda e conservadores se aliaram a ele para derrotar Jean-Marie Le Pen [líder do Frente Nacional, partido de extrema direita], no segundo turno. Le Pen defendeu idéias extremistas, que seriam nefastas para este país. Em 2002, as pesquisas, como sempre no caso de Le Pen, previam que ele obteria por volta de 14,5% dos votos no primeiro turno. No entanto, ele conquistou 17%, bateu os socialistas e foi disputar o segundo turno com o Chirac. Surpresa? Não, porque a margem de erro na votação de Le Pen é invariavelmente de dois, três pontos percentuais a mais. Sabe por quê? Nas pesquisas de intenção de voto, muitos entrevistados tinham vergonha de assumir que votariam no Le Pen.

Você o entrevistou naquela campanha presidencial, em 2002. O que dizia Le Pen?

Reali: Entrevistei-o em Estrasburgo, onde é deputado europeu. Sua maior preocupação na nossa entrevista parecia ser a perspectiva da invasão da Europa por brasileiros, via Portugal. Ele tinha ido a Portugal, onde tentou provar sua tese, sem sucesso. Indaguei-lhe:

"Mas o senhor acha mesmo que os trabalhadores brasileiros irão a Portugal? Não sabem nem onde fica esse país e, mesmo se soubessem, não têm dinheiro para tal viagem. Só se atravessarem o Atlântico a nado!"

"Ah, mas eles chegam. Veja o caso dos africanos. Já chamei a atenção dos portugueses."

Comigo, mostrou-se simpático, afinal é um populista. Expus profissionalmente as contradições de suas idéias. Ele expôs seus argumentos com tranqüilidade absoluta, por mais estapafúrdios que fossem. Trata-se de um homem inteligente, preparado, tem grande experiência, e é bom tribuno. Isso ninguém pode negar. No entanto, outros jornalistas chegam nas entrevistas com o Le Pen já irritados e, às vezes, o agridem. Ele, por sua vez, confronta esses jornalistas. É vivo, responde sem hesitar, tem experiência no contato com os que costumam confrontá-lo.

Brigava tanto com sua primeira mulher Pierrette, que ela o largou. E logo depois posou vestida como empregada doméstica e praticamente nua para a revista masculina *Lui*. Ela usou esses trajes porque ele a tratava como tal. Creio que Le Pen não deve ter apreciado esse episódio.

E como foi a entrevista com o Chirac por ocasião da ida dele ao Brasil, em 1997?

Reali: Ele é carismático não somente na televisão, mas também pessoalmente. Foi uma entrevista interessante, porque lançou a idéia do acordo da União Européia com o Mercosul. E o *Estado* publicou-a no dia em que Chirac chegou ao Brasil. De Paris, falei com o Sérgio Amaral, ex-embaixador em Paris e na época porta-voz da Presidência, e com a Ana Tavares, assessora de imprensa do governo FHC: "Ana, estou indo ao Brasil com o Chirac. Entrevistarei o presidente francês. Mas gostaria, ao chegar aí, de ter uma conversa com o presidente Fernando Henrique, porque completaria meu trabalho". Enfim, justificaria a minha viagem, do ponto de vista jornalístico. Só que poderia haver um obstáculo: precisaria entrevistar o presidente no dia da minha chegada.

Reali entrevista Chirac no Elysé

Ana Tavares agendou a entrevista. Aterrissei em Brasília, fui ao hotel para deixar minhas malas e rumei ao palácio para encontrar o presidente Fernando Henrique Cardoso. Na entrevista, dei ênfase à viagem, às relações entre Brasil e França, à política internacional. No mesmo dia, mandei-a para o *Estado* e fiz um comentário na Jovem Pan.

Na viagem, também acompanhei Chirac ao Uruguai, Bolívia, Argentina e Paraguai. Ele prepara-se muito antes de ser entrevistado. Isso também porque tem uma equipe muito competente por trás, fato, na verdade, nada surpreendente. Sua porta-voz em 1997, a Catherine Collona, seria o equivalente a Ana Tavares do FHC. Collona, inteligente e culta, foi a principal ponte para minha entrevista com o Chirac. Depois, houve também uma coletiva para a imprensa brasileira.

Durante a viagem, Jérôme Pera, assistente da Collona, me deu um livro grosso. "Dá uma olhada nisso", disse-me, "para entender como trabalhamos." Comecei a folhear o livro, recheado de perguntas e respostas... Havia dados sobre as relações da França com o Brasil, relações com a oposição, com o então presidente Fernando Henrique Cardoso.

Um dossiê, devo sublinhar, muito bem preparado. Tratava de tudo aquilo que a imprensa brasileira poderia ter interesse em perguntar. Até tinha uma pergunta que fugia da esfera política – e foi por isso que me deram o livro: "Como o senhor vê o sucesso, na França, da atriz brasileira Cristiana Reali?"

Naquele ano, a Cristiana tinha sido escolhida para ser modelo da Lancôme, estava começando a fazer suas primeiras grandes peças teatrais e tinha acabado de fazer um filme com Jean-Paul Belmondo. Quer dizer, estava num momento de ascensão profissional e de grande popularidade na França.

E no dossiê constava uma resposta que Chirac deveria dar, caso a pergunta fosse feita: "A Cristiana Reali é uma jovem que está começando a aparecer na França com grande sucesso. Nós até gostaríamos de tê-la trazido na comitiva como convidada. Mas, infelizmente, ela tem compromissos com o teatro, não pôde vir. No entanto, trouxemos o pai na minha comitiva de jornalistas". [*sorriso orgulhoso.*] Não fizeram a pergunta, mas Chirac estava preparado para a resposta.

Também tive a oportunidade de viajar com o primeiro-ministro Lionel Jospin ao Brasil, quando era candidato para as presidenciais de 2002 pelo Partido Socialista. Mas foi um pouquinho diferente, no caso do Jospin. Com ele, eu já tinha certo grau de proximidade, por meio de seu cunhado, o ator Jean-Marc Thibault, amigo da Cristiana, minha filha, e de seu marido Francis Huster. Cris fez parte do comitê de artistas que apoiou Jospin quando ele foi candidato à Presidência.

Amélia, Jean-Paul Belmondo, Cristiana e Mariana

Fiz a entrevista com o Jospin no avião, rumo ao Brasil. Teve menor impacto que a entrevista com o Chirac. No Rio de Janeiro, na Faculdade Cândido Mendes, os estudantes fizeram algumas perguntas ao Jospin, depois aproveitadas de forma negativa para o primeiro-ministro pela agência noticiosa France Presse. Instalou-se um certo mal-estar entre o então premiê e os jornalistas, que perdurou até o final da viagem.

O erro de Jospin, a meu ver, foi ter anunciado que desistia da vida pública após a derrota no primeiro turno, em 2002. Deveria ter continuado até a vitória do Chirac. Mas abandonou o barco e isso, parece-me, marcou o fim de sua carreira política. Prova disso foi ele ter, em 2006, abandonado a corrida pela liderança nas presidenciais, pelo Partido Socialista. Sentiu que não teria chances. E, de fato, não teria. Dito isso, teria sido o candidato do PS com melhor preparo para ser presidente. Trata-se de um homem culto, tem excelente formação intelectual, e seu passado trotskista lhe traria apoio também dos partidos mais à esquerda, da chamada frente antiliberal.

Mas Ségolène Royal era a única socialista com possibilidade de ganhar o pleito presidencial, em 2007. Fabius, como já discutimos, é de direita e quer provar que é de esquerda. O outro candidato, Dominique Strauss Kahn [ministro da Economia e Finanças de 1997 a 1999], é semelhante, no campo ideológico, ao ex-ministro da Fazenda Pedro Malan [nomeado ministro de FHC em 1995]; aliás, os dois são amigos. Assim como Malan, DSK quis falar "economês" para mostrar que o tendão-de-aquiles da Ségolène é a economia, mas, como vimos, não deu certo.

Ségolène pode dar umas escorregadas, mas isso é prova de que seja incompetente? Não creio. É deputada na Assembléia Nacional faz vinte anos. Foi nomeada ministra pelo Mitterrand e, em seguida, tornou-se ministra do Jospin. Não é casada, vive maritalmente com o secretário-geral do PS, François Hollande, o que prova que não é uma retrógrada em relação à sua época.

Ségolène tem uma trajetória interessante. Oriunda da França profunda, na região de Vosges, é filha, com mais sete irmãos, de um tenente-coronel, isto é, vem de família com renda baixa, e não teve infância e adolescência abastadas. Rompeu com o pai e, para escapar do papel da mulher que se dedica a receitas de bolo para a família, formou-se na École National d'Administration, a famosa ENA, uma das cinco principais universidades francesas que formam a elite. Ségolène não é uma sumidade, mas tem condições de representar bem o país. E o fato de ser bonita ajuda.

CAPÍTULO XIX

Grandes coberturas

Reali: Em 25 de abril de 1974, quando eclodiu a Revolução dos Cravos, houve uma revoada de jornalistas para Portugal. A Jovem Pan enviou-me. Pelo *Estado*, foi o Rossi. E, entre outros, o Pedro Cavalcanti, pela *Veja*. Mas já estava fechado o Aeroporto de Portela de Sacavém, em Lisboa, de modo que os repórteres ficaram concentrados no aeroporto de Madri-Barajas. E assim que abrisse o aeroporto de Lisboa, tomaríamos o primeiro avião em direção à capital portuguesa.

Pedro e eu estávamos, como nossos outros colegas, em Madri. E depois de passar umas horas no Madri-Barajas, lhe sugeri: "Pedro, e se a gente tentasse entrar em Portugal de trem? Porque, pelo jeito, poderemos passar dias aqui neste aeroporto. Vamos tentar?" Apostamos, ou melhor, arriscamos no trem. Desconfiados, nos indagávamos: "Será que seremos parados na fronteira?"

A velha PIDE [Polícia Internacional e de Defesa do Estado], a polícia política, ainda reprimia qualquer oposição ao salazarismo [1932-1974], sob as diretrizes do primeiro-ministro Marcelo Caetano, após a morte do ditador [Antônio] Salazar [1889-1970; ditador de 1933 a 1968]. E, entre outras funções, controlava as fronteiras. Na hora de mostrar, no nosso vagão, os passaportes aos agentes da PIDE, estes já estavam sendo xingados e desacatados pelos portugueses que voltavam a Portugal.

Dos olhos dos agentes da PIDE, lembro-me como se fosse hoje, exalava temor. Brinquei com o Pedro: "Esses agentes estão pressentindo algo de muito ruim, observe a expressão de medo nos seus rostos. Antes eram mais arrogantes". O trem parou uns quarenta minutos na fronteira com Portugal. Tive dúvidas sobre nossa decisão de arriscar a entrar no país de trem. Teria sido uma loucura? Mas o trem retomou seu rumo e assim fomos os primeiros correspondentes a entrar em Portugal. E na nossa volta, a PIDE já tinha sido substituída pela guarda florestal.

Chegamos em Lisboa às 9 horas da manhã do dia 26, ou seja, um dia após o início da Revolução. Pudemos assistir, por exemplo, à tomada do quartel da própria PIDE. Para mim foi uma festa, em termos jornalísticos. Entrava ao vivo, a cada vinte minutos, via telefone do hotel, de onde fosse. Estava reportando uma revolução! Tinha um gravador enorme. Está guardado aqui em casa, hoje não funciona mais, mas é uma das minhas relíquias favoritas, um Uher alemão.

Permaneci uns dez dias em Portugal, mas poderia ter ficado mais, não tivesse acabado o dinheiro. Voltei a Paris. Não existia cartão de crédito: íamos com dinheiro no bolso, como foi o caso na guerra do Irã-Iraque, que te contei. Quando terminava a grana, era hora de tirar o time de campo. Hospedamo-nos, Cavalcanti e eu, no Hotel Dom Carlos, em Lisboa. Simples, mas confortável. Mais tarde, tornou-se o hotel predileto do José Aparecido de Oliveira, ex-governador de Brasília.

Como era o Mário Soares?

Reali: Quando o conheci, em Paris, ainda era jovem, hoje tem mais de 80 anos. Lembro de um homem alegre, aberto, vivia num apartamento aqui no Boulevard Garibaldi. Soares tem formação de professor de direito, história e filosofia, ativo na sua luta no Partido Socialista, fundado por ele em 1973. Em suma, um intelectual que lutou contra a ditadura do Salazar. Os portugueses o chamam carinhosamente de "Doutor Bochechas".

Anos após a Revolução dos Cravos, Mário Soares abriu as portas de Portugal para o Flávio Tavares, ex-correspondente do *Estado* na Argentina. Tavares, que seria correspondente em Portugal, acabara de ser solto de uma prisão em Montevidéu, porque fazia parte de um grupo subversivo. Julinho Mesquita foi buscá-lo e o acompanhou até a Europa. E o doutor Júlio pediu que eu fosse a Portugal para acertar a chegada de Tavares com o Mário Soares, na segunda metade dos anos 70. Anteriormente, o *Estado* já havia contratado outro excelente correspondente brasileiro, também afastado pelo golpe, o Hermano Alves, que ficou baseado em Londres, mas também trabalhou muito em Portugal.

Mário Soares, já primeiro-ministro, recebeu-me no seu gabinete e disse: "Reali, diga ao doutor Júlio que seu correspondente será muito bem recebido. Agora o primeiro-ministro é quem é criticado pelos diários de direita. Basta dar uma olhada nas manchetes. Uma diz o seguinte: 'Mário Soares recebe terrorista brasileiro'". Mário Soares caiu na risada. O terrorista, evidentemente, era Flávio Tavares, um homem doce e ótimo companheiro.

Antônio D'Ávila, Flávio Tavares e Reali.

Após nosso encontro, Mário Soares cumpriu sua promessa ao doutor Júlio. Mandou um carro e um representante de seu gabinete ao aeroporto para receber o Tavares. Flávio passou no hotel para tomar um banho e em seguida nos dirigimos ao gabinete de Mário Soares. O primeiro-ministro queria recebê-lo lá, apesar das críticas da direita portuguesa. Em suma, Mário Soares mostrou-se generoso num momento que poderia ter sido difícil para ele – um primeiro-ministro que recebe um "subversivo". Ao mesmo tempo, poderia ter sido difícil para o Flávio, que tinha sido preso e poderia não ser aceito como correspondente do *Estado* em Portugal.

Na mesma época, na Espanha, houve o caso do nosso correspondente, o Novaes, filho do velho Novaes Teixeira, correspondente do *Estado* em Paris. Novaes, o filho tinha sido agredido num bar em Madri por ser antifranquista: duas facadas no traseiro.

Instruído pelo doutor Júlio, fui a Madri, antes de ter ajudado a instalar o Tavares em Lisboa, para ver se Novaes precisava de algo. Eram dois colegas, um perseguido pelas ditaduras latino-americanas, o outro pela ditadura franquista. São gestos elegantes os do doutor Júlio Neto, um homem que desejava o melhor para seus funcionários. Gestos que me marcaram de forma muito positiva.

Em 1975, acompanhei a morte do [Francisco] Franco [1892-1975; ditador de 1936 a 1975]. Em Madri, os próprios espanhóis diziam o seguinte: na Espanha, será diferente da Revolução dos Cravos. De fato, em relação ao que presenciei em Portugal, não ocorreu nada de comparável na Espanha. Foi tranqüila a transição espanhola. Contudo, pairava no ar uma grande expectativa após a morte do Franco. Havia aqueles grupos de direita franquista que sentiam uma forte nostalgia pelo ditador, especialmente nos primeiros momentos depois da sua morte. Do meu ponto de vista, era inacreditável que pudessem pensar dessa forma.

Após tantos anos sob um regime brutal e arrogante, esses franquistas desejavam um regime semelhante ao de Franco, um outro ditador, e assim marcavam uma presença no mínimo imponente, para não dizer violenta. Ao mesmo tempo, os antifranquistas representavam a esperança. E felizmente a Espanha enveredou pelo caminho de uma democracia, hoje em dia, sólida e economicamente próspera, graças aos seus dirigentes da oposição, mas também ao rei Juan Carlos I [de Borbón], criado sob o regime do caudilho.

Acompanhei Giscard, quando era presidente da França, à Rússia, então país dirigente da ex-União Soviética. Eram tempos de [Leonid] Brezhnev [1906-1982; ditador da ex-União Soviética de 1964 a 1982]. Visitei o Kremlin, sede do governo. Esse é sempre o lado divertido das viagens: os passeios nas escassas horas de folga. E, sendo jornalista, temos alguns privilégios. Por exemplo, conheci o Kremlin por dentro: as salas, incluindo a presidencial, em que o atual presidente Vladimir Putin faz as reuniões com seus ministros, a chamada Sala Santa Catarina. Naquela primeira visita a Moscou, aproveitei para conversar com o Luís Carlos Prestes [1898-1990].[62]

---

62. Luís Carlos Prestes: Porto Alegre, 1898 – Rio de Janeiro, 1990; secretário-geral do PCB;

Estive em Moscou outras vezes, uma delas com o Delfim Netto, quando ele era ministro da Fazenda, na assinatura de contratos do Brasil com a União Soviética, negociação com a Central Elétrica de São Paulo [CESP]. Aquela foi uma fase de acelerada expansão do sistema de hidrelétricas no Brasil. A URSS era uma das grandes fornecedoras de turbinas ao Brasil, e o Delfim, como ministro, era sempre o homem envolvido nas negociações do gênero.

Nessa viagem fiquei hospedado no Rossia, hotel oficial do Partido Comunista na capital, com mais de mil quartos! Havia uma ala para os dirigentes do partido e outra para os estrangeiros. Nos corredores, havia sempre uma mesa à qual se sentava uma mulher sinistra. O café-da-manhã era servido no seu andar, no final do corredor, debaixo do olhar das mulheres sentadas às mesas. Elas praticamente não se mexiam, pareciam estátuas, mas invariavelmente fixavam os olhos nos hóspedes. Talvez fosse uma paranóia minha.

Varsóvia, totalmente destruída na Segunda Guerra Mundial e reerguida pelos soviéticos, lembrava Moscou, com aqueles prédios stalinistas horrorosos, como o Palácio Kulturi, também conhecido como "dedo de Stalin", que domina o centro da capital polonesa. Mas eu admirava a cidade velha dali, ao lado da catedral; foi toda reconstruída após a guerra. Das cidades do Leste Europeu nas quais estive, Praga e Budapeste me pareceram mais bonitas, em parte porque o rio Danúbio, que as atravessa, é maravilhoso.

Essas reportagens, incluindo outras na Romênia e Hungria, nos então países satélites do império soviético, eu as fiz antes da queda do muro de Berlim, em 1989. Era, portanto, impossível para o jornalista estrangeiro ter contato com o poder atrás da chamada "cortina de ferro". Na verdade, eu partia de Paris para esses países com visto de turista, porque não davam o de jornalista. Portanto, nessa condição escrevia sobre acontecimentos que presenciava na rua, entrevistava pessoas que se opunham ao regime comunista. Eu chegava com alguns números de telefone de opositores fornecidos por exilados aqui em Paris. Na Romênia, por exemplo, quem

---

cassado em 1964, exilou-se na União Soviética; elegeu-se senador pelo PCB, em 1945; formou a revolucionária Coluna Prestes, em 1924, após ter-se demitido do exército, no qual atingira o posto de capitão; fez parte dos movimentos comunista de 1935 e tenentista; voltou ao Brasil anistiado.

me ajudou muito foi o Paul Goma, escritor romeno exilado em Paris. Nos conhecíamos bem.

Na verdade, a Polônia foi, de todos os países satélites da ex-União Soviética, aquele no qual mais estive. Por uma razão simples: no final dos anos 70, a mídia brasileira passou a ter grande interesse pela situação política na Polônia. Além do interesse pela crise entre o governo comunista e os sindicatos católicos, acreditava-se, erroneamente, numa simbiose dos movimentos sindicalistas do Lula e do Wałesa.[63] Anos depois, ficou claro que eram movimentos opostos devido aos tipos de ditadura que predominavam em cada um dos dois países – de direita no Brasil e de esquerda na Polônia.

Fiz várias reportagens de Varsóvia e de outras cidades polonesas. Cada vez passava temporadas longas, de quinze, vinte dias. Cobri a inauguração do monumento do [sindicato] Solidarność [Solidariedade],[64] em agosto de 1980, em Gdansk. Aqueles foram os momentos mais surrealistas que presenciei. Incrível ver no mesmo evento o Wałesa e oficiais do Partido Comunista [PC]. O PC entrou em parafuso. Edward Gierek [1913-2001], dirigente do Partido Operário Unificado, foi removido em 1980. Stanisław Kania assumiu o cargo em setembro daquele ano – e, em fevereiro de 1981, Kania seria substituído pelo general Wojciech Jaruzelski.[65] Claro, já existia uma certa aceitação por parte do Partido Comunista do Wałesa. Altas instâncias do PC integravam o Solidarność. Mesmo assim, parecia-me tudo muito estranho. Wałesa ainda era visto como um homem perigoso pelos comunistas.

William Waack, enviado pelo *Jornal do Brasil* para Gdansk em dezembro de 1980, conta: "Havia um palanque ilegal na frente do estaleiro Lenin, para uma manifestação também ilegal contra o regime comunista. E o Wałesa ia fazer um discurso naquela noite de 17 de dezembro. Estava tão cheio, tão malucamente cheio, chovia e nevava. O Reali e eu, para nos escondermos um pouco da chuva enquanto

---

63. Lech Wałesa; Popow, 1943: presidente de 1990 a 1995; líder dos movimentos sindicalistas e do subseqüente sindicato Solidariedade; Prêmio Nobel da Paz, 1983.

64. Solidarność: união dos sindicatos poloneses, presidida por Wałesa, 1981-1990; clandestina a partir de 1982, relegalizada em 1993.

65. Wojciech Jaruzelski; Kurow, 1923: presidente da República polonesa, 1989-1990; primeiro-ministro, 1981-1985; baniu o sindicato Solidariedade, em outubro de 1982; decretou lei marcial em 13 de dezembro de 1981.

conversávamos, ficamos embaixo da escada que dava para o palanque. E não saímos mais. Quando a segurança limpou, todo mundo se esqueceu de nós, e ficamos lá. E quando resolvemos sair, o Wałesa estava subindo a escada, por cima de nós. Lembro-me que um de nós disse: "Se pegarmos ele pelo tornozelo e o derrubarmos, vamos mudar a história!" Rimos muito, embaixo daquela escada.

Reali: Lembro bem desse dia. E houve outras cenas extraordinárias em Gdansk. Uma delas armada por Pepe Comas, correspondente do diário espanhol *El Pais*, também cobrindo com freqüência eventos na Polônia. Era doido de pedra, no bom sentido, e capaz de produzir cenários dantescos. Ficava nervoso nessas ocasiões, nas quais você tinha de achar um telex para mandar matérias às pressas. Certas vezes, Pepe não conseguia expedir suas matérias, tínhamos de acalmá-lo, ajudá-lo.

Na inauguração do Solidarność, houve um coquetel, uma homenagem às autoridades, na verdade uma meia reconciliação de sindicalistas e comunistas. Chuviscava, o Pepe Comas, para variar, nervoso porque não encontrava um bendito telex. Lá estava ele, falando com uns poloneses; e, de repente, o Pepe esbravejou em espanhol: "*My cago en la Virgen de Częstochowa*".[66] Para dar uma idéia do tamanho da encrenca, a Madona, estampada num quadro em Częstochowa, cidade considerada centro espiritual da Polônia, foi coroada rainha do país no século XVIII.

Alguns dos poloneses presentes entenderam o espanhol do Pepe. Havia correspondentes com tradutores especializados em língua espanhola e um deles certamente traduziu a frase. Além disso, a fúria com a qual Pepe, naquele estado de nervosismo, proferiu sua frase terminada com a Virgem de Częstochowa teria bastado para irritar os poloneses. Em uma questão de segundos formou-se um círculo de brutamontes em volta do Pepe – e olha que no estaleiro de Gdansk não escasseavam marinheiros e estivadores com bíceps maiores do que os do Schwarzenegger.

Entramos, o William Waack, então baseado em Bönn, e eu, na roda, para apartar o quebra-pau iminente. Mas os poloneses pareciam

66. A Madona Negra de Częstochowa é um quadro da Virgem Maria com o Cristo criança, pintado entre os séculos VI e XIV, de origem incerta. Em 1717, a Madona Negra foi coroada rainha da Polônia numa grande cerimônia. Encontra-se na cidade de mesmo nome, considerada coração espiritual da Polônia por causa do quadro

determinados a pegar o Pepe. E o espanhol, pálido como um fantasma, sabia que seus dias poderiam estar contados. De repente, Pepe deu uma largada, driblou os poloneses e desapareceu. Tenho absoluta certeza que foi a melhor saída.

Igualmente estranha foi a entrevista com o Wałesa, com aquele seu bigodão em forma de ferradura. Até então, eu achava que as semelhanças entre Wałesa e Lula eventualmente os aproximariam. Ambos são parrudos, sabem falar com o povo. São símbolos de movimentos que estavam mudando o curso da política nos seus respectivos países. Ambos já eram líderes carismáticos, embora o Wałesa tenha perdido a popularidade de outrora depois de seu desastroso mandato como presidente da Polônia, de 1990 a 1995.

Na entrevista com o Wałesa, contudo, descobri que ele é realmente um sindicalista à la polonesa, isto é, claramente de direita, em função da situação política do país. Resumindo, o oposto do arquétipo do sindicalista brasileiro das décadas de 70 e 80. Mais tarde, foi fácil compreender por que as tentativas da Igreja Católica de unir o Wałesa ao Lula em Roma, ambos ainda sindicalistas, não renderam frutos.

Tudo indica que Lula nunca gostou de Wałesa e vice-versa. Isso a despeito do fato de ambos serem oriundos da classe operária e de terem sofrido sob regimes autoritários. Mas, como eu já disse, viveram em ditaduras que defendiam ideologias radicalmente contrárias. O único elo de Wałęsa com Lula é a busca de seus fins pelos mesmos meios – as greves e os movimentos sociais e sindicais. E seus objetivos foram atingidos, em ambos os casos.

Outro detalhe relevante: os dois foram influenciados por poderes diferentes. Lula mantinha relações com uma Igreja que se opunha à ditadura militar. No caso do Wałesa, a Igreja que o apoiava era revolucionária, para parâmetros comunistas – mas ultraconservadora, no sentido religioso e político, para padrões brasileiros. Tanto é que, em 1979, o discurso do papa João Paulo II [1920-2005], na Polônia, foi fundamental na luta contra o comunismo. A espontaneidade de Karol Wojtyła, quando falou à multidão, contrastou com os discursos austeros do Partido Comunista. E assim João Paulo II rompeu parcialmente a barreira do medo, e o povo, liderado por Wałesa, trilhou o caminho da liberdade.

Na verdade, o discurso de João Paulo II na Polônia, em 1979, um ano após ter sido eleito papa, só poderia desencadear um efeito dramático. No ano anterior, eu tinha estado na Polônia, e Karol Wojtiła, então cardeal-arcebispo de Cracóvia [1965-1978], gozava de enorme popularidade. Lembro quando, na rua após um discurso, Wałesa avistou a 50 metros o cardeal-arcebispo. Fiquei pasmo quando percebi o líder sindical se ajoelhando enquanto o prelado ainda estava a uns 20 metros. Quando Wojtyła se aproximou, Wałesa, ajoelhado, beijou seu anel. Pareceu-me tudo um tanto exagerado. Portanto, em outras ocasiões, não me surpreendeu mais o comportamento de Wałesa: não pode ver um anelzinho de cardeal e já se ajoelha. É automático. Um papa-hóstia.

Em dezembro de 1981, quando o primeiro-ministro Jaruzelski decretou lei marcial, nenhuma alma viva podia entrar ou sair da Polônia. Os aeroportos estavam fechados. Que fazer? Concebi um plano. Expliquei na embaixada da Polônia, em Paris, que o Brasil tinha comprado umas corvetas da Polônia e havia um contencioso financeiro entre Brasília e Varsóvia em função desses barcos. Era imprescindível minha ida à capital polonesa, a despeito da lei marcial, para investigar a questão. Consegui um visto como empresário. Mostrei, ou melhor, contei qual era o caminho das pedras ao Marco Antônio Rezende, então correspondente da *Veja*. Resultado: nos concederam vistos de empresários.

Nosso avião foi o primeiro a decolar de Paris, logo após o Natal, para a Polônia. No vôo havia alguns poloneses, o Marco Antônio e eu. Aterrissamos no aeroporto de Okecie, numa Varsóvia coberta de neve. Temperatura: menos de 15 graus centígrados. Havia poucas luzes acesas, tratava-se de um aerporto fantasma.

Marco Antônio passou sem problemas pela alfândega controlada por militares. Quando percebeu que a situação estava ficando enroscada para mim, ele, lá do outro lado, sorriso nos lábios, gritou: "Sinto muito, Reali, pelos obstáculos que você terá de enfrentar. Nos encontramos no hotel, mas se você não aparecer, não vou chorar".

Marco Antônio é um brincalhão e não tínhamos rivalidades. Entretanto, naquele contexto surrealista, mas ao mesmo tempo engraçado porque mais louco impossível, ele fingiu que para a revista que representava era importante furar o correspondente de diário. Normalmente, em coberturas internacionais, são os repórteres de diários, rádios e tevês, meios de comunicação mais velozes, que fornecem a notícia antes que os colegas de semanários o façam. E por isso os jornalistas de semanários são obrigados a buscar algo exclusivo.

A esperança, como se diz, é a última que morre. No areoporto em Varsóvia, pensei com meus botões: "Deixa estar, vou te alcançar no hotel, Marco Antônio". Permaneci no aeroporto quatro horas.

Finalmente liberado, por volta de 1 hora da manhã, vejo-me na calçada do aeroporto. Não havia sombra de táxi ou ônibus, por conta do golpe. E agora? Deveria sair caminhando com minhas malas como um urso-polar, em direção ao hotel? Do nada surgiu, para minha surpresa, um Trabant, aquele carro que produziam na então República Democrática Alemã [RDA]. Sua carroceria era de plástico, motor de dois cilindros, dois tempos, e interior espartano. Poluía horrores. Até hoje existem alguns Trabants nos países do Leste, onde a proteção do meio ambiente não tira o sono da vasta maioria.

O Trabant encostou. Um senhor ao volante, com um rapazinho a seu lado, perguntou em inglês:

"O senhor quer ir para a cidade?"

"Pois é. Não tem táxi."

"Se quiser, estou indo para aquela direção e levo o senhor."

"Aceito com prazer, muito obrigado."

O rapazinho pulou para o banco de trás, acomodei-me na frente. Logo que começou a dirigir, o motorista indagou:

"O senhor não se incomoda se fizermos um desvio? É que o Exército colocou duas barreiras na estrada principal e demora muito para atravessá-las. Temos de mostrar documentos, nos fazem perguntas".

"Claro, vamos pelo desvio", respondi.

Instalou-se aquele sentimento de desconfiança, óbvio. Atravessávamos bairros que lembravam favelas. E a presença do rapazinho, que não emitia o mínimo som, deixava-me ainda mais inquieto. Discretamente, pus a mão no bolso direito da calça e, olhando aqui e ali, disfarcei: enfiei o bolo de dólares na meia.

Enveredamos por uma avenida principal mais iluminada e senti um certo alívio. Logo avistei a praça do Hotel Intercontinental, onde tinha feito minha reserva, como os outros colegas brasileiros. Mas eis que o senhor ao volante encosta o carro antes do hotel. "Temos de parar aqui porque os polículais pedirão meus documentos diante do hotel. E poderão suspeitar que tenho elos com estrangeiros, ou que estou trabalhando ilegalmente como taxista."

Aquele senhor tinha sido generoso, não estava trabalhando ilegalmente. Pensei: "O que vou oferecer para ele?" Quis lhe dar dinheiro, o motorista não aceitou, prova de que não queria dar uma de taxista. Como íamos passar o *réveillon* em Varsóvia, tinha me abastecido no aeroporto de Orly, em Paris: salmão, presunto cru, vinho. Ofereci uma boa parte da minha cesta do ano-novo para os dois, que ficaram muito agradecidos. Na Polônia, é comum você ir à casa de alguém para jantar e sair com sacos contendo salsichas, pedaços de carne, picles. Faz parte da mentalidade deles oferecer e receber comida.

Uma vez instalado no meu quarto no Intercontinental, bati à porta do Marco Antônio, que simulou cara de decepção ao ver-me. Indagou: "Como você conseguiu? Que azar o meu!" Enfim, um espirituoso nato. Havia somente seis hóspedes, fato que ilustra a gravidade da crise. O William Waack estava tentando entrar na Polônia, com o Pepe Comas. Tinham arrumado uma caminhonete na qual transportavam medicamentos... Tínhamos um encontro marcado no hotel.

O William, como eu, vinha acompanhando a crise polonesa fazia tempo e, portanto, tínhamos vários contatos. Por isso, não nos preocupou o fato de a censura ter proibido a venda de jornais, incluindo, claro, os estrangeiros. Logo descobrimos que algumas de nossas fontes tinham sido detidas, mas outras ainda estavam livres. Em quatro dias, reunimos informação suficiente para escrever boas matérias, contudo, não tínhamos como expedi-las. Era preciso sair do país para enviar o material. Em suma, nos encontramos diante de um impasse: por um lado, não havia sinal de outros correspondentes estrangeiros em Varsóvia – e, por conseguinte, valia a pena postergar nossa saída da capital. Por outro lado, seria difícil entrar novamente na Polônia, para não dizer impossível. No entanto, se ficássemos muito tempo em Varsóvia, o material envelheceria.

Passamos o *réveillon* em Varsóvia e isso rendeu uma bela matéria: o *réveillon* na Polônia sob o golpe do Jaruzelski. Amigos universitários nos convidaram para festejar a chegada do novo ano na casa de um deles. Bela festa, animada por um cantor famoso, o Chico Buarque de Hollanda deles. Eu não entendia nada, pois cantava em língua polonesa. Mas sua voz era afinada, e o pessoal cantarolava com ele. Saboreavam aquelas palavras como no Brasil se curtiam as letras de protesto do Chico durante a ditadura. E a vodca Cracóvia, que é a melhor de todas, na minha opinião, soltava a língua do pessoal. Com a chegada do ano, resolvemos partir.

William Waack nos contou que vocês dois saíram da Polônia cada um com a própria matéria e mais a do outro. Ele disse, ainda, que a rivalidade normal que pode existir entre dois correspondentes não é "relevante" nesse caso. E que o fato de cada um levar a matéria do outro para fora da Polônia não pode ser chamado de "acordo". Waack: "É difícil falar de acordo com o Reali porque, como já te disse, ele é uma espécie de pai. Tenho por ele um carinho, uma admiração, uma amizade, sentimentos tão fortes que eu deixaria o meu trabalho em segundo plano, caso ele precisasse que o dele ficasse em primeiro".

Como se deu essa fuga da Polônia?

Reali: O risco era que poderiam segurar nossas matérias na alfândega. E, pelo fato de trabalharmos ambos para jornais, William e eu arquitetamos um plano: cada um reescreveria sua matéria e viajaria num sábado com essa e a do outro. Na terça-feira, tentaríamos nos comunicar. O William, de Bönn; eu, de Paris. Resumindo, um não pretendia furar o outro porque, embora representássemos diários concorrentes, éramos e somos antes de tudo amigos. Ademais, não havia grande concorrência entre o *Jornal do Brasil* e o *Estado*, um circulava no Rio, o outro em São Paulo.

Caso um de nós não desse sinal de vida até terça-feira e o outro chegasse em casa, o plano era enviar as duas matérias, simultaneamente e via Reuters, a minha para o *Estado* e a do William para o *Jornal do Brasil*. Assim, nossos artigos seriam publicados ao mesmo tempo. Hoje, artigos de um mesmo jornalista são publicados simultaneamente por vários jornais. São textos sindicalizados. Artigos e colunas do Elio Gaspari, por exemplo, aparecem em diversos jornais de diferentes estados. No nosso caso, éramos dois jornalistas que haviam produzido textos diferentes – e cada um para o jornal que representava.

E pelo fato de eu saber que seria revistado pelos militares, me preveni. Em um grande envelope enfiei faturas de hotel, bares e restaurantes, passagem aérea, até anotações sem importância – e mais as duas matérias.

Levei, na mão, o envelope. No aeroporto, começou a revista. Primeiro a mala: tiraram tudo, peça por peça. "Tudo bem, a mala está em ordem", disparou um oficial. Em seguida, foi a minha vez de ser revistado. Que sofrimento. O oficial pediu o passaporte, contou meu dinheiro, fixou os olhos no envelope: "O que tem aí nesse envelope?" "Passagem de avião, fatura do hotel..." Fui retirando em alta velocidade os papéis e empilhando-os sobre uma mesa. Entediado, ele disse: "Não, não, deixa, pode parar". As matérias estavam lá no fundo do envelope.

No final das contas, não precisamos colocar em prática nosso plano: chegamos em casa sãos e salvos. Na segunda-feira, trocamos um telefonema e cada um mandou sua própria matéria. Acrescentei alguns dados oficiais a que tive acesso somente em Paris – na Polônia teria sido detido se tivesse dito a um oficial ou político que sou jornalista.

Algumas coberturas foram menos perigosas. Ainda no início da década de 70, como repórter de Fórmula 1, passei a viajar com o jornalista e locutor esportivo Wilson Fittipaldi, o Barão, e com o comentarista português Domingos Piedade. Era a época áurea do Emerson e de seu irmão Wilsinho Fittipaldi, filhos do Barão. Certa vez, ao norte de Gotemburgo, na Suécia, na cidade de Anderstorp, fizeram umas cabines de madeira para as emissoras de rádio e redes televisivas cobrirem a corrida. Fomos comer sanduíche, e quando voltamos nossa cabine estava ocupada por três suecos. O Barão, com seu poderoso bigodão branco, disparou: "Meus filhos, retirem-se imediatamente".

Percebi, visto que a cabine se encontrava no meio do público, os risos da multidão. Mas o Barão nem deu atenção: ficou vistoriando a saída dos impertinentes suecos de nossa cabine. Um dos expulsos, trajando camisa esporte, era ninguém menos que o atual rei da Suécia, o ainda jovem Carl XVI Gustav, que depois casou com a brasileira Sílvia. No dia seguinte à corrida, as manchetes dos principais jornais da Suécia alardeavam: "Barão Fittipaldi, pai de Emerson, expulsa rei da cabine".

Também tive momentos engraçados, acredite, no Iraque. No início da década de 80, já em plena guerra Irã–Iraque, acompanhei o então governador paulista Paulo Maluf numa viagem a Bagdá, a Jedá e Riad, na Arábia Saudita. Maluf levou, num avião especial da VASP, uma pletora de empresários, incluindo empreiteiros da Mendes Junior que construíram estradas no Iraque, e jornalistas. Marcaram presença alguns agentes do SNI [Serviço de Segurança Nacional; principal órgão de informação do regime militar], visto que alguns dos assuntos, petróleo e urânio, são estratégicos. A única maneira de conseguir carona era se você fosse no avião do Maluf, mas o *Estado* exigiu pagar minha parte.

O objetivo, principalmente para o jornal, era prestar atenção no governador e em qualquer situação que pudesse colocá-lo em maus lençóis. Mas Maluf comportou-se como um lorde. Impressionou todo mundo. Foi recebido em Bagdá com tapete vermelho. Hospedou-se numa das mansões do Saddam Hussein, pelo qual foi recebido em grande pompa. Nós, jornalistas, éramos seguidos por supostos agentes de turismo, na verdade policiais do Ministério do Interior. Mas pelo menos eram afáveis.

E eu preocupado, porque o Maluf fazia tudo de acordo com o protocolo, não cometia sequer um disparate para que eu pudesse colocá-lo em evidência num artigo. Surge a grande oportunidade em Riad, quando o Rei Fahd [bin Abdul Aziz Al-Saud; 1920-2005; rei de 1982 a 2005] o presenteia com uma espada de ouro. De volta a Paris, organizaram uma última coletiva na embaixada do Brasil. Indaguei ao Maluf:

"Governador, o senhor certamente sabe que o Giscard d'Estaing recebeu uns diamantes do ditador da República Centro-Africana, Jean-Bedel Bokassa [1921-1996; presidente de 1966 a 1976, ano em que se proclamou imperador; deposto em 1979], e depois, quando a história veio à tona, o então presidente da França se viu forçado a doá-los para uma associação de caridade. Inclusive, o senhor sabe, o escândalo dos diamantes prejudicou a reeleição do Giscard".

Maluf, nervoso, perguntou: "E então, Reali, aonde você quer chegar?"

"Governador, só gostaria de saber, desde já, o que o senhor fará com a espada de ouro, para que não haja mal-entendido, como no caso do Giscard".

Maluf chamou um coronel da Polícia Militar [PM] e lhe perguntou: "O que eu disse que faria com a espada de ouro?"

Coronel: "Que a doaria ao Museu da Força Pública de São Paulo, governador".

Pouco depois, um assessor do Maluf me comunicou: "O governador está louco da vida com você, Reali. Ele já tinha telefonado para a mãe, dona Maria Maluf, e disse que lhe daria a espada de ouro". Eu nunca soube se, de fato, a espada se encontra no Museu da Força Pública.

Também cobri a guerra Irã–Iraque logo no seu início. O xá do Irã, Mohammad Reza Pahlevi [1919-1980; xá de 1941 a 1979], fora derrubado pela Revolução Islâmica no ano anterior. O sunita Saddam Hussein estava preocupado com a influência xiita que poderia se difundir pelo Iraque, país com maioria xiita. E não poderia descartar a hipótese de o aiatolá Khomeini querer derrubá-lo. Saddam começou a guerra usando o pretexto de uma disputa territorial e foi apoiado pelos Estados Unidos e União Soviética, além de outros países árabes. Vale salientar que foi Donald Rumsfeld, posteriormente ministro da Defesa dos Estados Unidos, quem negociou a entrega de armas para o Iraque de Saddam Hussein.

Como naquela época não havia redes televisivas 24 horas, como a CNN e o BBC World Service, Saddam usava os jornais, principalmente o *Monde*, para cantar suas vitórias. Foi só na Guerra do Golfo, em 1989, que ele começou a usar principalmente a rede de tevê americana CNN: foi por isso, aliás, que a CNN deu todos os furos da época. Mas em 1989, o Paul Balta, do *Monde*, era o melhor meio para propagar as decisões de Saddam. Balta permanecia o tempo que bem entendesse em Bagdá. E quando o Iraque estava levando a melhor na guerra, Saddam abria as portas para outros jornalistas estrangeiros. Hospedava-os num hotel fantástico, todo equipado com telex, sala para imprensa, linhas telefônicas. Quando a coisa enroscava para o seu lado, Saddam mandava todo mundo embora. E tinha suas táticas para fazer isso.

Por exemplo, o correspondente só podia usar o telex por cinco minutos, para passar sua matéria. Numa ocasião, nas imediações de Khorramshahr, na região do rio Shatt al-Arab, no sudeste do Iraque, eu era o quinto da fila, e um dos supostos "agentes de turismo" resolveu que o quarto correspondente seria o último a enviar sua matéria. Fiquei furioso.

"Como, e eu?"

"O senhor terá de despachar seu artigo amanhã."

"Nada disso, eu devo mandá-lo hoje."

"Vocês americanos são muito arrogantes", retrucou o suposto "agente de turismo".

"Não sou americano, sou brasileiro, e vou mandar minha matéria."

"Brasileiro? Maluf, Maluf, Maluf!"

O agente, feliz ao me reconhecer dos tempos em que Maluf fora ao Iraque, e ainda mais com a lembrança do ex-governador, deixou-me passar a matéria. Mas fui o último da fila a fazê-lo naquele dia. Em suma, o Maluf acabou sendo muito útil para o correspondente do *Estado*.

Outra tática dos iraquianos era fazer uns *blackouts*: de repente, acabava a luz. Não funcionava telex, você não podia escrever. Mas eu tinha duas maneiras de passar minhas matérias. Ia ao escritório da Mendes Junior e enviava meus artigos pelo telex da empresa. Outra tática, para passar meus boletins para a Jovem Pan, era dar uma gorjeta à telefonista, visto que, tarde da noite, os controles eram menos rígidos: e assim gravava meus boletins de madrugada.

Um belo dia, vejo meu nome num quadro entre os jornalistas que partiriam horas depois de Bagdá para Amã, capital da Jordânia.

"Mas como?", indaguei ao "agente de turismo", o mesmo que tinha me deixado, dias antes, enviar um telex.

"É, o senhor fez o pedido e o ônibus parte logo mais."

"Eu não fiz nenhum pedido. Meu visto é válido por um mês e estou aqui há vinte dias."

"Ah, isso é problema do senhor. Só sei que seu nome está no quadro e o senhor terá de ir para Amã."

Ainda tentei, em vão, lembrar-lhe quem eu era: "Maluf, Maluf, Maluf".

Daquela vez, o Maluf não me ajudou. O agente manteve-se frio como uma geladeira. Em resumo, estavam me expulsando para a Jordânia. Chamei um colega do diário mexicano *Excelsior* e lhe disse: "E se fôssemos dar uma volta por Bagdá e perdêssemos o ônibus?" Quando voltamos, os "agentes de turismo" estavam espumando de raiva. Nos mandaram, num carro especial, para a fronteira com a Jordânia, onde o ônibus nos aguardava. Ao entrarmos no ônibus, fomos recebidos por uma vaia dos jornalistas, havia quatro horas nos esperando.

De Amã, rumei sozinho para Ácaba, para investigar navios soviéticos, os quais traziam tanques de guerra, canhões e outras armas para o Iraque. Aluguei uma lancha e esquis no golfo de Ácaba e pedi para o barqueiro jordaniano me levar perto dos navios soviéticos. Ele hesitou, mas insisti. Não posso dizer que sou exímio esquiador aquático, mas consigo ficar de pé, e às vezes até caía de propósito, para poder examinar melhor o que tinha por debaixo das lonas no convés dos navios. Redigi uma matéria confirmando que os soviéticos estavam, como os americanos, armando o Iraque. O doutor Júlio me enviou um telegrama para elogiar o artigo. De volta a Amã, fui para Atenas, onde Amélia me trouxe dinheiro para eu tentar voltar a Bagdá. Amélia voltou a Paris, eu para Amã, mas não consegui mais visto para voltar à capital do Iraque.

No início do processo contra o Klaus Barbie [1913-1991], em 1987, o Fritz Utzeri, então no *Jornal do Brasil*, e eu ficamos quase um mês em Lyon, no sul da França. Barbie, temido oficial da SS [Schutzstafeld, organização paramilitar do nazismo], torturava sem piedade seus prisioneiros. Ele foi um dos operacionais responsáveis pela repressão nazista em Lyon, e era acusado por mais de cem crimes contra a humanidade; pegou prisão perpétua. Não mostrou, durante o processo, sequer sombra de arrependimento. Quatro anos após ter sido preso, morreu de câncer em Lyon.

O advogado, no caso Barbie, era o Jacques Vergès, conhecido por defender causas perdidas. Imagine, chegou a ser advogado do terrorista Carlos, o "Chacal", e de Saddam Hussein, mas foi afastado por oposição de sua própria família. No caso Barbie, entretanto,Vergès, dedicado ao Terceiro Mundo, só concedia entrevistas ao Fritz e a mim, no Hotel Sofitel. Ou seja, produzimos matérias de primeira mão, e toda a imprensa internacional nos procurava.

Mas Fritz, que nunca se levou a sério e, mesmo assim, foi um dos melhores correspondentes que passaram pela Europa, sempre me dizia: "Essa vida de correspondente é demasiado dura. Vamos montar dois quiosques, um no aeroporto de Congonhas, São Paulo, o outro no Santos Dumont, no Rio. E vamos vender jornais com absoluta tranqüilidade".

Sabe, antes o correspondente viajava mais. E as viagens, como essa para Ácaba, eram aventuras. Eu nem precisava consultar o jornal para realizar certas coberturas importantes fora da França. Dispunha de um fundo para viagens de última hora. Hoje, não é mais o correspondente necessariamente que faz todas as coberturas importantes. Vários jornais, revistas, rádios e redes de tevê mandam enviados especiais para reportar determinados eventos, por uma simples razão: os meios de comunicação reduziram suas redes de correspondentes no exterior.

Às vezes, os diretores de mídia selecionam algum especialista numa área, como a de música. Não vejo problema nenhum, pelo contrário. Creio que o jornal tem de mandar enviados especiais quando o assunto merece um especialista. Digamos que o Gilberto Gil, ou o Caetano Veloso, venha fazer um grande show na Bastilha. Posso quebrar o galho, para o jornal ou rádio, num concerto desses. Porém, se vier um especialista em música cobrir o Caetano, por exemplo, um musicólogo e jornalista do calibre de Zuza Homem de Mello, ele fará um artigo mais elaborado para conhecedores do assunto.

Já trabalhei com vários outros correspondentes e muitos enviados especiais que passaram por Paris, e sempre tentei facilitar o trabalho deles. E estão aí para prestar depoimento: o Sérgio Motta Mello, que depois foi para a TV Globo, em Nova York; a Selma Santa Cruz, ex-editora de Internacional do *Estado*, depois correspondente da *Veja* nos EUA. Todos estiveram por aqui e sempre abri o caminho – desde que a vinda do jornalista seja transparente. Agora, quando o jornalista vem escondido e nos encontramos na esquina para fazer a mesma cobertura, aí, não! Nesse caso, estrilo mesmo. O jornalista ou o jornal tem de avisar o correspondente.

Tem outra coisa que está acabando com o trabalho do correspondente: artigos comprados de outros jornais estrangeiros, ou das agências de notícias. Como no caso do enviado especial, isso sempre houve, desde o início do jornalismo. Mas agora essa prática acentuou-se, devido ao fato de haver menos correspondentes no exterior.

Na minha opinião, traduzir artigos não é sempre uma decisão sábia, visto que o correspondente pode ter uma pensata, um elo, ligando, sei lá, algo que ocorreu em Berlim a um episódio semelhante em alguma cidade do Brasil. Outro detalhe: o correspondente brasileiro está ciente daquilo que seu jornal considera relevante; já o autor do artigo traduzido prepara um texto menos específico, mais frio.

CAPÍTULO XX

Delfim, embaixador em Paris

Em 1º de junho de 1974, você deu um furo num artigo do *Estado* intitulado "Giscard recebe Delfim durante 40 minutos". Ernesto Geisel (1907-1996; quarto presidente do regime militar, 1974-1979) acabara de ser eleito, e o Delfim não tinha sido nomeado para nada. E, mesmo sem pasta, foi recebido pelo recém-eleito presidente francês Giscard d'Estaing. Como você levantou essa história?

Reali: Talvez até o Delfim desconheça os meandros dessa história, porque foi realizada, em parte, graças à assessoria dele. Um dia, o chefe de gabinete do ministério do Delfim, Francisco Israel Rodrigues d'Ávila, mais conhecido como Chicão, me telefonou: "Reali, o Giscard foi eleito e nós recebemos um convite, por enquanto de boca, para a posse. O ministro comparecerá".

Chicão acrescentou: "Mas Delfim não quer que o embaixador Lyra Tavares saiba". Isso porque, naquela época, Geisel e Delfim atravessavam um período de divergências. Resumindo, o Geisel, como você disse, acabara de ser nomeado presidente, e o Delfim não tinha sido reaproveitado no ministério. Havia até quem alegasse que o Delfim poderia acabar atrás das grades, porque o Geisel não gostava dele. Mas era pura especulação.

Naquele contexto enroscado para o Delfim, o Chicão agiu com cuidado. Delfim – me avisou seu assessor-mor – chegaria domingo à noite, a posse se daria na segunda-feira. Lyra Tavares não podia saber de nada, porque se tratava de uma posse fechada. Pompidou tinha morrido, e a eleição fora convocada após noventa dias de luto, de acordo com a Constituição. Chicão me disse: "Pediremos que enviem o convite para a posse do

Giscard para a sua casa. E quando chegarmos em Paris você nos entrega o envelope".

Na sexta-feira à tarde liguei para o Chicão: "Olha, não recebi convite algum". Chicão me passou o nome de alguém ligado ao Giscard. Telefonei e expliquei: "O ministro Delfim Netto deveria receber um convite para a posse, que ainda não recebemos no meu endereço. Ele vai chegar domingo, e a posse, como o senhor sabe, ocorrerá na segunda-feira". Ele retrucou: "Telefonarei pessoalmente para o ministro e explicarei o que está ocorrendo. Na verdade, não haverá posse solene, por conta da morte do Pompidou. O país ainda está em luto. Das autoridades estrangeiras, só virá o núncio apostólico, decano do corpo diplomático". Essas e outras informações nos foram confirmadas por um cunhado do Giscard, que na época era o Jacques de Broissia; ele reaparecerá no final da presença do Delfim em Paris.

Telefonei para o Chicão e contei o que estava ocorrendo. Ele disse: "Mas iremos de qualquer jeito, até já publicaram nos jornais a presença do Delfim". Resumindo, o Delfim precisava vir à posse do Giscard porque para ele tudo isso tinha um significativo peso político.

Naquele domingo estive com o Delfim, já no Hotel Príncipe de Galles, em Paris. "Ministro, e a posse?" Delfim: "Não irei à posse, restrita às autoridades internas. Mas na terça-feira tomarei o café-da-manhã com o Giscard". Nesse meio tempo, eu já estava recebendo telefonemas da assessoria do embaixador Lyra Tavares. Quem ligava era o chefe de imprensa dele, o Guy Brandão, ministro-conselheiro, responsável pela imprensa e futuro embaixador. "Você sabe se o Delfim está por aí?", martelava o Brandão. Eu, claro, fingia não estar a par de nada. Brandão insistia: "O Lyra Tavares pediu para eu telefonar, porque você, segundo o embaixador, saberia algo sobre a possível vinda do Delfim". Impassível, eu repetia: "Não sei de nada".

Na minha conversa com o Delfim ficou combinado que na terça-feira, após o café-da-manhã com o Giscard, ele me daria em primeira mão a notícia de como havia sido o encontro. Na terça, Delfim me telefonou. "Tomei café-da-manhã com o Giscard no Palácio dos Elysées, foi muito agradável, tivemos uma conversa informal, falamos de inflação, da crise do petróleo..." A primeira crise do petróleo, diga-se, já se delineava no horizonte.

Acreditei, porque o Delfim é correto, e não inventaria uma história dessas, ainda mais para um correspondente. Mas eu tinha de checar a informação. Telefonei para o palácio, falei com a secretária de imprensa do Giscard. "Tenho a informação de que o presidente Giscard tomou café-da-manhã com o ex-ministro da Fazenda Delfim Netto. Ele não é embaixador, não é nada, portanto, gostaria de saber se a informação é correta, porque sei que não houve posse solene por causa do luto no país."

A secretária de imprensa respondeu: "Não estou a par de nada. De qualquer forma, vamos averiguar se houve o café-da-manhã, e darei um retorno para o senhor". Passados uns quinze minutos, me liga uma outra porta-voz. "Veja, é uma questão meio delicada. É verdade, o ex-ministro Delfim Netto realmente tomou café-da-manhã com o presidente, na terça-feira." Perguntei: "E quanto durou?" "Quarenta minutos. Mas, olha, é um tema muito delicado para o senhor publicar, porque o presidente não recebeu ninguém, nem embaixadores, incluíndo o norte-americano. Se o senhor pudesse não divulgar essa informação, lhe agradeceríamos."

Desliguei e escrevi um artigo, publicado na primeira página do *Estado* no dia seguinte, 1º de junho. [Abaixo, trechos do artigo de Reali Jr.]

Giscard recebe Delfim durante 40 minutos

O presidente Giscard d'Estaing tomou ontem o seu "petit déjéuner" [café-da-manhã] em companhia do ex-ministro Delfim Netto no Palácio do Eliseu. Durante quarenta minutos, o novo presidente da França conversou informalmente com o ex-ministro da Fazenda do Brasil sobre problemas relacionados com a inflação mundial e aspectos da crise petrolífera. Como se sabe, Giscard d'Estaing e Delfim Netto, representando seus países em várias conferências monetárias internacionais, estabeleceram e estreitaram relações de amizade. A conversa, segundo fontes francesas, foi estritamente pessoal e particular, sem qualquer caráter oficial[...] A própria assessoria do presidente francês confirmou que Giscard d'Estaing recebera o ex-ministro brasileiro[...]

Reali: Veja como o Delfim foi habilidoso. Naquele momento, ele era um mero ex-ministro, afastado de tudo e com problemas com o Geisel. No entanto, pouco tempo após o encontro com o Giscard, o Delfim virou embaixador em Paris [1974-1979], um dos cargos mais prestigiados pela diplomacia brasileira na época. Não posso afirmar que essa tenha sido a razão da designação do Delfim como embaixador, mas certamente sua relação pessoal com Giscard fez parte de sua estratégia política para obter o posto.

Quanto ao Lyra Tavares, sabia que logo seria substituído. Porém, evitava o que, de fato, ocorreu: Giscard recebeu Delfim e não ele. Mas, e aqui estou especulando, creio que Delfim entrou em contato com o Lyra Tavares para que ele não minasse seu encontro com o Giscard. Isso, claro, teria sido fatal para a sua nomeação como embaixador.

Como era sua relação com Delfim em Paris?

Reali: Cordial, mas tínhamos nossas divergências e mantínhamos certa distância um do outro, o que ocorre com alguma freqüência em se tratando das relações entre um correspondente e um oficial do governo. Na verdade, minha relação com o Delfim foi semelhante àquela que tive com o Adhemar. De fato, conheci o Delfim no gabinete do governador Adhemar de Barros. Delfim não era famoso ainda, mas havia criado o Plano de Desenvolvimento Integrado [PLADI]. Assim como Carvalho Pinto criou o Plano de Ação do Governo [PAG], implementado pelo seu chefe de gabinete Plínio de Arruda Sampaio, o militante socialista, Adhemar também teve seu plano econômico, ou melhor, o PLADI, elaborado pelo Delfim. Lembro-me do dia em que Delfim entregou o plano ao Adhemar, nos Campos Elísios.

É preciso sublinhar, no entanto, que Delfim se mostrou o mais eficaz embaixador que passou por Paris, na minha avaliação. Claro, ele esteve aqui no contexto de uma época de desenvolvimento, de grandes empréstimos. Devido ao fato de ambos terem sido ministros da economia na mesma época, Delfim tinha acesso direto ao Giscard. Hoje, o contato entre um embaixador brasileiro e o presidente francês é outro. O embaixador só encontra o presidente quando recebe suas credenciais. Nem mesmo no dia em que volta ao seu país de origem o embaixador é recebido pelo presidente. Por motivos óbvios, o embaixador americano é recebido várias vezes.

Embaixadores brasileiros só têm acesso ao Palácio do Eliseu, em audiências privadas, em ocasiões especiais – por exemplo, quando o presidente francês viaja a Brasília ou o presidente brasileiro vem a Paris. No final das contas, tudo depende do peso político do país e das relações bilaterais da França com o país em questão. Em suma, Delfim foi uma exceção à essa regra.

Atualmente, o embaixador tem contato com o seu equivalente, um embaixador francês do departamento das Américas, ou com o consultor diplomático. Com algum ministro, representante de primeiro escalão, o embaixador do Brasil tem contato mínimo. Ele se encontra com representantes de segundo escalão. Os tempos são outros para os diplomatas, mais tristes e difíceis.

Os diplomatas brasileiros viam-me como um correspondente suspeito. Por outro lado, houve alguns exilados que hesitaram em relação à minha pessoa. Diziam alguns deles: "Reali é do *Estado de S. Paulo*, tem relações com a embaixada". Como correspondente, eu tinha de ter relações com todo mundo, inclusive com a embaixada. Por outro lado, alguns diplomatas não abriam o jogo comigo porque sabiam que eu era amigo de um grande número de exilados.

Mesmo assim, o contato com diplomatas pode ser interessante, porque a posição da embaixada brasileira é oficial, é a do governo. Diplomatas brasileiros costumam dizer que são profissionais, que servem ao estado, mas alguns deles foram oportunistas e carreiristas. Nos anos de chumbo, alguns eram mais servis que os próprios militares no poder. Lembro-me dos diplomatas cubanos se divertindo nos coquetéis mundanos. Aproximavam-se de rodas em que se encontravam diplomatas brasileiros porque sabiam que estes imediatamente bateriam em retirada. Isso acontecia invariavelmente, cheguei mesmo a ser testemunha.

Hoje, diversos postos estão perdendo a importância em favor de outros. A área diplomática acompanha essa onda. Por exemplo: Paris não tem mais a mesma importância política, bilateral, com o Brasil como teve trinta anos atrás. O motivo? Não existia a União Européia na sua forma atual. Com a criação da UE, tenho a impressão de que algumas capitais, antes menos importantes, estão sobressaindo. Hoje, para citar um exemplo, Bruxelas é fundamental. Não pelas relações bilaterais com o reino da Bélgica, mas sim como epicentro da UE.

Deveria, portanto, haver maior concentração de diplomatas em Bruxelas, onde o interesse dos países – e do Brasil – está sempre em jogo.

É o cúmulo Brasília não ter diplomatas em Estrasburgo, que abriga o Parlamento Europeu. Um diplomata brasileiro lá é fundamental, pois a cada ano o Parlamento ganha maior expressão política.

Por conseguinte, deveria haver um redimensionamento nas embaixadas como as de Paris, Roma e em outras capitais. Do ponto de vista bilateral, você não precisa ter vinte diplomatas em Paris. Gastos inúteis. Veja bem: países europeus estão reduzindo o número de diplomatas em certas embaixadas, concentrando-os nos pontos cruciais, como Bruxelas, Genebra e Estrasburgo. Cortam fundos destinados às embaixadas e consulados. O ministério das Relações Exteriores da França, por exemplo, reduziu drasticamente as despesas em suas embaixadas.

Enquanto isso, na diplomacia brasileira, o número de embaixadores exercendo funções consulares não cessa de aumentar. Numerosos diplomatas são embaixadores há mais de vinte anos, mas evitam a aposentadoria, levando em conta seus altos salários e as cidades onde residem. Provocam, assim, um gargalo na carreira dos diplomatas que pretendem chegar ao posto mais elevado. E existe outro obstáculo considerável, ligado a esses embaixadores eternos: a idade-limite para o diplomata exercer a função de embaixador se alastra inexoravelmente, graças aos esforços da alta cúpula do Itamaraty para que isso ocorra.

CAPÍTULO XXI

Relatório Saraiva

Em 1976 veio à tona o Relatório Saraiva, no qual o adido militar da embaixada brasileira, Raimundo Saraiva, alegava que 6 milhões de dólares em propinas oriundas de fornecedores estrangeiros de equipamentos para a hidrelétrica de Água Vermelha haviam sido depositados em conta azul num banco suíço, em favor do grupo de Delfim Netto, chefiado pelo ministro-conselheiro José Maria Villar de Queiroz. Embora o Relatório Saraiva tenha sido divulgado, acusados e público ficaram a ver navios sobre os detalhes. Somente depois de 1976 começou a vir à tona, pouco a pouco, alguma coisa. E o relatório foi divulgado apenas no final de 1984.

Reali, um dos repórteres deste livro em São Paulo, o Fábio Kadow, deixou vários recados telefônicos para Delfim Netto nos quais dizia que precisava ouvi-lo também a respeito do Relatório Saraiva. Mas o ex ministro não se manifestou. De qualquer jeito, a certa altura na história do Relatório Saraiva, você fez matérias importantes.

Reali: Segui a trilha de outros colegas na fase inicial das investigações do Relatório Saraiva. De fato, as relações entre o Delfim e o Giscard, excelentes até então, começaram a deteriorar quando o caso veio à tona. Isso porque o banqueiro Jacques De Broissia, de quem já falamos, então casado com a irmã do Giscard (depois se separaram), era o diretor do Crédit Commercial de France [CCF], banco encarregado de negócios também com a América Latina e, em particular, com o Brasil. Resumindo, o CCF liderou o consórcio de bancos no financiamento das obras da Usina Hidrelétrica de Tucuruí.

De Broissia era o homem dos negócios. Foi ele quem revelou para o coronel Saraiva, adido militar da embaixada, que a turma do Delfim estava muito voraz. De Broissia nunca disse que o Delfim esteve envolvido no caso pessoalmente – suas críticas eram dirigidas contra a assessoria do embaixador. Veja bem: o próprio De Broissia estava acostumado a dar comissões.

De fato, até pouco tempo atrás, comissões eram moeda corrente, e ainda são, embora não como outrora. Isso porque o controle passou a ser mais rígido com o Código de Ética [CDE] aprovado em 2003; quer dizer, há maior transparência internacional. A própria OCDE [Organização para a Cooperação e o Desenvolvimento][67] aprovou, recentemente, uma convenção restringindo a possibilidade de estados pagarem comissões. E o Brasil é um dos signatários. Mas voltemos aos anos 70: estoura, então, o Relatório Saraiva, graças ao adido militar da embaixada brasileira.

Telefonei para o De Broissia. Deu sorte. Ele me confundiu com alguém do Banco do Estado de São Paulo [Banespa] e começou a dar minúcias do caso. Eu, claro, deixei a conversa fluir um pouco. Até a hora em que ele percebeu quem eu era, mas porque eu mesmo chamei sua atenção:

"Senhor, acho que está havendo um engano. Não sou do Banco do Estado de São Paulo".

"Como assim, o senhor não é do banco?"

"Sou correspondente do jornal O *Estado de S. Paulo.*"

"*Quelle horreur!*" [*Que horror!*]

Desligou na minha cara. Não fiquei nada ofendido, devo confessar. Pelo contrário: o artigo, intitulado "Banqueiro francês nega-se a comentar Relatório Saraiva", foi publicado no dia seguinte [14 de outubro de 1978; abaixo, transcrevemos trechos].

Paris – "Que horror!" Essa foi a reação do banqueiro francês Jacques De Broissia quando soube que seu nome estaria envolvido nas denúncias do chamado "Relatório Saraiva", preparado pelo ex-adido militar do Brasil na França durante a gestão Delfim Netto. De Broissia considerou toda a his-

---

67. A OCDE, constituída em Paris, em 1961, conta, hoje, com 30 países associados da Europa, América do Norte, Ásia e Oceania; seu objetivo é estimular o crescimento econômico de seus associados, bem como o dos países subdesenvolvidos.

tória "fantasiosa", mas negou-se a desmentir oficialmente sua participação ou a de seu banco no espisódio. Os rumores sobre a existência do "Relatório Saraiva" já circulavam em Paris em 1976, vésperas da viagem do presidente Geisel à França, quando das negociações com um consórcio de bancos europeus para o financiamento das hidrelétricas de Tucuruí e Itaparica[...] Nessa época, os rumores sobre uma informação reservada do adido militar, coronel Saraiva, recrudesceram, principalmente após a passagem do general Fritz Manso pela França, para visitar indústrias de material bélico. Alguns meses depois, o próprio embaixador Delfim Netto foi ao Brasil e voltou com a informação da remoção do ministro-conselheiro Villar de Queiroz para o Canadá. Essa transferência surpreendeu o próprio Villar de Queiroz, que não a esperava. Ele havia sido um dos principais negociadores dos contratos com os banqueiros franceses e esse fato contribuiu para alimentar ainda mais os boatos sobre o "Relatório Saraiva".

Numa entrevista com Delfim, publicada pelo *Estado de S. Paulo* dois dias antes do artigo acima, de autoria de Reali Jr., Delfim desafia: 'Divulguem o relatório', o futuro ministro da Agricultura e do Planejamento da ditadura, respectivamente em 1979 e 1980, declarou o seguinte a respeito da súbita transferência do ministro Villar de Queiroz, da embaixada, em Paris, para Otawa: "Encontrei o ministro Villar em Paris quando lá cheguei. Quando estávamos preparando a visita do presidente Geisel, a embaixada ficou durante algum tempo com dois ministros-conselheiros. Posteriormente, o ministro Villar de Queiroz foi transferido para Otawa, mas a sua transferência obedeceu às regras do Itamaraty. Nunca tive nenhum conhecimento de nenhuma acusação a qualquer funcionário da embaixada. Insisto com vocês: não é possível que se continue a assacar contra a honra alheia. Espero que o acusador apresente provas. O ônus da prova cabe ao acusador". Perguntado se conhecia o "Relatório Saraiva", Delfim – pasmem – retrucou: "Não tinha e não tenho conhecimento do relatório, nem do informe, nem da fofoca".

Indagado se conhecia o primo do presidente, De Broissia (na verdade, como esclareceu Reali Jr., era cunhado do presidente Giscard), Delfim disparou: "Conheço mais de um. O que eu quero dizer é que na embaixada nunca se realizou nenhuma transação duvidosa com ninguém. Ocorre que as pessoas são ignorantes e pensam que a embaixada é balcão de compra e venda. A embaixada só encaminha propostas que são julgadas pelos órgãos técnicos e competentes".

CAPÍTULO XXII

Lacerda ataca Reali

Reali: Às vésperas da vinda do Geisel a Paris, em 1976, escrevi para o *Estado* algumas matérias reportando as relações contemporâneas do Brasil com a França.

Em 19 de março de 1976, o *Estado* publicou uma matéria intitulada "Paris já prepara recepção a Geisel", assinada Reali Jr., Especial para O *Estado*. Abaixo publicamos alguns trechos.

Após descrever nos mínimos detalhes os "preparativos para a visita do presidente Geisel à França, nos dias 26, 27 e 28 de abril", Reali escreveu:

"Hoje Geisel, amanhã Pinochet". A partir desse slogan, os partidos de oposição e organizações sindicais francesas preparam campanhas contra a visita do presidente Geisel à França. As manifestações vão se desenvolver às vésperas e durante a estada do presidente brasileiro em Paris, através da distribuição de panfletos nas universidades e nas fábricas que mantêm filiais no Brasil, além de atos públicos e de denúncia à imprensa de caráter "autoritário do regime brasileiro, das violações dos Direitos Humanos, prisões, torturas e os recentes suicídios ocorridos em unidades do II Exército, em São Paulo". A campanha está sendo preparada pelos partidos de esquerda – Partido Socialista, Partido Comunista, radicais de esquerda[...]

[...] Um abaixo-assinado, contendo assinaturas de professores, atores e juristas conhecidos, está circulando, solicitando anistia geral no Brasil. O Prêmio Nobel François Jacob, os cineastas Louis Malle e Alain Resnais, entre outros, já assinaram o documento.

Na área da imprensa já começam a surgir os primeiros sinais de protestos em relação à aproximação Brasil–França. A revista Nouvel Observateur *desta semana apresenta Geisel como o chefe de "um dos regimes mais repressivos da América Latina"[...] O semanário relata os problemas dos jornais brasileiros com a censura, lembrando que mesmo o "conservador"* O Estado de S. Paulo *não escapou aos rigores da censura[...]*

Em outro de seus artigos, de 20 de abril de 1976, Reali Jr. mencionou a visita do governador da Guanabara, Carlos Lacerda, a Paris, logo após o golpe militar de 1964, a fim de explicar o golpe para os franceses, a pedido do presidente Castello Branco. E trouxe uma carta para o presidente De Gaulle. Naquela ocasião, Lacerda dera uma entrevista no aeroporto em Orly.

Na coletiva, os jornalistas franceses atacaram a ditadura brasileira, porque prendia e torturava quem fosse contra o regime militar. Lacerda revidou, afirmando que, se o Brasil cometia torturas, tinha aprendido isso com a França.

Reali: Lacerda teve razão em algumas de suas asserções, mas não em muitas. O general Paul Aussaresses, por exemplo, ex-adido militar francês no Brasil depois do golpe, foi um dos orientadores da "Operação Condor". De qualquer maneira, nesse texto publicado pelo *Estado*, às vésperas da chegada do Geisel, inseri a entrevista do Lacerda em Orly, na qual, para tentar defender a imagem ruim do Brasil, acabou atacando não somente a França, mas também o próprio De Gaulle – presidente e herói nacional. Imagine a enormidade do erro do Lacerda! E isso, vale repetir, às vésperas de uma viagem do De Gaulle ao Brasil e América Latina.

Lacerda criou um mal-estar tremendo. E lembre-se: era o emissário encarregado de Castello Branco para entregar a carta pessoal do presidente brasileiro ao De Gaulle. Após a coletiva do Lacerda, o então presidente da Comissão das Relações Exteriores na Assembléia Nacional [a câmara dos deputados na França], Maurice Schumann, futuro ministro das Relações Exteriores de Pompidou [1969 a 1973], comunicou à embaixada brasileira que De Gaulle não receberia mais o Lacerda. E declarou: "Esta seria uma excelente razão para De Gaulle não ir ao Brasil". Teve início, então, um balé diplomático. Tentava-se evitar, a todo custo, o fracasso da missão do Lacerda.

Houve uma nova entrevista do Lacerda, na qual ele corrigiu os pontos principais da entrevista concedida anteriormente em Orly. A rádio RTL transmitiu a entrevista. No entanto, De Gaulle continuou insistindo em não receber o Lacerda. E não o recebeu. A carta do Castello Branco foi entregue a Maurice Schumann. No meu artigo, contei que Lacerda tinha sido criticado pela imprensa francesa e não fora recebido por De Gaulle.

De fato, no artigo de 20 de abril de 1976, Reali escreveu:

A troca de notas diplomáticas, ocorrida na época, demonstrou a gravidade do acontecimento, agravado com a frase atribuída ao general De Gaulle: "O Brasil não é um país sério".

A coletiva concedida por Lacerda em Orly irritou profundamente o governo e o presidente francês, que não mais admitiu recebê-lo para a entrega de uma carta pessoal do presidente Castello Branco[...] Outras declarações de Lacerda criaram mal-estar na embaixada brasileira, cujo encarregado de negócios, o diplomata Raul de Vicenzi, chegou mesmo a solicitar demissão em carta enviada ao Itamaraty. Posteriormente, a própria viagem de De Gaulle ao Brasil esteve ameaçada, pois o presidente francês negava-se a descer no Rio, onde quem deveria recebê-lo era o governador Carlos Lacerda, da Guanabara. As gestões diplomáticas se multiplicaram e o presidente De Gaulle acabou viajando para o Brasil, visitando o Rio, Brasília e São Paulo. Na Guanabara, foi recebido oficialmente pelo embaixador Vasco Leitão da Cunha, na época ministro das Relações Exteriores. Essa foi a fórmula encontrada para superar o incidente.

Reali: Vale lembrar: a recepção oferecida a De Gaulle ocorreu numa unidade naval da França, ao largo da Baía de Guanabara. Doze anos depois, após o incidente em Orly, em 1976, Lacerda irritou-se com meu artigo. E como! Amigo pessoal da família Mesquita, tinha um trânsito muito grande no *Estado*, e assim redigiu um artigo me esculhambando. O *Estado* o publicou, em 18 de maio de 1976.

Lacerda argumenta, no seu artigo que ocupa três quartos de página, que no artigo de Reali Jr. houve

[...] uma aliança de molecagem e má-fé que subiram de tom[...] Se vê que um indivíduo, cuja única credencial para ser aí publicado é a de se ter tornado "correspondente" do Estado *e seu enviado a Paris, dá uma resenha das crises políticas entre a França e o Brasil antes da recente visita do chefe do governo brasileiro ao presidente da França. Como peça jornalística, é pífia. Mas como intriga política, é um primor. Pena que não seja única. Pois na mesma ocasião a revista* Veja *– da qual o* Estado *diverge tanto, na cúpula, enquanto por baixo se entendem os seus subterrâneos informadores publicava a mesma versão, isto é, uma mentira[...]*

Eis alguns fatos que posso citar a propósito da entrevista de Orly: 1. Fui felicitado pelo presidente Castello Branco por essa entrevista; 2. A carta ao general De Gaulle foi entregue por um seu ministro com o qual almocei em casa de amigos comuns; 3. Minha missão foi cumprida; 4. Foi-me oferecida, pelo embaixador especial que veio preparar a visita de De Gaulle, a Legião de Honra, como de praxe, se concordasse em recebê-lo, como governador, no Rio. Preferi dispensar a condecoração, ausentar-me do Rio e deixar que o general chegasse sem a minha presença, para evitar que a intriga tomasse maiores proporções, sabido que esse grande homem era também um grande criador de casos. Se não fosse analfabeto, o seu "correspondente" em Paris conheceria a frase de Churchill, sobre a cruz mais pesada que carregou durante a guerra da cruz de Lorena, símbolo do esforço e do exemplo desse grande líder que foi Charles de Gaulle, ao qual não faltaram críticas justas nem injustiças notórias.

[...] Falar de mágoa e de revolta contra a injustiça que me feriu seria parecer lamúria. A esta altura nada pode me ferir mais do que já fui ferido. Se o Estado *quiser dar ao mentiroso o direito de reiterar sua mentira, lembre-se que não sou eu que devo replicar, mas o próprio* Estado, *pois é ao* Estado *que ele desmente, não a mim[...]*

Reali: São acusações panfletárias, típicas do Lacerda. Mesmo se eu tivesse cometido erros no meu artigo, ele poderia tê-los corrigido, ter me dado até uma gozada, de forma elegante, talvez com alguma sutileza. Mas não, o homem ficou carregado de rancor. E como o Lacerda havia sido criticado pela revista *Veja*, na mesma época, alegava que os inimigos se encontravam – e com os mesmos propósitos.

Em suma, eu não passava de um comunista, acusação típica e simplista do Lacerda. Contudo, mesmo se fosse comunista, meu artigo não poderia ter sido baseado numa pesquisa bem-feita? A integridade ou posição ideológica do jornalista profissional tem de ser questionada – mesmo quando faz um artigo expondo os fatos?

Três dias após ter lido a carta aberta do Lacerda no *Estado*, escrevi uma missiva endereçada ao doutor Júlio Mesquita Neto. Nela, respondo aos termos da carta do Lacerda.

Abaixo, trechos da carta jamais publicada pelo *Estado de S. Paulo*:

Ao dr. Júlio de Mesquita Neto
"O Estado de S. Paulo"
Rua Major Quedinho, 23
São Paulo – SP
Paris, 31 de maio de 1976

Prezado dr. Júlio,

Não foi sem surpresa que tomei conhecimento, na edição de O Estado *de 18/5/76, dos termos da carta do ex-governador Carlos Lacerda, na qual procura contestar, numa linguagem intempestiva e descortês, as informações contidas em matéria de minha responsabilidade, publicada a 20/4/76, sobre as conseqüências de sua entrevista no aeroporto de Orly, no ano de 1964. Considero normal e aceitável que, tendo sido figura central do episódio, ele procure apresentar a sua versão dos acontecimentos, mesmo se ela contradiz com a publicada. Esse é um direito seu que deve ser respeitado, como, aliás,* O Estado *o fez. Mas, estou seguro, menos pelo respeito ao profissional que não conheço e mais pela amizade que ele próprio apregoa e que o liga aos diretores de* O Estado, *que essa não foi a conduta digna e alta que se podia esperar desse personagem que já fez parte de nossa História.*

Lamento profundamente a forma como o ex-governador Carlos Lacerda agiu, procurando situar-se como vítima de uma situação; declarando-se atingido por "injustiças, injúrias, mentiras e ignorância", mas esquecendo-se que sempre foram essas suas armas preferidas.

Dr. Júlio, não posso deixar de reconhecer que fiquei chocado por ter sido chamado de "mentiroso, intrigante, caluniador, ignorante", além de ter sido alcançado por outras maldosas insinuações. Mas a ele não devo nenhum tipo de explicação, mesmo porque não será o seu julgamento que poderá ou não afetar minha carreira de jornalista que procuro seguir, provavelmente sem o brilho das "vedetes", mas com dedicação, dignidade, honestidade pessoal e sem qualquer intenção de transformá-la em trampolim político. Aliás, minha formação profissional nada tem a ver com o tipo de jornalismo panfletário implantado no país pelo ex-jornalista Carlos Lacerda. Prefiro seguir outros mestres, mais sérios e responsáveis, muitos dos quais se encontram na redação do O Estado*[...]*

[...] Deixo, a seu critério a decisão de publicar estas linhas, mesmo porque li com atenção a Nota da Redação*, concisa e discreta, que o jornal publicou, abstendo-se de responder ao sr.* Carlos Lacerda*[...]*

[...] Aos *fatos e não aos adjetivos. Inicialmente, gostaria de transcrever as 25 linhas publicadas sobre o episódio de Orly, e que fazem parte do artigo sobre três crises publicadas entre o Brasil e a França de nossa história contemporânea.*

Depois de me referir ao espisódio da invasão da embaixada brasileira em Vichy pelos alemães em 1942 e à chamada "Guerra da Lagosta" [o Brasil pretendia estender seu território marítimo, contra a vontade da França; a "guerra" nunca ocorreu], trato do assunto que despertou a reação emocional do ex-governador.

Em seguida, Reali diz que Lacerda "falta com a verdade".

Em sua carta, o ex-governador Carlos Lacerda falta com a verdade quando diz que o artigo se refere ao fato de haver convocado uma entrevista em Orly para insultar De Gaulle e que este, insultado, quase rompeu relações com o Brasil. Essas afirmações surgiram de sua própria imaginação, não constando da matéria publicada e acima transcrita. Assim sendo, não respondo às afirmações que o ex-governador da Guanabara diz estarem inseridas na matéria, mas apenas àquelas que lá se encontram. O que foi dito, é que o ex-governador convocou uma entrevista em Orly para explicar a chamada Revolução, tendo feito críticas pessoais ao general De Gaulle. Os fatos comprovam esta afirmação. Dias antes de sua chegada, a Air France comunicou à embaixada brasileira que o governador da Guanabara desejaria conceder entrevista na sala especial de Orly, quando de sua passagem pela França, em trânsito para a Itália.

Nas páginas 4, 5 e 6, Reali Jr. relata ao doutor Júlio de Mesquita Neto a cronologia dos acontecimentos, desde a chegada de Lacerda a Orly, em 23/4/64, até 3/6/64, quando Lacerda embarca para a Itália, acompanhado de Abreu Sodré. Na carta, Reali Jr. insere as reações à coletiva concedida por Lacerda de alguns diários de peso, publicadas em 24/4/64. *L'Aurore*: "Excessos incompatíveis com as regras de hospitalidade"; *Le Figaro*: "Singular falta de sangue-frio da parte de um político candidato à presidência da República"; *Le Monde*: "Palavras cuja violência impedem de levá-las a sério".

Terminada a cronologia dos fatos, Reali continua sua carta.

Quanto à segunda parte, em que menciono em minha matéria que a viagem de De Gaulle ao Brasil esteve ameaçada, e que o então presidente francês não pretendia ser recebido na Guanabara pelo governador Lacerda, prefiro citar Luiz Viana Filho,[68] *chefe da Casa Civil da Presidência da República na época, em seu livro* O governo Castello Branco *[refere-se ao assunto nas páginas 174 e 175].*

No livro, Viana Filho conta, por exemplo, como Mendes Viana, embaixador do Brasil na França, descreveu sua visita a De Gaulle, antes da ida do presidente ao Brasil. De Gaulle declarou que "esperava não ter maior contato com o governador do Estado da Guanabara, que, na capital da França, declarara que de sua visita à América Latina e ao Brasil resultariam apenas discursos e banquetes".

Nas páginas 7 e 8, Reali Jr. reconhece a Júlio Neto que cometeu um erro em seu artigo.

---

68. Luiz Viana Filho, *O governo Castelo Branco*, José Olympio, Rio de Janeiro, 1975.

A frase atribuída a De Gaulle – "O Brasil não é um país sério" – não foi dita a propósito da crise de Orly, mas sim no episódio da "Guerra da Lagosta". Por um lapso meu, um erro de construção de matéria – pois nela trato também da crise –, a frase foi inserida em lugar indevido. Quanto ao resto, acredito que os fatos tenham respondido aos objetivos.

Reali Jr. conclui sua carta dizendo que estaria à disposição de Lacerda para "comprovar suas afirmações" no Quai d'Orsay.

Dessa forma, espero ter prestado os esclarecimentos devidos à direção do jornal em que trabalho, a meus companheiros de redação e a eventuais leitores. O ex-governador Carlos Lacerda escolheu a via da indignidade. Quanto a mim, preferi a contrária. Ele, se tiver disponibilidade de tempo – e penso que o tem pela longa e intrigante carta que escreveu –, poderá comprovar essas afirmações pesquisando os jornais franceses da época, os arquivos do Itamaraty em Brasília, ou os do Quai d'Orsay em Paris, aos quais me proponho acompanhá-lo com máximo prazer. Talvez seja esse o melhor caminho para que ele venha a conhecer sua própria história.

Atenciosamente,

Elpídio Reali Júnior

A carta jamais foi publicada.

Reali: Ficou aquela dúvida: vão ou não publicar minha carta? Achei que, ao mandá-la para o doutor Júlio, teria sido o suficiente. Quis dar uma satisfação a ele, meu diretor e amigo. Mas prevalecia a vontade de dar um troco ao Lacerda, com a publicação, no *Estado*, de minha carta. Esta é até uma pergunta para se fazer ao Raul Bastos: por que o *Estado* não publicou minha carta para o doutor Júlio?

A pergunta foi feita a Bastos. "Reali fez uma matéria que o Lacerda contestou. E o Reali escreveu uma carta contestando essa contestação do Lacerda. Pelo que me lembre, o doutor Júlio Neto, ou alguém da direção, decidiu não publicar a carta [do Reali]. Mas a carta do

Lacerda precisa ser lida também; ela tinha um entendimento. Sugeria que não cabia ao *Estado de S. Paulo* ter uma pessoa como o Reali [por ele ser tido como um esquerdista]. Mas, se por um lado a carta do Reali não foi publicada, por outro o Júlio Neto não se curvou. Ele garantiu o Reali, e isso é importante dizer. Essa área toda de correspondentes internacionais era, até então, do Ruy Mesquita. O Ruy, acho eu, com o tempo mudou, mas no começo não aceitou essa coisa toda [de ter o Reali Jr. como correspondente]."

Perguntado o que acha dessa relação que os Mesquita tinham com o Lacerda, Bastos retruca: "Eles tinham uma relação de admiração profissional. O Lacerda era brilhante mesmo; e tinham uma identidade política com ele. O Lacerda tinha espaço dentro do jornal, tinha voz, tinha presença, ouvidos. E tinha muitos inimigos também que contestavam e não aceitavam suas idéias. Mas nunca vi uma vontade do Lacerda, como essa de calar o Reali, ser acatada pelos Mesquita. Algo como 'esse cara foi mandado embora porque o Lacerda não gosta dele'. Na sucursal do Rio, que era casa do Lacerda, havia vários comunistas – Ferreira Gullar, Mário Cunha... e nenhuma cabeça rolou".

Reali: Só sei que, coincidência ou não, meu *status* mudou no jornal. Até então, eu era uma espécie de *freelancer* fixo do *Estado*, e meus artigos apareciam assinados "Reali Jr., especial para o *Estado*". A partir dessa crise, meus artigos passaram a ser assinados "Reali Jr., Correspondente do *Estado de S. Paulo* em Paris".

Nunca soube quem realmente esteve por trás dessa decisão. Talvez tenha sido uma forma de o doutor Júlio me dar uma satisfação pelo fato de não ter publicado minha carta, em função das relações de amizade, como já detalhei, entre os Mesquita e o Carlos Lacerda.

Raul Bastos descarta a possibilidade de que, para fazer um reparo, o doutor Júlio tenha contratado Reali Jr. Ele repete: "Dr. Júlio precisa ser mais bem analisado. Ele era um homem generoso. O Ruy, de certa forma, ocupou o espaço imaginário nosso, da imprensa, que é um espaço de direito do doutor Júlio. Estou falando isso porque eu era o cara do embate diário. E ele [doutor Júlio] brigava mesmo, tinha divergências e bancou muita gente, muitas matérias".

Reali: Minhas relações com o doutor Júlio Neto eram excelentes. Eu tinha grande admiração por ele. Sempre foi muito correto comigo, seja do ponto de vista pessoal, seja do profissional. No seu trabalho, era um homem calmo, equilibrado, de análise, não se manifestava muito pela emoção. Diferente, no sentido profissional, do Ruy Mesquita, esse homem de texto. Em suma, Ruy tem algumas qualidades que o doutor Júlio não tinha. Em contrapartida, o doutor Júlio tinha outras que o Ruy talvez não tenha. Como disse o Raul Bastos, a família Mesquita não deu ouvidos ao ex-governador da Guanabara quando ele quis afastar-me do jornal.

Ironicamente, mais tarde o Lacerda tentou aproximar-se de mim, aqui em Paris. Fez isso por meio do Abreu Sodré e de sua mulher, a dona Maria, e de amigos comuns. Não digo reaproximação, porque eu nunca tinha estado com o ex-governador – e, aliás, nunca estive com ele. Fui firme. "Não tenho interesse nenhum, ele não foi digno comigo. Não quero sequer conhecê-lo socialmente".

Nunca tive a menor admiração pelo Lacerda como político. Admirava-o como tribuno, como homem de inteligência. Era hábil panfletário e bom orador. Mas hábeis oradores e panfletários sempre existiram.

Era época de ameaças de golpe, tudo era transmitido por rádio. Ainda menino, eu ficava até de madrugada ouvindo rádio – e o Lacerda era um dos grandes oradores. Ouvia seus discursos, também em função dos interesses políticos. Mas sempre fui politicamente anti-Lacerda.

CAPÍTULO XXIII

O apartamento do embaixador Josué Montello

Você sempre se dedicou à questão da diplomacia brasileira, e um caso, no final da década de 80, teve repercussão internacional: o do embaixador Josué Montello (1917-2006).[69]

Reali: O caso do Josué Montello, de fato, teve uma certa repercussão na América Latina porque o modelo da diplomacia brasileira é aquele de outros países latino-americanos. Fiz uma crítica que valia para o Itamaraty e para a diplomacia brasileira em geral, da seguinte forma: contei o caso do Josué Montello. O Brasil, nas condições econômicas no mínimo preocupantes em que se encontrava, mantinha, e mantém, grandes embaixadas como a de Roma, na imponente e exuberante Praça Navona.

Entretanto, me concentrei no quadro diplomático em Paris, onde sou correspondente. Enquanto o Brasil atravessava uma crise, Josué Montello, embaixador brasileiro na Unesco, residia, somente com a mulher, em um apartamento de 1.000 m², na avenue Foch, a mais opulenta de Paris. Seu aluguel mensal custava uma soma astronômica, entre 10.000 e 15.000 dólares. Um absurdo, na época. Era um apartamento suntuoso, outrora alugado pelo empresário Walter Moreira Salles [1912-2001]. Imagine o preço estratosférico do aluguel desse apartamento hoje!

Pois o embaixador Montello reagiu escrevendo um artigo em que me criticava fortemente, publicado no *Jornal do Brasil*, no qual mantinha uma coluna. Resumindo, argumentou que não deixaria de receber

69. Josué Montello: São Luís, MA, 1917 – Rio de Janeiro, 2006; professor, teatrólogo, escritor membro da ABL, a qual presidiu de 1993 a 1994; embaixador do Brasil junto à Unesco, 1985-1990.

os amigos brasileiros em um lugar digno e condigno com sua condição de embaixador. Acrescentou, ainda, que seu vizinho era o embaixador da Argentina. E é verdade. Daí o caso ter repercutido internacionalmente, começando, óbvio, em Buenos Aires. Até o embaixador angolano, os jornais revelaram, morava – e ainda vive – num palácio na avenue Foch. Outro absurdo.

Angola é pobre – rica, potencialmente, por causa das jazidas de petróleo e diamantes –, um país devastado por uma guerra civil fratricida, que na época do Montello, embaixador em meados dos anos 80, já durava mais de uma década. E, assim, metade da população de crianças angolanas já se encontrava desmembrada devido às explosões de minas colocadas pelos combatentes da Unita [União Nacional para a Independência Total de Angola], que lutavam contra os do MPLA [Movimento Popular de Libertação de Angola]. De qualquer modo, sou correspondente brasileiro e foquei minha crítica na diplomacia brasileira, usando como exemplo o apartamento do Josué Montello.

Pois esse embaixador escreveu que tinha tido informações sobre o meu apartamento, o qual, embora nele nunca tenha colocado os pés, seria do mesmo tamanho do seu. Lembro que esperei um pouco para publicar minha resposta porque era carnaval e pouca gente demonstra interesse por jornais nessa época. No artigo, dei o tamanho exato do meu apartamento, 110 m^2. E convidei o embaixador Montello para visitá-lo quando lhe fosse mais conveniente. Quem sabe poderíamos arrumar um igual para ele e sua esposa? Terminei com o seguinte argumento: pelo menos, o meu é pago com os salários do *Estado de S. Paulo* e da Jovem Pan e não com o dinheiro do pobre povo brasileiro. Só mais de dez anos depois a delegação brasileira abandonou aquele imóvel.

CAPÍTULO XXIV

Caros amigos exilados

Itobi Alves conta: "Retomei contato com Reali já na condição de exilado". O reencontro deu-se por meio de Fernando Perrone, o ex-deputado também exilado na França, onde estava fazendo uma tese de doutorado. Perrone lhe contou que Reali estava em Paris, trabalhando como correspondente de rádio. Itobi, anteriormente exilado em Cuba, relembra aqueles seus anos de exílio em Paris, entre setembro de 1972 e dezembro de 1980: "Reali sempre manteve abertas as portas do seu apartamento na rue du Ranelagh; nunca evitou o contato com os exilados, como outros que os temiam, e olha que eram uns quatrocentos exilados. Ao mesmo tempo, Reali nunca teve atividade política, atuava como jornalista. O que ele tinha era o convívio com os exilados, ajudava-os na medida em que fornecia informações, já que para ele havia canal aberto com o Brasil. Passei a ter um convívio regular, no mínimo semanal, com o casal Reali; sempre filava uma macarronada nos fins de semana, preparada pela Amélia. Na época, estava casado com uma francesa, então houve um entrosamento. Eu sempre procurava dar ao Reali alguma notícia, ou colocá-lo em contato com alguém da minha relação que pudesse ser interessante para as suas matérias. Coloquei-o em contato com companheiros meus que depois seguiram uma via parlamentar, como o Airton Soares [ex-PT], o Roberto Morena [1906-1978; deputado pelo PCB], Glauber Rocha [1939-1981; liderou o movimento Cinema Novo], este um grande amigo. Por outro lado, Reali era muito generoso, não monopolizava seus contatos: sempre chamava os exilados para alguma conversa na sua casa, ou em algum café, com algum político de renome, do MDB autêntico, da oposição. Traços fun-

damentais para ele se impor como uma das principais figuras daquele grupo na França. Por exemplo, quando Giocondo Dias [1913-1987; ex-secretário-geral do PCB] ia a Paris, Reali reunia os exilados para falar com o secretário-geral do Partido Comunista Brasileiro. Quando o Jango estava em Paris, o Reali organizava encontros com o presidente no seu hotel. Minha festa de despedida aconteceu na casa dos Reali, patrocinada pelo casal – e havia uns setenta convidados".

Reali: Houve muitas reuniões aqui em casa, é verdade. Mas às vezes aconteciam na do Itobi, hoje meu compadre – Amélia e eu somos padrinhos de sua filha Júlia.Também nos reuníamos na do Perrone, que era ligado ao Marighela. Era muito amigo nosso, o Perrone. Certa vez, nos meus tempos de Brasil, em plena ditadura militar, eu estava na sala de imprensa da Assembléia Legislativa, eis que, em tom solene, o alto-falante anuncia: "Senhores deputados, senhores jornalistas: o deputado Fernando Perrone os convida para comparecerem à sua sala às 15 horas, onde inaugurará a fotografia do Che Guevara". E depois achou que foi injustiça ter sido cassado [*risos*]. Estava pedindo! Plena ditadura! Conto essa história para dar uma idéia dos protagonistas que faziam parte do nosso grupo. E havia esse lado meio louco por parte de todos nós, também devido às circunstâncias nas quais vivíamos. Com personagens como o Perrone, o Itobi e outros, constatei como é duro viver no exílio – e até numa cidade magnífica como Paris. Qualquer exílio, provocado por ditaduras de direita ou esquerda, é difícil. Contribui para dividir famílias, para acabar com carreiras; há exilados e filhos de exilados que não se adaptam, sofrem depressões, ocorrem suicídios... Somente os insensíveis poderiam alegar que era doce o exílio em Paris – isso é uma grande mentira, uma asneira.

Felizmente, também houve momentos divertidos. Lembro da Copa do Mundo de 1974. Fomos assisti-la na casa do Itobi, para torcer contra o Brasil. Em tempos de ditadura, a seleção brasileira tinha de ser derrotada, caso contrário, o povo ficaria contente e, pelo menos por um tempo, os ditadores usariam a vitória em seu proveito. Éramos uns vinte ou trinta, e torcendo contra o Brasil. No primeiro ataque do Brasil, o Itobi levanta-se e grita: "Marca, marca, vai!" Em seguida, ergue-se do sofá o Armênio Guedes, outro do Partidão e muito amigo do João Saldanha [1917-1990; jornalista e técnico de futebol], para torcer pelo Brasil. Resumindo, ninguém agüentou, todo mundo começou a torcer pela seleção brasileira. E coitado de quem torcesse contra.

Itobi: "Na véspera daquela Copa do Mundo de 74, o Reali foi cobrir um jogo-treino da seleção brasileira em Estrasburgo. E lá fomos, um grupo, encontrar o João Saldanha e assistir ao jogo".

Reali: É isso mesmo, fomos todos para Estrasburgo. O Leônidas da Silva [1913-2004], sensacional ex-atacante da seleção na Copa do Mundo de 1938, realizada aqui na França, e depois comentarista esportivo durante duas décadas, também estava lá e era chegado ao Partidão.

Certa vez, o correspondente do *Jornal da Tarde*, Napoleão Sabóia (hoje correspondente do *Correio Braziliense*), engendrou, sem sabê-lo, outra história saborosa. Ao saber de uma reunião, telefonou para o Reali e perguntou: "Posso levar o Zé aí?" Reali, cercado de exilados, retrucou: "Claro, traz o Zé". Detalhe: Sabóia não explicou quem era o Zé.

Reali: Amelinha tinha preparado uma feijoada. Estavam presentes, entre outros, o Glauber Rocha, o Perrone, o Itobi. Mas não tínhamos chamado somente exilados. Marcou presença, por exemplo, o Clóvis Graciano, o pintor, naquele tempo, adido cultural da embaixada, trazido pelo próprio Delfim, fora dos quadros do Itamaraty.

Toca a campainha, com quem deparo? O senador José Sarney, aquele que um dia seria presidente do Brasil, em carne e osso! O "Zé" do nosso amigo Napoleão era então presidente da Arena, ou seja, líder do partido do governo durante a ditadura. Expliquei para o Sarney: "Estamos entre exilados aqui". Mas Sarney, político com tarimba, comportou-se muito bem e até parecia ser um esquerdista entre os exilados. Apertaram-no de todas as maneiras possíveis, Sarney tirou de letra. Passamos uma tarde muito agradável. Anos depois, telefona o embaixador Carlos Alberto Barbosa. "Reali, o presidente Sarney está aqui, gostaria de tomar um café com você." Respondi: "Claro, e quando for mais conveniente para ele".

Sarney veio nos visitar com o Carlos Alberto, este perplexo porque não entendia o desejo do ex-presidente (ele havia deixado a presidência fazia pouco tempo) de querer me visitar. Em casa, Sarney disse: "Nunca esqueci daquela feijoada. Portanto, quis fazer uma visitinha a vocês para agradecer por aquela recepção".

Sarney é muito educado, aberto e conciliador. Nunca dei muita colher de chá para ele durante a sua presidência. Escrevi vários artigos sobre aqueles exageros de suas viagens ao exterior. Na viagem de 1989, quando das festividades do bicentenário da Revolução Francesa, ele veio com uma comitiva enorme: o sul e o nordeste baixaram em Paris.

Gosto do Sarney como pessoa – embora não aprecie o político. Conheço-o há muitos anos. Creio que ele nem sabe, mas nos encontramos pela primeira vez quando foi candidato a governador pelo Maranhão, na segunda metade dos anos 60. Fui a São Luís levado pelo deputado Arnaldo Cerdeira, líder ademarista encarregado de transmitir o apoio do governador de São Paulo na convenção do Partido Social Progressista [PSP] ao Sarney. O futuro presidente era então deputado "Bossa Nova", ou seja, da ala jovem e mais à esquerda da UDN. Imagine só que tipo de esquerda era aquela! [*gargalhada.*]

Anos depois, o Sarney participava dos programas televisivos *Território Livre* e *Pinga-fogo*. Vinha a São Paulo e, como sempre, jantávamos no Gigetto.

Em seguida, ele dava uma esticada no Som de Cristal, clube de danças na Rego Freitas.

Sarney à parte, a maioria das pessoas que vinha às nossas reuniões era de esquerda. O plano para fazermos o primeiro teste na imprensa brasileira com o Luís Carlos Prestes, secretário-geral do Partido Comunista Brasileiro, foi arquitetado pelos exilados brasileiros. Armênio Guedes, Luiz Hildebrando Pereira da Silva e eu, entre outros, resolvemos publicar um artigo no *Estado* e fazer uma transmissão para a Jovem Pan usando as fitas de uma entrevista feita pela Radio France International [RFI] com o Prestes, nas quais ele relatava a Coluna Prestes.[70] Isso ainda nas vésperas da Abertura.

---

70. Coluna Prestes: no final de 1924, Luís Carlos Prestes e sua coluna revolucionária, adepta a movimentos guerrilheiros, saíram Brasil afora, percorrendo 13 estados, para buscar adesão popular ao movimento favorável ao voto secreto, e a punição dos políticos corruptos da oligarquia; fixaram-se, finalmente, na Bolívia, no início de 1927; diversos adversários a combateram: o exército, milícias, e até cangaceiros, como, por exemplo, Lampião, comandados pelos "coronéis" do sertão; a esperança da Coluna Prestes era um novo movimento no Rio Grande do Sul, o qual não ocorreu; Prestes e seus homens, por conseguinte, entregaram suas armas em troca de proteção do governo boliviano.

Aliás, o médico e professor da USP Luiz Hildebrando, do Partido Comunista, foi um inesquecível personagem do exílio brasileiro. Cassado em 1964, sob Castello Branco, voltou ao Brasil quando pôde. Teve seus direitos políticos suspensos novamente, em 1969. Ou seja, foi vítima das duas levas de cassados que vieram a Paris. Retornou ao Brasil na Abertura, mudou-se para Rondônia, onde montou um laboratório de pesquisa contra a malária.

Enfim, nosso objetivo, com as fitas contendo a entrevista sobre a Coluna Prestes, era verificar se a censura deixaria o *Estado* publicá-la. Na Jovem Pan não haveria problema, porque eu acharia uma maneira de inserir a entrevista num comentário. Tenho as fitas até hoje, são cinco gravações. Sabe quem veio trazê-las aqui? Alguém, na época, do PCB: Aloyzio Nunes Ferreira Filho. Após ter-se desligado do Partidão – antes tinha sido da ALN, do Marighela –, ele teve uma trajetória atípica. Ligou-se aos ex-governadores Orestes Quércia [governador de 1987 a 1991], depois ao Luiz Antônio Fleury Filho [de 1991 a 1995], foi ministro do Fernando Henrique Cardoso, em seguida aproximou-se do prefeito de São Paulo, José Serra, do qual se tornou chefe de Gabinete. Hoje é chefe da Casa Civil do governador Serra. De qualquer forma, o *Estado* publicou uma página sobre a Coluna Prestes. A reação no Brasil foi boa, visto que era a primeira vez que a imprensa publicava algo sobre a Coluna Prestes obtido da boca do próprio Prestes, e ele no exílio.

A primeira entrevista coletiva para valer do Prestes, logo no início da Abertura, foi concedida aos jornalistas brasileiros num restaurante na Place de La République, o Chez Jenny, onde se encontra até hoje. Dessa entrevista participaram, entre outros, o Natali, Any Bourrier, Rosa Freire d'Aguiar e o Roberto D'Ávila. Creio que foi o Natali quem perguntou ao Prestes se ele aceitava ser presidente de honra do PCB. Prestes respondeu: "Um revolucionário não aceita ser presidente de honra de coisa nenhuma! Um revolucionário vai até o fim da luta!"

Naquele almoço, respondendo a uma pergunta, Prestes, num lapso de memória, referiu-se "ao nosso homem em São Paulo, o Gutmann". Como ninguém conseguisse indentificá-lo, um dos membros do partido, não me lembro se o Aloysio Nunes Ferreira Filho ou o Luiz Hidelbrando, indagou: "Por acaso, senador, o senhor não estaria se referindo ao Alberto Goldman?" "Isso mesmo, é o Goldman", retrucou Prestes. Goldman era um dos principais membros do PC na frente partidária do PMDB. Em 2007, Goldman tornou-se vice-governador de São Paulo na chapa de José Serra.

Fiz minha costumeira transmissão para a Jovem Pan e enviei a entrevista ao *Estado*, que a publicou na íntegra. Mas fizeram também um editorial no *Estado*, "Chez Jenny", acabando, é claro, com o Prestes. Pouco tempo depois do meu artigo e do editorial, estive novamente em Moscou. Telefonei de manhã para a casa do Prestes, respondeu a dona Maria, sua mulher. Apresentei-me, expliquei que estava em Moscou e que seu marido talvez se lembrasse de mim da época em que passou por Paris. Acrescentei que gostaria muito, se possível, de conversar com ele. À tarde, Prestes me ligou. "Você vem a tantas horas, vou falar para meu filho, Luís Carlos, ir te buscar no hotel."

"O camarada Prestes o aguarda", me disse, num tom oficial, no lobby do hotel, o Luís Carlos. Ao me receber, Prestes indagou:

"Você ainda trabalha naquele jornal?"

"Trabalho."

"Pois é, não gostei nada daquele editorial."

"Senador, o senhor esperava que eles fizessem um editorial elogiando-o?"

"Quero saber o seguinte: o artigo não saiu?"

"Saiu."

"Tem algum reparo a ser feito?"

"Não, a matéria está perfeita."

"Pois é, agora, editorial é outra coisa."

Na verdade, o Prestes estava habituado às críticas, como esse editorial do *Estado*. Não era de minha autoria e, além disso, tínhamos um bom relacionamento. Era um homem interessante e curioso. Estava ávido de notícias do Brasil.

Também me entendia muito bem com Miguel Arraes e dona Maria Madalena Arraes de Alencar, sua segunda mulher, com quem teve dois dos seus dez filhos.Violeta, irmã do Miguel Arraes, era uma verdadeira instituição em Paris. Associada a uma linha mais católica da oposição no Brasil, ela havia sido secretária do irmão e mantinha grande influência sobre o pessoal próximo dele. De fato, muita gente tinha de passar por ela para chegar ao Arraes.

Contudo, Arraes era bastante acessível, embora fosse fechado. Falava meio para dentro. Mas quando tinha uma boa relação com as pessoas era falador, simpático. Manteve, no seu exílio em Paris, uma livraria brasileira, a L'Harmattan, na rue des Écoles.

Comprou-a do Mário Soares, que, quando a Revolução dos Cravos eclodiu em 1974, fez as malas e voltou a Portugal. Até o Celso Furtado teve uma pequena participação na L'Harmattan, ainda hoje no Quartier Latin, bairro central de Paris. Um dos sócios de Arraes, que foi quem dirigiu a livraria, respondia por José Maria Rabelo, ex-diretor da revista marxista de Belo Horizonte, *O Binômio*.

Zé Maria tornou-se um dos primeiros exilados brasileiros, ainda antes do Golpe de 1964. Isso porque em 1963, já naquela fase de conspiração contra o Jango, o Zé Maria teve uma discussão com um general e lhe desferiu um murro na cara. O general ficou louco da vida, não somente empastelou o *Binômio*, mas também perseguiu o Zé Maria.

O objetivo do Arraes ao ter uma livraria era evidentemente político e não comercial. Ele queria criar um ponto de encontro, de debate sobre o Brasil. Vendiam livros em francês, português e espanhol. Mas, se não me falha a memória, a vasta maioria dos livros era em língua portuguesa. Depois, Arraes vendeu a livraria, que enfrentava dificuldades financeiras.

Como você tratou da morte do Arraes?

Reali: Após saber de sua morte na minha primeira entrada na Jovem Pan, às 6h30, sentei diante do computador e redigi meu texto. Falei do Arraes que conheci em Paris, do seu exílio. Em suma, falei do que sabia, de primeira mão. Contei que Miguel Arraes veio a Paris via Argélia, onde passou parte do exílio e de lá manteve relações comerciais com o Brasil. Teve de trabalhar para sustentar dez filhos.

Lembrei do Arraes político, que tinha sido o principal acionista da livraria brasileira fundada aqui em Paris. Falei, por exemplo, dos encontros e entrevistas que tive com Arraes, das conversas a que assisti dele com o Celso Furtado. Essa era a minha parte, como repórter. Não poderia falar do enterro dele, o que o Arraes representou no Brasil. Isso teria saído do meu contexto. Esses detalhes, igualmente importantes, foram ditos pelos meus colegas, em solo brasileiro. Enfim, falei do político, de sua luta, de seus rivais, de suas ambições, mas também de seus erros.

CAPÍTULO XXV

À sombra do SNI

Reali: Quando chegamos a Paris, em 1972, era época de eleições legislativas, e os partidos estavam em plena campanha eleitoral. Entusiasmei-me presenciando manifestações de movimentos sindicais e partidos de esquerda nas ruas. Cobria tudo munido de meu gravador, naquela época ainda enorme. Para mim, que vinha de uma ditadura militar, aquilo era incrível. Havia policiais, mas o clima por parte das forças de segurança não era ofensivo.

Lembro-me de um comício do Partido Comunista Francês num galpão apinhado, na porta de Versalhes. Georges Marchais, então secretário-geral do PCF, discursava, no auge de sua carreira, para a multidão. Havia bandeiras vermelhas para todos os lados, senti a força do PCF, então com cerca de 15% do eleitorado. Percentual que representava uma fatia enorme dos votos, considerando que Chirac passou para o segundo turno da última eleição presidencial, em 2002, com 19% dos votos. Hoje, o PCF não consegue mais de 5% do eleitorado, e sua imprensa, representada pelo *L'Humanité*, encontra-se em pleno declínio.

Mas no início dos anos 70 a força do PCF me impressionava. Estava no galpão, na porta de Versalhes, com meu gravador, e de repente comecei a sentir-me intimidado. Pensava: "Haverá alguns agentes da polícia brasileira observando quem são os brasileiros presentes nesta manifestação?" Pela primeira vez, dei-me conta de como eu tinha sido fortemente influenciado pela ditadura brasileira. Por que deveria ficar desconfiado, impregnado por aquela paranóia, e numa democracia?

Pouco tempo depois, alguém me disse: "Você é louco de receber exilados na sua casa. Isso acabará mal, a França está repleta de agentes do

SNI que trabalhavam para a ditadura". E, de fato, havia agentes do SNI infiltrados na embaixada, mas principalmente no consulado. Isso porque é ao consulado que os brasileiros se dirigem para obter documentos, passaporte, etc. Havia casos de diplomatas que trabalhavam para o SNI, e muito pouco para o Itamaraty. E sabíamos que havia certa colaboração da polícia francesa com o consulado e a embaixada do Brasil. Essa relação certamente era bem-vinda aos agentes do SNI. Ocorriam cenas suspeitas.

Por exemplo: a polícia francesa tentou aliciar correspondentes brasileiros. Um jornalista que conheço não aceitou, era homem correto. Quando se registrou no Ministério do Exterior, teve também de conversar com agentes do Ministério do Interior. Durante essa fase obrigatória, um oficial lhe disse: "Caso o senhor obtenha alguma informação, poderia passá-la para nós?" Ocorreram excessos aqui na França, em nível policial: havia elos da polícia brasileira com a francesa. E, é preciso salientar, o governo francês não abria mão da coleta de informações por parte de seus serviços especiais. Ao mesmo tempo, não existia uma orientação do governo francês no sentido da perseguição aos jornalistas e exilados.

Dou um exemplo de como na França havia uma liberdade muito maior do que no Brasil. Na viagem do presidente Figueiredo a Paris, seu gabinete tentou negociar com o Quai d'Orsay o credenciamento de jornalistas brasileiros que se encontravam no exterior, inclusive o meu. O diplomata francês foi claro: disse que se o jornalista estivesse devidamente credenciado junto ao Quai d'Orsay, não teria necessidade de nenhuma outra forma de credenciamento para cobrir a visita do presidente brasileiro.

Ironicamente, agora esse jogo duplo está acontecendo entre os próprios franceses. O governo conservador de Dominique de Villepin se mostrou aberto e humano, mas a polícia nem sempre correspondeu. Sempre desconfiei muito do Nicolas Sarkozy, no seu cargo de ministro do Interior e candidato à Presidência. Para angariar votos, Sarkozy pretendeu passar uma imagem de durão, amigão da polícia, a mesma que em dezembro de 2005 tratou os insurgentes dos subúrbios das grandes cidades espalhadas pelo país como criminosos. Não estou defendendo os métodos violentos utilizados por esses insurgentes, a maioria filhos e netos de imigrantes, nem a maneira como Sarkozy e sua polícia lidaram com eles. Sarkozy, filho de imigrante húngaro, chamou-os em público de "escória". Agiu de tal modo porque estava pensando no voto da extrema direita. Depois, já candidato à presidência, procurou deslocar seu discurso político mais para o centro.

Voltando aos anos 70, rumores oriundos do Brasil não faltavam. Falava-se, por exemplo, da vinda do delegado Fleury a Paris, mas, para mim, estava claro que ele não viria. Fleury não era voltado para questões, ou pelo menos viagens internacionais. Tinha elos mais próximos com os americanos, não com os franceses. Talvez ele tenha tido contato direto com informantes baseados na França, mas estou especulando. Portanto, a paranóia que se instalou em mim tinha certo fundamento. Havia, mesmo na França, onde, em tese, eu deveria sentir-me livre da ditadura brasileira, um jogo duplo. No entanto, logo me desvencilhei dessa apreensão, tal o nível de liberdade na França.

Mas, Reali, algum suposto exilado que vinha te visitar poderia passar informação sobre você. Vimos, por exemplo, que alguns dos comunistas roxos da época são bastante voláteis no sentido ideológico.

Reali: Eu não recebia qualquer pessoa em casa. E vários exilados eram de alta confiança minha, não trariam pessoas duvidosas. Por outro lado, é evidente que um amigo de um amigo que visitava minha casa poderia ser informante e, portanto, eu corria esse risco. Mas, veja, fiz minha carreira, estou falando com você. A verdade é que eu curtia minhas amizades com os exilados, alguns deles amigos de infância, como o Itobi. Fiquei muito amigo do Perrone, do frei Oswaldo Rezende, dominicano e professor de filosofia em Belo Horizonte, que era contato na França do Marighela e hoje ainda é muito amigo meu e da minha família. Frei Oswaldo teve uma vida atribulada, mas hoje é uma das grandes figuras entre os dominicanos no Brasil. Ele não somente desempenhou um papel importante no trânsito dos exilados brasileiros na Europa, mas também no próprio drama final do Frei Tito [Tito de Alencar Lima; 1945-1974], o dominicano mais torturado pelo delegado Fleury.

Eu também aproveitava bastante, em termos jornalísticos, os comícios e manifestações que cobria. Fazia comentários principalmente na Jovem Pan, visto que rádio é um meio de comunicação mais espontâneo que jornal, falando sobre a liberdade dos partidos, movimentos de esquerda e sindicais. Era uma forma de transmitir a notícia de modo objetivo, mas com certa dose de sutileza. Na verdade, eu tentava passar uma mensagem de luta contra a ditadura brasileira. E também sempre ressaltei que os governos franceses ajudaram muitos exilados brasileiros.

Quando Tancredo Neves [1910-1985][71] foi nomeado pelo Colégio Eleitoral presidente do Brasil, em janeiro de 1985, houve uma festa na Maison de l'Amérique Latine, no Boulevard Saint-Germain. Tratou-se de uma reunião de agradecimento aos franceses de várias tendências e horizontes, que participaram da acolhida dos exilados brasileiros em Paris nesses vinte anos de ditadura. E não foi só o governo socialista que abriu os braços para os brasileiros. Isso ocorreu desde De Gaulle.

Ainda para comemorar a vitória do Tancredo, nesta casa deu-se uma reunião de comemoração – da qual participaram o Fernando Henrique Cardoso, a Violeta Arraes, Rosa e Celso Furtado, entre outros. Na Maison da América Latina compareceram Danielle Mitterrand, mulher do presidente francês, Jack Lang, o ministro da Cultura, e ministros de governos franceses anteriores. A festa provocou um enorme tráfego em Saint-Germain, diante da Maison.

Hoje, com o recuo do tempo – e não percebi isso na época –, vê-se que a Abertura também não foi uma boa solução. Foi uma solução à brasileira, tanto é que o Sarney, ex-homem da Arena, virou vice-presidente do Tancredo, e quando este morreu sem governar, tornou-se presidente da República.

O Brasil mostrou, mais uma vez, que não acerta contas com seu passado. E todo país precisa ter esse acerto de contas. Na Argentina, os generais estão na cadeia, banidos. No Chile, a perseguição do ditador Augusto Pinochet [1915-2006], iniciada em Londres, prosseguiu até sua morte. Essa foi uma forma de lidar com as atrocidades cometidas durante a sua ditadura. Talvez não seja o acerto de contas que muitos gostariam de ver implementado, mas não deixou de ser um acerto. Pinochet morreu na cama, sem ser julgado, como a maioria dos ditadores.

---

71. Tancredo de Almeida Neves: São João del Rei, MG, 1910 – São Paulo, SP, 1985; morreu antes de assumir o cargo de presidente, e seu vice José Sarney assumiu-o; elegeu-se governador de Minas Gerais, em 1982; presidente do PMDB; um dos fundadores do Partido Popular, em 1979, o qual três anos mais tarde diluiu-se no PMDB; primeiro-ministro de João Goulart, mas renunciou em 1962; foi senador e deputado federal; de 1956 a 1961 foi presidente do BNDES; ministro da Justica a partir de 1953 de Getúlio Vargas.

A ditadura brasileira cometeu barbaridades e ninguém pagou por isso. Muita gente participou ou sofreu diretamente sob tortura, caso do jornalista Vlado Herzog [1937-1975], que pagou com a vida. Torturadores que mataram e esquartejaram seres humanos, por terem idéias diferentes das suas, deveriam estar livres? Não posso concordar com isso, nem com o exílio de tantos brasileiros, alguns torturados antes de deixar o país. Acho importante voltar a enfatizar o seguinte: a fase do regime militar continua sendo mal contada, o Brasil não enfrenta seu passado e por isso vai ter dificuldade em estabelecer a própria identidade nacional. Mesmo a França, que também agiu assim em relação à Argélia e Indochina, já está mudando de posição. As novas gerações brasileiras precisam conhecer seu verdadeiro passado.

Amélia adentra a sala e responde a uma pergunta do marido sobre as recordações que ela registrou por escrito acerca das relações do casal com os exilados brasileiros.

Amélia: Numa reunião, eu estava fazendo feijoada, lavando louça ao mesmo tempo, e o Júnior entrando e saindo da cozinha: pegava cervejas na geladeira e as levava para a turma na sala, que debatia os direitos do homem, ou, para ser mais explícita, a exploração do homem pelo homem. E eu estava num prego daqueles.

Amélia desaparece corredor afora, por alguns instantes. Volta com um manuscrito e começa a ler:

Paris, março de 1978. A torneira escorria em cima dos pratos e a espuma detergente crescia, transbordava, espalhando na pia casquinhas de tomate e amarelo de ovo. Com um prato atrás do outro, eu seguia naquele trabalho automático e metódico, na calma da cozinha e na frente da janela.

Lá fora escorria a chuva em parceria com a torneira, e o barulhinho da água me abobalhava e distraía como num acalanto de berço.

Entre o acalanto, os pratos e os pingos, o pensamento rodopiou e entrelaçou: em Paris, brotava a primavera, um vento mais quente soprava as folhas novas que nasciam: no Brasil, desabrochava a Anistia, adubada por movimentos que insuflavam uma nova paisagem no país.

Na cozinha, a água rolava e a espuma subia. Da sala eu ouvia o burburinho:

... "Direitos humanos"... e eu, ensaboada, aplaudia.

... "Dignidade"... e eu apressava a arrumação.

... "Distensão"... e eu desentupia a pia.

... "Injustiça, desigualdade"... Eu ali, ainda ali, enxagüando os copos. De cerveja.

... "Exploração do homem pelo homem"... Eu empilhava os pratos, agora com uma dose de ironia: "Não sei se lavo ou se anoto a ideologia".

E a espuma subindo, o pensamento correndo e catando nos cantos da memória antigas recordações que a conversa da sala levava pra a cozinha: minha amiga presa, grávida e surrada, um amigo desaparecido, meu pai cassado, com seus direitos políticos suspensos.

Fechei rápido a torneira.

Corri para a sala, aderi ao "papo" justo e promissor. Tão logo me sentei, um café foi proposto para amaciar a garganta dos fumantes interlocutores.

O "bandeirante" [o bandeirante é ele, diz Amélia apontando para Reali] se apressa no encargo da tarefa, recebendo aplausos... "Maravilha! É você que vai fazer o cafezinho, bicho?"... e eu, afagos e congratulações... "Que maridão, hein, moça?"

Com cara de pasmo, fiquei ali, herege e ingrata, com o dever de agradecer a Deus e à sorte a felicidade por tão grande colaboração.

Invertendo valores e a situação, continuei na sala, dessa vez a escutar o discurso da cozinha. É. Foram todos para lá, revoada de machos, primavera à vista, na direção sul da casa, onde preparavam o café, como sacerdotes consagrando o vinho do Santíssimo.

Recostei no sofá, olhei o teto, relaxei do cansaço.

Perdida em divagações, embora atenta ao que se dizia lá ao redor do fogão, lembro-me que não foi pequeno o susto que levei. Entre palavras esparsas, captei uma frase dirigida ao "bandeirante": "Pô, rapaz, como é prático o TEU avental".

Se eu não estivesse sentada, certamente teria caído. Aquele pano era protetor da minha barriga e... o que era aquilo, agora? Eu não entendia mais nada.

Na sala ainda soava o cântico dos "Direitos humanos"... da "Igualdade"... da "Justiça"... da "Exploração do homem..."

Jogando pelos ares a minha dignidade, ou melhor, agarrando-me a ela, mudei o comportamento e a linguagem, dando um berro que desencantou a magia do momento: "ESSES JUSTICEIROS..."

Depois de um segundo de silêncio seguido de gargalhadas, minha cabeça confusa recebeu uma profusão de cafunés paternalistas.

E o "cântico dos cânticos" continuava e me levava para a desapontada conclusão: liberdade, justiça e igualdade eram privilégios do ar livre, das ruas, nas grandes manifestações que saem das portas das casas, mas nunca para dentro delas.

Desarticulada, hasteei meu pano do gancho. Afinal, cada um tem a bandeira que merece. Ou a que escolhe. Ou aquela que, sutilmente, lhe é imposta.

CAPÍTULO XXVI

Yellow cake

Reali: Acredito que certas amizades transcendem inclinações ideológicas. No meu caso, posso dar o exemplo de minha amizade com alguém que não se opôs ao regime militar, muito pelo contrário – o Alexandre Von Baumgarten [1930-1982]. Conheci-o em Itanhaém, ainda menino, ele um pouco mais velho que eu. Em São Paulo, Alexandre fez CPOR na Aeronáutica. Cursamos, juntos, a Escola Superior de Propaganda e Marketing, casamos e tivemos filhos na mesma época. Ele perdeu um filho que teve com a primeira mulher, Meire, o Alexandre Jr., e depois teria um segundo Alexandre, com a segunda mulher, Zuleika. Nossas famílias eram próximas, saíamos para jantar juntos.

Foi o Alexandre quem me apresentou ao publicitário Alex Periscinoto, então diretor de propaganda da loja de departamentos Mappin e, posteriormente, um dos maiores publicitários do Brasil. E assim obtive meu primeiro emprego na área de publicidade, como assistente do Periscinoto.

Alexandre estava na equipe que fez a campanha do Adhemar de Barros, quando foi eleito governador de São Paulo pela segunda vez, em 1962. Tornou-se, embora por pouco tempo e antes da posse de Adhemar, um de seus assessores de imprensa. E com o Golpe de 1964, Alexandre aproximou-se dos militares; o fato de ter feito CPOR o ajudou. No quesito jornalismo, ele tentou reerguer a revista O *Cruzeiro*, graças a uma ajuda financeira da ditadura militar. Seu objetivo era promover uma candidatura militar na disputa que se generalizou nos quartéis.

Em resumo, jamais tivemos opiniões políticas semelhantes – mas isso não afetou nossa amizade. O tempo passou, Alexandre vinha a Paris, onde jantávamos juntos com assiduidade, mas falávamos superficialmente de política. No entanto, às vezes ele deixava escapar algo sobre suas amizades com o poder e particularmente com o general Newton Cruz, então chefe da Agência Central do SNI. Pelo menos nas nossas conversas, Alexandre chamava-o de Nini. No começo do processo da Abertura, Alexandre dizia: "Vou telefonar para o Nini e ter uma conversa séria com ele".

Quando eu ia ao Rio de Janeiro, sempre procurava o Alexandre. Numa das minhas idas, lhe telefonei, disse que ficaria dois dias e daria tempo somente para tomarmos um café, porque minha agenda estava repleta de encontros de trabalho. Sugeriu-me que eu fizesse uma reserva num hotel que ficava no Leme. Numa bela manhã, o Giocondo Dias, secretário-geral do PCB e sucessor do Prestes, vinha tomar café comigo. Antes de eu descer, toca o telefone. Alexandre queria tomar café-da-manhã, poderíamos nos encontrar no restaurante, sugeriu. Expliquei que estava esperando um amigo. "Deve ser um comunista", disse, em tom de brincadeira. Soltei uma risada. Alexandre indagou: "Posso ouvir essa conversa?"

Recebi Giocondo sozinho no lobby e indaguei-o se não se incomodaria de o Alexandre tomar café-da-manhã conosco. Giocondo retrucou: "Claro que não". Conversa vai, conversa vem, começamos a falar da Abertura. Cada vez que eu abria a boca, Alexandre intervinha: "Você não sabe nada, não é nada disso". Giocondo fazia um comentário e Alexandre dizia: "Ele que está certo". Achando graça, eu só ouvia. Afinal, o desinformado era eu, pelo fato de morar em Paris.

Na calçada do hotel, Giocondo já estava longe, lembro-me como se fosse hoje, acenando para nós, a mão acima da sua cabeça, sorriso nos lábios, desaparecendo pela avenida Nossa Senhora de Copacabana. Alexandre indaga:

"Quem é esse senhor simpático?"

"O Dias."

"O Dias? O comunista?"

"Te preveni que ia tomar café-da-manhã com o Dias e evidentemente você não escutou bem."

E o Alexandre, sorriso nos lábios, mas visivelmente contente de ter conhecido o secretário-geral do PCB:

"Ele é inteligente, mas você é louco. Quer me comprometer com essas amizades?"

Aqui em Paris éramos *habitués* de um tradicional restaurante russo chamado Dominique. Quando Alexandre vinha, invariavelmente reservávamos uma mesa lá. E marcavam presença Itobi e Perrone, entre outros exilados. Como era de origem russa, Alexandre pedia os pratos em língua russa e depois sempre brincava: "Vocês são todos comunistas e não falam russo. E eu, que não sou comunista, falo". Na verdade, Itobi, Perrone e eu não éramos comunistas, mas nos opúnhamos ao regime militar.

Numa das vindas do Alexandre a Paris, minha filha caçula, como Amélia e eu já contamos, teve um acidente. Num jantar, ele me perguntou se eu tinha seguro de saúde, mas expliquei que aqui não era preciso porque os hospitais são públicos. Não lhe disso isso, mas logicamente, numa situação dessas, é bom você ter um dinheiro a mais para cobrir eventuais despesas.

No dia seguinte fui comprar os jornais trajando o mesmo paletó da noite anterior, e na hora de pagar coloco a mão no bolso e saco 1.000 dólares. Fiquei perplexo. Logo entendi que o Alexandre havia sorrateiramente enfiado o dinheiro no meu bolso para ajudar nos gastos com minha filha. Naquela época, 1.000 dólares eram bastante dinheiro. Telefonei para o Georges V, o hotel de luxo em que Alexandre se hospedava. Ele tinha ido embora naquela manhã, me informaram. Eu sabia, porém, que ele pretendia ficar em Paris mais uma ou duas noites e, portanto, o dinheiro que pôs no meu bolso seria para pagar o hotel. Em suma, antecipou seu retorno ao Brasil para ajudar um amigo.

Telefonei para seu apartamento no Rio. "Estava na hora de ir embora", afirmou. Eu lhe disse que não deveria ter feito isso e que queria devolver-lhe o dinheiro. "A gente toma um vinho depois e você paga."

Algum tempo depois, Alexandre me ligou do Brasil para saber se poderia passar uns meses no meu estúdio, na Bastilha. Não ouvi isso do Alexandre, mas eu tinha sido informado de que ele estava sendo ameaçado. Em meados de outubro de 1982, ele saiu de barco para pescar, como fazia uma vez por semana, na baía de Guanabara. Estavam com ele Jeanette, sua terceira mulher, e o barqueiro. O corpo do Alexandre, com duas balas na cabeça e uma na barriga, apareceu duas semanas depois na praia da Macumba, no Rio. E logo encontraram também um corpo mal enterrado, em Petrópolis, que passaram a chamar de "a loira de Petrópolis". Descobriram que Jeanette tinha um dos pés com os dedos grudados, como era o caso da "loira de Petrópolis", e assim identificaram o corpo. Quanto ao barqueiro, seu corpo também foi encontrado, mas posteriormente.

Enfim, tratou-se de uma queima de arquivo. Já tinham tentado matá-lo num ponto de ônibus, no Rio, com uma seringa envenenada. Alexandre conhecia esse método usado pelos serviços operacionais do SNI e, quando lhe enfiaram a agulha no ombro, ele desviou-a imediatamente, de modo que não injetaram veneno suficiente para matar. Tomou um táxi e foi ao hospital da Aeronáutica. Pelo fato de ter feito CPOR lá, foi tratado com urgência e dedicação necessárias.

Por essas e certamente outras histórias, Alexandre me pediu o estúdio emprestado. Após sua morte, descobriram em sua casa dois passaportes falsos. Isso nos leva a concluir que sua fuga era iminente. Ao saber da morte do Alexandre, arrumei carona no primeiro avião Airbus da VASP que decolou de Toulouse. Em São Paulo, fui à casa das duas filhas de seu primeiro casamento, na rua Piauí, ao lado da praça Buenos Aires, em Higienópolis. Patrícia, a mais velha, e Fernanda estavam muito preocupadas. Vinham sendo pressionadas por agentes do SNI para prestar um depoimento que os isentasse de qualquer responsabilidade nos assassinatos.

Logo após ter falado com as filhas do Alexandre, telefonei para o José Carlos Dias, advogado muito amigo meu. "Vamos dar um jeito, Reali, mas não poderei ser o advogado das meninas porque hoje fui nomeado secretário da Justiça do Montoro [que acabava de ser eleito governador de São Paulo]." Fui à casa dele com as duas jovens. Zé Carlos tinha organizado uma pequena reunião para comemorar sua nova função, e um de seus convidados, um jovem advogado chamado Arnaldo Malheiros Filho, nos foi apresentado. Hoje é um dos grandes advogados criminalistas do Brasil.

Nesse meio tempo, as jovens me deram uns documentos do pai que conseguiram recuperar. Deparei com um manuscrito de 120 páginas, *Yellow cake*, nome que se dá ao urânio enriquecido pronto para o processo nuclear. Tinha sido datilografado, havia rasuras e correções feitas com a letra do Alexandre, que o apresentava como um romance, mas certamente havia um fundo de verdade no texto, visto que alguns personagens são fictícios e outros reais. Resumindo o enredo, o governador Maluf e seu secretário de Indústria, Comércio e Tecnologia, Oswaldo Palma, estavam envolvidos em uma exportação de urânio enriquecido para o Iraque, via Alemanha.

Alexandre é o "coronel Neiva", o herói do livro que descobre a trama por meio de uma namorada, filha de um secretário do governo de São Paulo. O coronel chama Maluf de corrupto, enfrenta qualquer parada. Valentão, ele não dá ouvidos a Newton Cruz, que lhe diz para calar-se e explicar como soube da história do urânio. A partir de então, "Neiva passa a ser perseguido pelo SNI". O livro nunca pôde ser concluído.

Assim como a *Veja* e outros jornalistas, fiz matérias publicadas pelo *Estado* e comentários na Jovem Pan sobre a morte do Alexandre, e gostaria de ter publicado o manuscrito. Entretanto, não podia, porque, se por um lado ele denunciava pessoas reais, por outro apresentava seu trabalho como um romance. Mas, claro, o manuscrito poderia ter servido de base para alguma investigação mais aprofundada. No entanto, eram tempos de Abertura, outros assuntos considerados mais prementes pela mídia vieram à tona. O dossiê contendo ameaças à vida de Alexandre teve cópia entregue ao general Figueiredo, ainda presidente da República, mas nada foi feito pelo então chefe de estado.

CAPÍTULO XXVII

Quedas-de-braço com poderosos

Reali: Brasileiros que me procuram aqui o fazem por amizade, outros por amizade e profissionalismo, e outros somente por profissionalismo. Sendo correspondente do *Estado* e da Jovem Pan, sempre tive de lidar com isso. Conheço, mais ou menos, o perfil da pessoa. Estou ciente da sua motivação, ou motivações, ao ter contato comigo: pode ser somente por necessidade de aparecer. Às vezes, o cara tem interesse pelo noticiário na Jovem Pan, não no *Estado*; ou vice-versa. Por vezes, quer até aparecer nos dois meios de comunicação. Se aquilo que me contar for notícia, ela será dada. Sempre digo para as pessoas: não dou a notícia, as envio. Não tenho poderes de edição, funções do editor e do colunista.

O que acontece é o seguinte: as relações de força mudam um pouco quando você está no exterior, representando uma rádio, um jornal. Em resumo, teu poder aumenta. Aqui, um ministro brasileiro te procura ou te recebe – e talvez, no Brasil, esse ministro, empresário ou esportista nem sequer te concederia uma entrevista. Dito de outra forma, aqui, em Paris, ele tem mais necessidade de você, para transmitir uma informação, do que no Brasil: e você, correspondente, pode ser seu instrumento. Quem ler isso pode até dizer: "Ah, esses caras são metidos, estão lá na Europa, julgam-se mais importantes do que a gente no Brasil". Não, não é isso, absolutamente. É uma relação de forças que muda entre o repórter e o entrevistado.

Gradualmente, as pessoas acabam te conhecendo, e cabe a você administrar a relação. Por exemplo, como lidar com esta ou aquela fonte? Você não pode explorar uma fonte a ponto de esgotá-la. Tem de ser um trabalho executado de forma equilibrada, para ter a fonte sempre funcionando a seu favor. É nesses casos que viramos, como se diz, o quarto poder. No entanto, e é preciso que o correspondente tenha em mente, esse poder é efêmero, pois basta ele não ter mais a tribuna e tudo desaparece com rapidez.

Às vezes, leio em certos manuais de redação, divertidíssimos porque não têm nada a ver com a realidade – e parecem escritos por extraterrestres –, que o repórter tem de pôr na matéria tudo aquilo que ouve. Deus me livre! Se eu fizesse isso, não teria publicado metade dos meus artigos por falta de fontes. Você tem de administrar tuas fontes e, ao mesmo tempo, não pode mentir para o leitor. Quem lê seus artigos, ou ouve suas reportagens e comentários no rádio, merece o máximo de informações, mas muitas vezes é preciso preservar as fontes, garantindo matérias futuras.

Você me dirá: "Ah, então há um choque entre o que você sabe e o que você divulga". Diria que não é um choque: você tem de avaliar o que deve ou não ser divulgado. Eis a questão: vale a pena perder uma fonte, divulgando algo que ela disse numa conversa, não numa entrevista, ou seria melhor sacrificar uma pequena informação ao leitor, a qual, eventualmente, você pode trabalhar e revelar de outra maneira? Portanto, para os repórteres que põem tudo no papel, digo: não façam isso, vocês darão uma informação e perderão sua fonte – e a possibilidade de investigar uma história que poderá render diversas matérias mais importantes.

Veja, por exemplo, como se comportou mal a mídia no Brasil no caso da crise de corrupção do Partido dos Trabalhadores. Jornais, emissoras de rádio e televisão competiram para ver quem dava mais notícias, às vezes fornecendo informações de fontes sem provas sobre esse ou aquele caso de corrupção. Naquele contexto de acirradas disputas, muitos repórteres queimaram fontes pelo caminho, e não precisavam! Muitas vezes, poderiam ter dado o mesmo tipo de informação e, ao mesmo tempo, ter preservado a fonte. E, repito, essa fonte, preciosa, poderia estar passando informações para o repórter até hoje, ajudando-o a chegar à informação verdadeira, muitas vezes escamoteada.

No caso do PT, os indícios mostravam claramente que ocorreram falcatruas, mas ninguém apurou nada de concreto, a tal ponto que vários políticos envolvidos no escândalo estão voltando à cena. E por quê? Fontes, que poderiam contar pormenores sobre os casos de corrupção, foram queimadas pelos próprios jornalistas, agora impossibilitados de consultá-las novamente para chegar à verdade.

Mas, apesar de você ter poder como jornalista, algumas fontes ou políticos mudam da noite para o dia quando ganham fama. Costumo dizer o seguinte: a pessoa muda de galáxia. Fica diferente, dona da verdade. Leva-se a sério demais, acha que o mundo gira ao seu redor. Perde-se um pouco porque se isola, e é adulada. Por vezes, o processo é gradual e o político transforma-se num pavão após alguns anos de poder. De certa forma, é natural que as relações entre o político poderoso e o jornalista mudem. Mas o problema é que as pessoas começam a pensar diferente. Muitos acham que o poder é eterno e assim tiram o pé do chão.

Todos os candidatos, às vésperas de eleições, correm à Europa em busca de estatura internacional, para ser recebidos por personalidades. Um deles foi o Lula. Enquanto foi candidato, era outro homem. Uma vez presidente, mudou, como os demais no seu cargo, completamente.

A metamorfose de Lula começou em 2002, quando era candidato à Presidência e veio apoiar a campanha presidencial do Jospin. Após ter estado com o líder socialista, nos encontramos. Lula estava em alta, tudo indicava que venceria as eleições. Até então, quando ele vinha para cá, os diplomatas nem prestavam atenção nele. Nesse nosso encontro em 2002, lhe perguntei: "E os diplomatas, como estão?" Lula respondeu: "Agora estão todos se aproximando". De fato, naquele ano o candidato Lula colocou os pés na embaixada como candidato às presidenciais pela primeira vez. O embaixador Marcos Azambuja convidou-o para almoçar. Até então, almoçava com alguns políticos, sindicalistas franceses, ou com jornalistas brasileiros, entre os quais me incluo.

Enquanto almoçavam, num andar superior, saiu a notícia do golpe contra o presidente Hugo Chávez, na Venezuela. Nós, jornalistas, e mais um punhado de diplomatas, estávamos embaixo esperando terminar o almoço do candidato Lula com o embaixador. Pedimos para ele descer, para fazer uma declaração sobre o Chávez, seu amigo. Não desceu. Veio ter conosco o franco-argentino Luís Favre, ligado aos trotskistas que infiltraram o PS na França e hoje marido da ex-prefeita petista Marta Suplicy, que estava com o futuro presidente. Por meio do Carlos Tibúrcio, um de seus assessores de comunicação, que exerce a mesma função no palácio até hoje, Lula mandou o recado de que não pretendia falar com a imprensa; esperaria notícias mais seguras. Éramos três jornalistas que ele conhecia bem. Bastaria descer e dizer: "Olha, estou esperando uma confirmação oficial, por enquanto não posso dar declarações sobre esse assunto". De fato, até algumas horas antes, Lula confraternizava conosco.

Eu poderia ter simplesmente mandado uma nota informando que o candidato à Presidência, amigo de Chávez, estava almoçando na embaixada do Brasil quando recebeu a notícia do golpe contra o presidente da Venezuela. No entanto, como não dispunha de confirmação oficial, preferi não me pronunciar sobre o assunto.

Lula escapuliu dos jornalistas. Seu carro passou por nós como uma bala. Brinquei com os colegas: "Fiquem sabendo o seguinte, ele está prestes a ganhar as eleições e já começou a mudar". Depois estive com Lula no comício do Jospin, em Toulouse, no qual o líder petista fez um discurso. Já não era aquele Lula acessível de outros tempos.

Acompanho Lula desde o começo, nos anos 70. E aqui na França freqüentei-o bastante, isso antes de suas tentativas de ligação com o Partido Socialista. Na verdade, quem tinha relações mais estreitas com o Partido Socialista e com a Internacional Socialista nunca foi o Lula, mas o Brizola, que chegou a ser vice-presidente da Internacional Socialista, representando o PDT. Brizola era amigo de todos no Partido Socialista, inclusive do presidente Mitterrand. Quer um exemplo? Na campanha para a eleição do Collor, Brizola chegou em Paris e foi imediatamente convidado para almoçar com o Mitterrand. Noticiei o encontro no *Estado* e na Jovem Pan. Aliás, o Brizola foi um dos raros políticos que não se deslumbraram com o poder.

Collor, que antes mesmo de ser eleito já se dava ares, tomou um chá de cadeira de mais de dez dias do Mitterrand. E o então presidente não o recebeu. Giscard, na época presidente da Comissão de Relações Exteriores da Assembléia Nacional, concedeu ao Collor uma audiência. A relação do Partido Socialista era com o senhor Leonel Brizola, não com Lula, que nunca foi muito próximo do PSF. E teve poucos contatos com o Partido Comunista Francês.

Lula tinha maiores laços com sindicatos como a CFDT, a segunda maior central sindical, de tendência socialista. Foi introduzido politicamente na França pelo secretário-geral da CFDT, François Chérèque. Na verdade, Lula era mais próximo dos sindicatos alemães. E quando começou a crescer, depois da primeira derrota da eleição presidencial, é que um grupo trotskista do PS estreitou a relação com Lula. Nesse momento, o Luís Favre desempenhou um papel de importância.

Da mesma forma, o primeiro encontro de Lula e George W. Bush, que deu grande ibope ao presidente brasileiro, aconteceu graças à mediação do empresário Mário Garnero, muito amigo do Bush Sênior.

Quando Lula foi eleito pela primeira vez, houve uma reunião na embaixada do Brasil, na qual marcaram presença quatro ou cinco ex-primeiros-ministros socialistas, entre eles Laurent Fabius, Michel Rocard e Lionel Jospin. E compareceu François Chérèque, o filho, que havia assumido, com o afastamento do pai, a direção do sindicato CFDT. Naqueles tempos, as relações entre o PS e a CFDT não eram das melhores. E os socialistas ficaram surpresos quando viram o tratamento que Lula concedeu a Chérèque, abraçando-o comovidamente, como um íntimo, lembrando-se, certamente, do pai do novo líder da CFDT. Os socialistas não tinham muito conhecimento dessa amizade antiga de Lula com os Chérèque.

Uma vez eleito presidente da República, concretizou-se a metamorfose de Lula. Adotou uma postura de distância com os jornalistas. Antes, a gente cobria Lula normalmente. Aqui em casa ele veio algumas vezes. Geralmente, chegava de manhã cedo, para conceder, ao vivo, entrevistas para a Jovem Pan. Tomava um café e ia cuidar da vida. Sempre que vinha, desde o tempo em que o assessorava o cientista político Francisco Weffort [depois ministro da Cultura do FHC], almoçávamos ou jantávamos pelo menos uma vez.

Lembro-me quando Mitterrand foi candidato pela segunda vez e Lula se hospedou no Novotel, no bairro Les Halles. Certa noite, fui buscá-lo para jantar, ele vinha de seu primeiro encontro com o Mitterrand, na sede do Partido Socialista. Lula desceu do quarto bem-humorado. Weffort, ainda no PT, estava orgulhoso com o encontro. Todo mundo tinha recebido uns brindes do Partido Socialista. Lula anunciou: "Vocês não ganharam a nova camiseta da campanha?" Indaguei: "Que camiseta?" Lula abriu seu blusão de couro e lemos "Mitterrand 88". Jantamos em Montparnasse, e Lula de camiseta, um homem simples, de certa forma até simplório.

Na sua viagem como presidente-eleito, assisti à sua conversa com os ex-primeiros-ministros socialistas, mas graças ao Ricardo Kotscho, seu ex-secretário de imprensa. O embaixador tinha convidado três jornalistas franceses, e o Kotscho não deixou barato: "Vou escolher quatro brasileiros para assistirem essa conversa". Clóvis Rossi, da *Folha*, Mário Sérgio Conti, na época na TV Bandeirantes e do website *No mínimo*, eu e Merval Pereira, enviado do *Globo*. Lula, depois, não nos dirigiu a palavra, mas pelo menos pudemos escrever sobre o encontro.

Nessa viagem, o presidente-eleito Lula já estava demasiado ocupado para os jornalistas. Cumprimentou normalmente, nos tratou bem. Esteve com o atual presidente da Alemanha Horst Köhler, na época diretor-gerente do Fundo Monetário Internacional [FMI]. Köhler abraçou Lula e, emocionado, chorou. Cena interessante. Lula é muito forte quando quer, no contato pessoal. Homem carismático.

Depois, tive um outro contato com ele na Europa. Em Oviedo, quando recebeu o prêmio Príncipe das Astúrias, na Espanha. Já conhecendo essas mudanças dos homens que ganham poder, mantive-me afastado. Escolhi um ponto de onde podia vê-lo, mas ao mesmo tempo não estava assediando o presidente. Querendo, ele poderia ter passado direto e não teria ficado mal. Mas Lula me chamou: "Ô, Reali! Vem cá!" Deu-me um abraço, foi muito simpático, trocamos algumas palavras. Valeu pelo gesto. Na noite daquele longo dia passei perto da morte, pois fui surpreendido, durante a madrugada, por um incêncio no hotel em que me hospedava. Fui salvo pela escada dos bombeiros, às 4 horas da madrugada.

Em 2006, Lula concedeu uma coletiva aqui em Paris, a qual já comentamos. Do salão do Palácio do Eliseu ele me fez um sinal, eu no meio dos jornalistas. Dei uma piscada para ele, mandando o seguinte recado: "O senhor está aí e eu aqui. Se alguém tiver de se aproximar, é o senhor de mim, porque a segurança não vai me deixar chegar perto do senhor". Foi nessa visita que Lula concedeu entrevista a uma jornalista brasileira da tevê francesa e falou sobre a crise do PT, e escrevi o artigo "O presidente mentiu". Kotscho já não era mais assessor de imprensa de Lula. Tenho certeza de que não teria caído na cilada da jornalista. Na verdade, a entrevista aconteceu graças à ingenuidade do porta-voz e secretário de imprensa de Lula, André Singer, e do diplomata Rodrigo Baena. Ambos pisaram feio na bola.

Fernando Henrique também mudou ao chegar ao poder. Comigo comportou-se bem, não posso reclamar. E profissionalmente isso foi vantajoso. Conheço-o há muitos anos, desde os tempos em que, aposentado na USP, foi obrigado a lecionar fora do país, inclusive em Paris. Portanto, tenho uma relação antiga com o Fernando Henrique, acompanhei muito de perto sua carreira política. E tive sempre muito bom contato pessoal com ele e dona Ruth. Pessoalmente, não gostei quando se aproximou do ACM. FHC acabou se unindo a forças que sempre combateu. Lula repetiu o mesmo erro aliando-se a forças políticas como aquelas representadas por Sarney. Qual a diferença política entre Sarney e ACM?

Na Europa, Fernando Henrique sempre me concedeu entrevistas exclusivas. Digamos que tivemos, Fernando Henrique e eu, uma boa relação profissional. E houve momentos em que ele foi carinhoso com minha família. Certa vez, em visita oficial do Fernando Henrique, minha filha Cristiana foi convidada para o jantar no Palácio do Eliseu. A certa altura, Chirac disse ao Fernando Henrique: "Vou te apresentar nossa artista brasileira". Olhando para Cristiana, Fernando Henrique disse ao Chirac: "Essa aí eu conheço desde que era uma menininha, na casa dela". Agora, sejamos claros, assim como Lula, Fernando Henrique, apesar de me ter concedido diversas entrevistas, havia passado para outra galáxia quando presidente. E isso é natural.

Chirac beija a mão de Cristiana sob o olhar do presidente FHC.

Com o fim do poder, voltou para a nossa galáxia. Espero que o mesmo aconteça com Lula. Nas nossas últimas entrevistas, Fernando Henrique mostrou-se mais tranqüilo: faz análises sem aparentemente crer que está coberto de razão. Quando saiu do governo, veio a Paris. Saímos várias vezes para almoçar. Às vezes, levava um jornalista. O Alan Riding, por exemplo, que o FHC conhece desde os tempos em que ele representava o *New York Times* no Brasil, sempre estava presente. Nossa relação, resumindo, voltou a ser como antes de ele ser presidente. Gostaria de realçar que espero que o mesmo aconteça com o Lula um dia, quando ele também voltar para nosso planeta.

Reali, o Fernando Henrique continua se achando de esquerda?

Reali: Diz que é social-democrata para todo mundo. Essa é a sua esquerda, à la Tony Blair, seu amigo. O Delfim não sustentava que era socialista fabiano? E Lula, anteriormente de esquerda, agora não diz que é de centro? Tudo é uma questão, parece, de cabelos brancos, segundo recente explicação do atual presidente.

Outro que quando candidato era acessível e discreto, embora um pouco esnobe, e logo se metamorfoseou foi o Collor. Quando veio a Paris na sua campanha presidencial em 1989, ele me disse numa conversa telefônica: "Reali, estou aqui lendo um artigo seu. Eu os leio sempre". Se isso era verdade, não sei, mas retruquei: "Muito obrigado, governador".

Recebeu-nos muito bem. Éramos quatro correspondentes: Fernando Pacheco Jordão, da *Veja*, Milton Blay, pela Rádio França Internacional, o Sílvio Ferraz, do *Jornal do Brasil*, e o Mário Alberto de Almeida, da *Gazeta Mercantil*.

O discurso de Collor era o de um social-democrata, não aquele liberal-conservador próprio à sua natureza. Na entrevista, indaguei: "Governador, o senhor faz um discurso social-democrata, vem a Paris e sua primeira visita é com o conservador Giscard?" Collor: "Mas o Giscard é importante". Senti que minha pergunta o deixou irritado, mas Collor ainda se continha naqueles tempos. De fato, apesar de ter tido apenas um encontro importante, administrou essa viagem direito e tratou bem os jornalistas.

Um ano depois, já presidente eleito, não cumprimentava, te ignorava e, quando te olhava, parecia que estava procurando alguém atrás de você. Fuzilava com os olhos. Eu até olhava para trás: será que tem alguém? De todos os presidentes pós-ditadura foi o pior, para o povo e para os jornalistas.

Logo depois de eleito, em nova viagem à Europa, Collor voou para Madri. Fui atrás, como outros jornalistas. Era época da formação de seu governo. Era uma viagem para forjar contatos, e aí sim foi recebido por muita gente, afinal já era presidente eleito. Collor já andava cercado de seguranças para afastar os jornalistas ou pessoas que estavam querendo perturbá-lo. Estavam comigo a Any Bourrier, do *Globo*, e a Cláudia Camargo, da *Gazeta Mercantil*. Ambas boas jornalistas.

Collor hospedou-se com sua comitiva no Hotel Ritz, perto do museu Prado, com a Zélia Cardoso de Mello e mais alguns assessores, entre eles o Cláudio Humberto. Tentamos abordar o Collor para fazer perguntas sobre a formação do governo... E na hora em que chegamos a dois passos dele, Collor virou o rosto para baixo e fez um sinal com a mão, num grotesco momento de irritação. Cláudio Humberto levantou-se e dirigiu-se para o nosso lado. Antes de sermos expulsos pelo Cláudio Humberto, dado que teria manchado nosso currículo [*risos*], olhei para as duas colegas, Any e a Cláudia, e disse: "Este é o nosso novo presidente". Viramos as costas e saímos.

Nesse dia, eu tinha combinado de jantar com a Zélia Cardoso no restaurante Bottin, onde servem suculentas *angulas*, que são filhotes de enguias. Tomei a iniciativa de lhe telefonar e contar o incidente no lobby do Ritz. "Aconteceu um incidente, sei que você está para ser nomeada ministra da Economia e quero te deixar com liberdade para cancelar o jantar. A gente pode jantar uma outra hora, não vai faltar oportunidade." Zélia compreendeu: "Tudo bem, outra hora vamos". E assim fui jantar com minhas duas colegas.

Mantive a mesa que estava reservada para o jantar com a Zélia. Estávamos jantando tranqüilamente quando, às tantas horas, chegam o nosso novo presidente Collor e comitiva. Um bando de gente e inclusive a Zélia. Quer dizer, se ela estivesse jantando comigo, Collor poderia não ter gostado. Aliás, Collor passou por nossa mesa sem sequer nos dar boa-noite.

Ao contrário do Collor, um que considero amigo mesmo foi o Abreu Sodré. Nossa amizade iniciou-se quando fui repórter do palácio e, ao mesmo tempo, presidente da Associação dos Jornalistas do Palácio. A

Associação não tinha nada a ver com o governo, éramos um grupinho de jornalistas independentes. Pois é, o Sodré também mudou. Passou a levar-se um pouco a sério no cargo de governador. O fio condutor de sua vida era a política – e nada de errado nisso. Foi preso do meu pai no tempo em que, estudante no Largo de São Francisco, se manifestava contra a ditadura do Getúlio.

Éramos tão próximos, que Sodré chegou a imaginar que fui seu secretário de imprensa. No final de sua vida, lhe perguntei:

"Sodré, onde você descobriu que fui seu assessor de imprensa?"

"Você não foi?"

"Nunca."

"Ih, agora está no meu livro."

"Não faz mal, fica no livro. Valeu sua intenção de pretender que eu tivesse sido seu assessor de imprensa."

Vai corrigir como? E assim virei assessor de imprensa do Sodré – função exercida pelo Ênio Pesce quando Sodré foi eleito e, posteriormente, pelo Mauro Guimarães e finalmente pelo Carlos Tavares. Na verdade, nunca fui assessor de imprensa de governo e tampouco funcionário público. Só trabalhei para meios de comunicação privados.

Existe, porém, um aspecto que temos de compreender nessa questão de gente que se torna poderosa: muda o status da pessoa. Você não pode tratá-la como antes de sua ascensão ao poder. Não vai continuar dando uns tapinhas de amigão na sua barriga ao cumprimentá-la. Por exemplo, quando encontro um amigo poderoso, digamos, um senador, governador ou presidente, em público, chamo-o pelo seu cargo mais eminente. Se estiver numa roda pública com o Fernando Henrique, dirijo-me a ele dizendo "presidente", mesmo depois de ter sido presidente. Quem foi rei não perde a majestade.

No entanto, se estou a sós ou num ambiente mais íntimo, digamos na minha casa, com o Fernando Henrique, o trato da forma que estava acostumado a chamá-lo. Se o tratava de senhor, é senhor. Se for uma relação mais íntima, chamo-o de você, ou de professor, caso do FHC, Garcez, Celso Furtado e Delfim, entre outros.

CAPÍTULO XXVIII

A imagem de Lula

Reali: A imagem do presidente Luiz Inácio Lula da Silva sofreu com os escândalos de corrupção. Veremos como evoluirá com sua reeleição em 2006. É um pouco cedo para prognosticar. Os analistas precisam digerir os últimos acontecimentos. Mas fique certo de que houve repercussões, aqui na Europa, em torno da imagem de Lula e seu governo.

Para entender esse processo, basta observar a própria crise. Quando vieram à tona todas aquelas maracutaias, a popularidade de Lula continuou inabalável. Enquanto isso, o PT se esborrachava. Depois, as últimas pesquisas de intenção de voto demonstraram nitidamente que a popularidade de Lula sofrera uma queda. Mesmo assim, ele venceu no segundo turno das presidenciais de 2006, e com bastante folga.

Sua vitória foi bem recebida na Europa. As relações de Lula com Chirac ajudaram sua imagem aqui, embora ele não tenha perdido os elos com o Partido Socialista. Chirac tem grande admiração por Lula. E não só o Chirac. Estive num encontro do BID, aqui em Paris, e Lula participou via teleconferência, de Brasília. Gordon Brown, atual chanceler britânico, estava presente e após o encontro cobriu o presidente brasileiro de elogios.

Em suma, sob o ângulo internacional, tudo caminhava e caminha perfeitamente bem para o Lula. No Brasil, claro, sempre exageram: "Lula é um líder internacional". Não é bem assim. Lula é, na verdade, um símbolo internacional, mas não um líder. É muito bem recebido em qualquer país, mas ele não lidera nada. Essa necessidade de engrandecer seus líderes e projetos é mania da diplomacia brasileira. No caso, foi o pessoal do PT e certos diplomatas do Itamaraty que alcunharam Lula de "líder internacional", mas houve momentos em que os colaboradores de Fernando Henrique também pretenderam transformá-lo numa liderança no exterior. FHC era considerado inteligente, culto, preparado, mas jamais foi tido como um líder aqui na Europa.

Lula, por sua vez, é respeitado pela sua trajetória extraordinária. É um operário que se tornou presidente da República. Na Europa, é visto como homem que chegou ao cargo máximo da República com as auréolas da ética e da honestidade. Infelizmente, seu próprio partido não reflete sempre esses princípios. E não o ajudou muito no primeiro mandato.

Na Europa – e principalmente na França, Reino Unido, Espanha e menos na Itália –, o partido político prevalece, embora não como outrora. Aqui, os partidos também atravessaram crises. Na França, para citar um exemplo do qual já falamos, partidos foram financiados ilicitamente nos anos 90, como aconteceu no Brasil com o PT e antes do PT. No entanto, na França ainda existe uma correlação entre o líder do partido e seu partido. Portanto, assim como o PT conduziu Lula ao poder, o mesmo acontece aqui. No caso do Brasil, vimos que o PT e sua crise de corrupção não se tornaram um obstáculo para a reeleição de Lula. Ele parecia um candidato suprapartidário.

Acha que os líderes europeus reconhecem as diferenças políticas e econômicas dos países da América do Sul, ou se interessam por aquela parte do mundo apenas como um bloco comercial, isto é, Mercosul?

Reali: Creio que atualmente a União Européia conhece as particularidades políticas e econômicas de cada país sul-americano. Por exemplo, seguiram de perto a política brasileira que o Itamaraty tentou desenvolver para conquistar uma cadeira no Conselho de Segurança da Organização das Nações Unidas. O Itamaraty agiu de maneira isolada dos demais países latino-americanos e, por conseguinte, o Brasil quebrou a cara. Uruguai, Argentina e México são contra a presença do Brasil no Conselho de Segurança da ONU. Sempre haverá quem diga: "É ciúme, concorrência". Não é nada disso: trata-se de um jogo diplomático sofisticado, e a política do Itamaraty, nesse ponto, foi desastrosa.

Além de não ter conseguido uma cadeira no Conselho de Segurança da ONU, o Brasil perdeu quase todas as batalhas internacionais que disputou. O candidato do Itamaraty para presidir a Organização Mundial do Comércio [OMC],[72] Luiz Felipe de Seixas Corrêa, atual embaixador na Alemanha, foi o primeiro entre quatro concorrentes ao posto a ser eliminado; o Brasil não obteve a presidência do Banco Interamericano de Desenvolvimento. Sem falar no acordo do Mercosul com a União Européia, que não se consolidou.

Recentemente você entrevistou Pascal Lamy, atual presidente da OMC. Como ele vê as relações conturbadas entre Mercosul e União Européia?

Reali: Nos últimos cinco anos, o Pascal Lamy estudou e tentou negociar os pormenores, ou seja, os entraves entre países europeus e do Mercosul, e também os problemas entre os países do bloco econômico sul-americano. Lamy foi o principal negociador do acordo comercial da UE com o Mercosul, que não deu certo devido principalmente ao protecionismo agrícola francês e europeu.

Lamy é quem no exterior, e refiro-me aos países fora do Brasil, mais conhece as relações entre Mercosul e União Européia. Veremos como atuará na presidência da OMC. Esse cargo poderá facilitar ou talvez dificultar seu trabalho. Mas vejo-o com otimismo. Trata-se de um social-democrata experiente na área comercial. Foi chefe de gabinete do socialista francês Jacques Delors quando este era presidente da União Européia [1984-1994]. O êxito de uma negociação vai depender de como se comportarão os países europeus e o novo governo da França nas negociações agrícolas.

72. A OMC foi criada em 1995, pelos associados do extinto Acordo Geral sobre Tarifas e Comércio (GATT), com o objetivo de incentivar e controlar o comércio internacional.

CAPÍTULO XXIX

Rádio e tevê no Brasil

Reali: Está havendo no Brasil uma evolução positiva no noticiário de rádio e de televisão, mas ainda muito aquém daquilo que se poderia esperar. O noticiário de televisão das emissoras abertas, por exemplo, é de pouco conteúdo. Fazem escassas matérias sobre problemas de desenvolvimento e culturais. No entanto, não confiro todas as emissoras quando vou ao Brasil.

De Paris, de vez em quando assisto ao *Jornal Nacional*, da TV Globo. Eles têm problema de audiência, fazem um noticiário sem conteúdo e profundidade, para capturar o interesse dos telespectadores através de fatos do dia-a-dia. Os jornais franceses de televisão, e também os italianos e ingleses, oferecem, sem dúvida, noticiários muito mais abrangentes.

Tenho a impressão de que a TV Globo está mudando seu esquema de cobertura internacional. Cometeu um erro durante anos e anos a fio, que foi concentrar seus correspondentes em Londres. Resultado: ficavam trombando um no outro na capital britânica. Ás vezes, nem podiam se deslocar: estão numa ilha que, de uma hora para outra, pode afundar. Estou brincando, mas a deslocação rápida do repórter é mais complexa a partir do Reino Unido.

Lembro-me bem, e isso já faz muito tempo, da cobertura da morte do papa João Paulo I, em 1978. A TV Globo entrou pelo cano. Sua equipe não podia sair de Londres, porque não havia mais vôos para Roma. O Roberto D'Ávila, da TV Bandeirantes, estava em Paris. Tomou um avião tranqüilamente para Roma. E se não estivesse aqui, teria tomado um avião em Bruxelas, ou poderia ter ido a Roma de trem ou de automóvel.

Pelo que soube, a TV Globo agora tem correspondentes em Paris, Roma, onde sempre tiveram alguém, e em Israel, onde antes não tinham correspondentes fixos. E a TV Globo ainda mantém sua base de transmissão em Londres. Enfim, espalharam um pouco seus correspondentes, e assim têm melhores condições de apresentar um noticiário mais ágil e informações apuradas com maior profundidade.

Antes, desembarcavam aqui em Paris e não conheciam política francesa e quem é quem. Orientava-os algum produtor *freelancer*, que, muitas vezes, não cobria política. Esse produtor poderia escolher para uma entrevista um ministro de Estado sem maior importância, mas bonito. No entanto, seria melhor entrevistar o Nicolas Sarkozy, que é feio mas é importante.

Outra tática daqueles tempos era a seguinte: iam para uma banca de jornal, de preferência ao lado da Ópera Garnier, a velha ópera, ou da Torre Eiffel, para identificar Paris. Aí, empunhando um microfone, faziam uma leitura das manchetes dos jornais. Não se trata de uma crítica, essa era a realidade: a estrutura da TV Globo não funcionava. Agora estão com um esquema mais profissional. Dito isso, a TV Globo sempre teve alguns excelentes profissionais. Um dos melhores é o correspondente Silio Boccanera, em Londres há anos e atualmente produzindo entrevistas de ótima qualidade para o programa *Milênio*, da GloboNews TV.

Quando vou ao Brasil, percebo outro fato curioso: vários âncoras – mas há exceções – não têm condições de entrevistar as pessoas diretamente. Por exemplo, o sujeito está lendo o noticiário. Subitamente, a produção consegue uma exclusiva com um político de renome, ou um ator, um esportista. O apresentador, portanto, tem de improvisar, lhe fazer duas, três perguntas. Tem de conhecer, ou pelo menos ter uma noção do que faz ou disse a pessoa com o rosto estampado na sua telona. O âncora poderá lhe indagar: "Hoje o senhor fala isso, mas ontem dizia o contrário sobre esse assunto". Falta o âncora, o verdadeiro, o apresentador que pode contestar a resposta do entrevistado. No Brasil eles e elas são poucos. Um deles é o William Waack, um homem com uma cultura geral que lhe permite discutir temas diversos com quem surgir no seu telão: política interna e internacional, cultura, esportes, etc. O William, a meu ver, é hoje o apresentador mais preparado da televisão brasileira, mas precisa ter mais autonomia da direção, para não ser confundido com um simples noticiarista.

Em se tratando de rádio, houve uma evolução. Mas pode ser menos nítida, porque em rádio nunca faltou gente articulada no Brasil. Por exemplo, o Rio Grande do Sul tem uma tradição de rádio muito importante. O noticiário de rádio do Rio Grande do Sul ainda é referência no país.

Na década de 60, fiz coberturas nas conferências de Punta del Este com colegas gaúchos. Sabiam o que estavam falando. Você até poderia opinar que não eram nada imparciais: um era de esquerda, outro de direita, outro de centro. Não importa, era gente preparada para fazer rádio. Eles são muito articulados, politizados. Vários desses colegas, aliás, tornaram-se políticos.

Em São Paulo, também sempre houve excelentes radialistas. Numa certa época, Minas Gerais tinha ótimas estações de rádio e profissionais talentosos. O Rio ficou um pouco para trás, com a perda da Rádio Jornal do Brasil. Era uma estação de rádio de informação muito interessante. Trabalhei com eles vários anos. De forma geral, os estados mais marcantes de rádio, no Brasil, sempre foram o Rio Grande do Sul e São Paulo.

Rádio é um instrumento importante e continuará sendo mesmo nessa nova era digital. O website da BBC e outros transmitem boletins. Isso é um avanço, porque o rádio pode ser ouvido por meio de outras tecnologias. Mas rádio é rádio. É um instrumento importante porque direto, no qual o jornalista pode improvisar – e isso dá credibilidade a esse meio de comunicação.

CAPÍTULO XXX

Nasce uma estrela

Amélia: Quando vejo a Cristiana no teatro, aplaudida, sinto o maior impacto. O mais impressionante é você ver pessoas de pé, e sua filha lá no palco sendo aplaudida. Dá um baque! Meu coração dispara. As pessoas, é óbvio, não sabem que sou a mãe da atriz; permaneço quieta, sentada no meu canto. Gosto de ouvir os comentários. "Essa moça é séria, talentosa", ouvi várias vezes. Depois, ela foi contratada para ser modelo da Lancôme, e novamente fiquei orgulhosa da Cristiana. Certa vez, no corredor do aeroporto de Bali, deparei com sua foto. Raciocinei: "Mas que danada! No fim do mundo, e ela lá. E o mais incrível é que ela construiu sua carreira de atriz a partir do Liceu Molière, sem a ajuda de ninguém".

Ela começou com os clássicos, em 1989, algumas pontas em peças como *Lorenzaccio*, do Alfred de Musset [1810-1857]. Mas, para mim, seu papel mais difícil foi aquele em *Duo pour un Violoncelle*, baseado numa sessão de uma suposta análise da inglesa Jacqueline du Pré, violoncelista britânica com esclerose múltipla e casada com o pianista e regente argentino Daniel Barenboim. Cristiana permaneceu o tempo todo numa cadeira de rodas, falando com seu analista. É praticamente um monólogo. Resumindo o enredo, ela estava renegando sua doença, mas à medida que vai gradualmente aceitando-a, seu corpo atrofia-se, pouco a pouco. Impressionante. A sensação de vê-la contracenar como filha do Jean-Paul Belmondo também foi forte. E com o Belmondo, Cristiana fez também *La puce à l'oreille*, peça teatral de Georges Feydeau [1862-1921]. Nada se compara a vê-la de uma platéia de teatro, no meio de mil pessoas. Ano passado, gostei de sua atuação em *La Locandiera* [A hoteleira], do Carlo Goldoni [1707-1793], uma das principais comédias desse dramaturgo italiano.

Creio que muita gente apreciou a Cristiana como *Locandiera*; afinal, ela foi, em 2005, indicada para o Molière, o mais cobiçado prêmio de teatro, na categoria de melhor comediante.

Amélia: Cristiana é a protagonista feminina na peça. Na verdade, ela tem talento desde menina. E nós prevíamos que seguiria carreira de artista. Por exemplo, nas suas festas, ou aqui em casa, a Cristiana sempre detectava e ficava observando alguma pessoa que chamasse mais a atenção devido a algumas características, digamos, insólitas. Um tique, um jeito de falar diferente. Terminada a festa, a Cristiana começava a imitar a pessoa.

Reali: Conta a história do médico, logo que chegamos aqui.

Amélia: Aconteceu num domingo, o programa era um passeio no zoológico com a criançada toda. Mas a Cristiana, então com 7 anos de idade, começou a se contorcer com dores na barriga. Logo imaginei que fosse apendicite. Estava doente, não havia a menor sombra de dúvida. Levando em conta que acabáramos de chegar na França e nos encontrávamos diante de um sistema médico-hospitalar completamente diferente, queria, com minha mentalidade brasileira, levá-la ao melhor médico possível. Hoje sei que aqui há hospitais públicos especializados e não é preciso marcar consulta, basta comparecer. No entanto, eu era uma novata, não estava a par de nada disso. Felizmente, tinha trazido do Brasil alguns endereços de professores de medicina. E lembre-se, era domingo. Telefonei, logo após o almoço, para um desses acadêmicos renomados da minha lista.

Reali: Ele disse para passarmos na segunda-feira no seu consultório. Mas Amélia insistiu.

Amélia: E minha insistência surtiu efeito. O médico examinou-a por longos minutos. Sentou-se à mesa, colocou os óculos, começou a escrever. "Meu Deus", pensei, "o que será que essa menina tem?" Sabe o que estava escrito na receita? "*Enfant gâté. Une très bonne comédienne. Quand on a des spectateurs, il y a toujours une actrice.*" [*Criança mimada. Uma atriz muito boa. Quando temos espectadores, há sempre uma atriz.*] Paguei uma nota, 200 francos na época. Uma vez em casa, a dor de barriga da Cristiana passou. Acho que ela não estava querendo ir para a escola no dia seguinte, vai saber.

ilhas e netos: Mariana, Gabriela, Elisa no colo de Cristiana, Pedro, Adriana, Alice e Luciana

Reali: Na outra história, ela já era adolescente, tinha uns 15 anos, já fazia teatro no Liceu Molière. Tirou um zerão em matemática. A Amélia, diante dela, me deu a má notícia. "Não tem problema", eu disse, olhando para a Cristiana. "Você não estudou, tirou zero. No fim de semana, você não sai. Assim estuda e tua nota melhora." Ela gostava de dar umas fugidas. Apesar de ainda ser adolescente, tinha feito umas amizades na portaria da boate Le 78, do Ricardo Amaral, nos Champs-Elysées, e a deixavam entrar.

Cristiana retrucou:

"Ah, não, pai! Não posso, tenho um compromisso no fim de semana".

Amélia: "Nada de compromissos! E que compromisso é esse?"

"Tenho um encontro na casa de uma amiga."

Reali: "Encontro na casa de uma amiga? Vai fazer o que na casa da sua amiga?"

"Ah, me comprometi a dar uma aula de matemática para ela."

Quando ela disse isso, ponderei com a Amélia: "Com esse espírito, ela não vai ter problema na vida".

Amélia: A Lulu, mocinha, deu aulas particulares de acompanhamento para crianças que chegavam do Brasil: francês, matemática, o que precisassem. Um dia a Cris substituiu a Lulu. A Cris nunca deixava a peteca cair, nem nas aulas particulares. Quando desconhecia alguma palavra, "ensinava" o aluno a procurar no dicionário. Hoje, devido ao seu trabalho, peças, tevê, cinema, a Cris tem o tempo muito mais restrito, mas não mudou. Com as irmãs, aqui em casa, mantém a mesma cumplicidade. Pelo fato de não termos o resto da família aqui, sejam os avós, etc., permanecemos solidários e juntos, a despeito do fato de cada uma de nossas filhas ter sua própria casa. Nada mudou, felizmente.

Reali: As irmãs são as primeiras admiradoras da Cristiana. São muito cúmplices.

Nos restaurantes, em lugares públicos, a Cristiana é certamente reconhecida.

Reali: Às vezes a reconhecem. Você percebe que as pessoas estão falando da Cristiana. Vez ou outra alguém lhe pede um autógrafo. Mas aqui, ao contrário do caso no Brasil com atores, é algo bem mais discreto. As pessoas, em geral, respeitam a privacidade dos outros. E quando se aproximam, o fazem com muita discrição para não incomodar.

De fato. Anos atrás, o Belmondo entrou com a mulher e dois *poodles* brancos na Brasserie Lipp, em Saint-Germain-des-Prés, e ninguém os olhou de forma indiscreta. Depois, ele teve um derrame cerebral grave, em 2001.

Amélia: Agora está melhor, voltou a aparecer em público. Recentemente esteve num show, no Zénith [lendária sala de concertos em Paris, com capacidade para 6 mil pessoas]. Aos poucos, foram reconhecendo-o, as pessoas começaram a levantar-se e fizeram-lhe uma ovação... Foi uma reação espontânea, bonita e emocionante. É um homem muito simpático, gostamos dele. De fato, o Belmondo tem uma bela amizade com a Cristiana e o Francis Huster. A mulher do Belmondo, a Natty, é muito amiga da Cristiana, que compareceu com o Francis Huster no casamento deles, em 2002. É uma moça muito bonita, tiveram um bebê, a Stella.

O Alain Delon parece uma pessoa mais distante nas suas entrevistas.

Reali: Pelo contrário, quando está com você, conversa, se interessa pelo seu trabalho. Certa vez, ele apareceu no camarim da Cristiana para parabenizá-la após uma peça. Como sempre, mostrou-se simpático com todos, mas é mais estrela que o Belmondo, este um homem mais simples.

Dizem que o Francis Huster é um dos atores de teatro mais marcantes de sua geração.

Reali: Na França, três atores de teatro de sua geração se destacam: Francis, Pierre Arditi e Jacques Weber. Os três são muito populares. Mas, sem querer puxar a sardinha para o meu lado, prefiro o Francis, eclético, faz cinema, televisão, teatro, escreve, enfim, um profissional completo.

Incrível como um ator essencialmente de teatro possa ser tão popular.

Reali: Recentemente ele tem feito um pouco mais de televisão. Há até quem o critique pelo fato de estar fazendo televisão. Você sabe, aqui existem intelectuais que julgam a tevê como um meio de comunicação emburrecedor. Não vejo a coisa assim, desde que o ator ou atriz trabalhe em projetos de qualidade. Por exemplo, recentemente Francis mostrou-se primoroso intérprete de Jean Moulin [1899-1943], um dos heróis da resistência francesa contra o nazismo, num seriado televisivo. Ao mesmo tempo, fez um longo e difícil monólogo na peça *A Peste*, de Albert Camus [1913-1960].

Artistas de cinema também fazem televisão. Não é mais o cinema que paga altas somas. Anos atrás, artistas de cinema recusavam-se a fazer tevê. Hoje, vários participam de programas e de seriados de televisão.

De qualquer maneira, o Francis é um ator com uma personalidade muito interessante. A gente tem uma admiração muito grande por ele. Generoso, ótima pessoa. E simples, despretensioso. Vivia nos camarins dos teatros em que suas peças estavam em cartaz. Isso chamava a atenção de muita gente, porque o Francis realmente respirava teatro. Pouco tempo atrás, Francis e Cristiana compraram uma casa no campo, na Normandia, situa-se a uns 30 quilômetros da nossa casa de campo. Para ser franco, achei que nunca a comprariam. Francis é homem urbano, mesmo em Paris gosta de tomar café-da-manhã em bar, onde joga na loteria e devora os jornais. E é torcedor fanático do Paris Saint-Germain.

Foto: Eric Fougere/VIP Images/Corbis

Cristiana Reali e Francis Huster no set do programa da tevê francesa "Ce Jour La"

Amélia: Francis achou uma alternativa. No terreno na frente da casa deles, construiu uma casinha, que funciona como escritório. Ele faz muitas montagens de peça, adaptações e escreve. Pôs no escritório uma pequena televisão – ele é assíduo telespectador de várias emissões. Outro dia, chegamos lá e ele estava todo orgulhoso com seu novo escritório, porque agora iria trabalhar sossegado, teria sua liberdade. A criançada toda dentro do escritório brincava, e ele escrevendo. Lembra, Júnior?

CAPÍTULO XXXI

"Confesso que comi e bebi"

"Antes, no Brasil, o Reali era somente um *gourmand* (glutão), mas depois de 35 anos de França, hoje ele é um *gourmand* e um *gourmet* (conhecedor de comida)." Fausto Silva

Reali: Esse interesse pela gastronomia eu trouxe de São Paulo. Talvez dos meus antepassados, porque isso vem do sangue. E, era de esperar, aprecio bastante a gastronomia italiana. Vou com freqüência à Itália. Na França, 50% dos restaurantes que freqüento são franceses e 50% italianos. Aliás, esse debate que gira em torno de comparações da gastronomia entre diferentes países me interessa. O Mino Carta, por exemplo, sempre defendeu a tese de que a gastronomia italiana é superior à francesa. Eu discordava. Hoje, concordo, em parte, com ele. Tem gente que prefere outras cozinhas. Por exemplo, o José Bonifácio de Oliveira Sobrinho, o Boni, acha que aquela em maior evolução é a gastronomia espanhola. Não digo que tenha razão, mas Boni tem argumentos sólidos.

Boni defende a comida simples que os chefs espanhóis, com suas experiências atuais, estão oferecendo, uma cozinha criativa. Por exemplo, agora servem *tapas* – um prato bastante simples – nos restaurantes mais sofisticados, e de uma maneira muito inteligente. Conheço alguns restaurantes que o Boni costuma citar e até concordo que são excelentes: o El Bulli, do chef catalão Fernan Adrià, e o Arzak, em San Sebastián, situado do lado espanhol do País Basco.

Mas ele se refere a dois, três restaurantes; na França e Itália há centenas.

Reali: Boni não se refere à média de restaurantes. Defende a tese de que existe um esforço, no sentido de criatividade da gastronomia, na Espanha. E está rendendo frutos, porque, você tem de reconhecer, a comida espanhola hoje influencia outras cozinhas mundo afora. Veja o caso de um novo restaurante francês, o Pincho. Outro dia, Amelinha e eu fomos jantar lá. É bom, mas os *pinchos*, que são *tapas*, não são tão saborosos, nem criativos, como os preparados pelo Arzak e o Adrià. Os *pinchos* que você saboreia nos balcões dos bares de San Sebastián, no País Basco, são pratos simples, foram trabalhados pelos mestres dessa nova cozinha espanhola. O chef Robuchon, no seu Atelier, em Paris, inspirou-se nesses espanhóis.

De modo geral, mudei um pouco minha concepção sobre gastronomia. Não acho que a francesa seja inferior à italiana. Entretanto, houve uma evolução da gastronomia italiana muito mais acelerada do que aquela na cozinha francesa. A culinária italiana sofisticou-se, ficou mais leve. E a partir dos anos 90 começou a ocupar um espaço que anos atrás não tinha.

Saul Galvão disse o seguinte: "O Reali é um italiano que adora cantina. Ele conhece muito bem a cozinha francesa, mas o que gosta mesmo é de ir com a família numa cantina italiana, no estilo de cantinas brasileiras. Lá em Paris, ele gosta do restaurante Le Grand Venise...".

Reali: Ele está errado. A cozinha italiana à qual me refiro não é propriamente italiana de São Paulo. Lá fazem uma cozinha italiana abrasileirada, supostamente do sul da Itália. As exceções, em São Paulo, são raras. De uns tempos para cá, brotaram alguns restaurantes que seguem uma outra linha da comida italiana. Na Itália, além dessa cozinha do sul, temos a cozinha do norte e de várias outras regiões, que se desenvolveram muito.

Parece-me que a evolução da comida italiana é mais criativa, principalmente no norte da Itália. Gosto muito do Al Bersagliere, em Goito, perto de Mantova. Adoro o Ambasciata, em Quistello, também perto de Mantova. Roma, diga-se, não é capital da gastronomia italiana. Claro, há bons restaurantes lá. O La Rosetta, por exemplo, refinado restaurante de peixes, é melhor que o Le Divillec, também especializado em peixes, em Paris. Em Roma, também nunca deixo de ir ao Il Moro. No La Pergola, no Hotel Hilton, come-se de joelhos. Ganhou estrelas até do guia *Michelin*, mas não se pode levar a sério esse guia, fora da França.

A edição italiana do *Michelin* é um desastre. Claro, tem um ou outro restaurante que eles acertam. O La Pergola, em Roma, merece estrelas, o que é indiscutível, e até o *Michelin* percebe isso. Mas fui a restaurantes, Europa afora, aos quais deram estrelas e não as merecem, apesar de não serem ruins. O problema do *Michelin* é que usa como fita métrica o gosto francês para avaliar a comida italiana. Dou um exemplo: a Enoteca Pinchiorri, em Florença, oscila entre duas e três estrelas no *Michelin*. Não é um restaurante que me impressiona, porque a comida é afrancesada, com influências italianas. E é justamente pelo fato de ser um restaurante afrancesado que o *Michelin* condecora a Enoteca. Esse restaurante só é imbatível na Itália em razão de sua rica adega de vinhos. Mas guias como o *Expresso* ou o *Gambero Rosso*, os quais utilizo na Itália, são infinitamente mais precisos que o *Michelin*.

Faustão nos disse que vocês foram ao sul da Itália, comeram no Il Poeta Contadino, em Alberobello, perto de Bari. "Achei esse restaurante no *Michelin*, todo estrelado pelo guia vermelho, o que é raro, porque o *Michelin* costuma poupar estrelas para um italiano... Nem o papa tem. Chegamos lá, e o cara era metido a francês, metido pra cacete, uma merda. O Reali, puto da vida, falou: "Está vendo, por isso que tem que ser italiano mesmo". Reali é muito fiel às suas origens italianas. Ele gosta da comida autêntica italiana".

Reali: O *Michelin* é muito bom na França, Bélgica e Suíça, onde prevalece a culinária francesa. E de comida francesa eles entendem. No entanto, o número de agentes do *Michelin* não corresponde ao número de restaurantes pesquisados, ou pelo menos ao número de restaurantes que eles dizem que pesquisaram. Porque você não detecta – e isso eu acho correto –, num restaurante, quem poderia ser agente do *Michelin*. Dizem que um restaurante estrelado pode ser visitado inúmeras vezes por um agente do *Michelin*, e que qualquer escorregada, sei lá, uma demora ao servir o primeiro prato, pode implicar a perda de uma estrela. Por isso, os donos, chefs e garçons de restaurantes estrelados sofrem tanto estresse, a ponto de o Bernard Loiseau ter se suicidado, em 2003, com a perspectiva de perder uma estrela.

Devo admitir que hoje levo o *Michelin* menos a sério por conta de seus próprios lapsos, que têm a ver com o número de restaurantes pesquisados por esses agentes. Em 2005, eles classificaram um restaurante que só foi aberto um mês e meio após o lançamento da edição do *Michelin* do ano [*risos*]. E o *Michelin* mostrou-se incapaz de dar uma explicação razoável.

Mas Saul Galvão nos alega o seguinte: "A cozinha francesa pode estar estacionada mesmo, mas calma aí. Não concordo que a italiana esteja acima da francesa, como sugere o Reali".

Reali: Não disse exatamente que a cozinha italiana está acima da francesa – disse que está evoluindo mais rapidamente, e com maior criatividade do que a francesa. E, de fato, a cozinha francesa estacionou nos louros do passado, e nisso o Saul Galvão acertou. Mas está havendo um movimento de reação. Um movimento que ainda está engatinhando, não encontrou o ponto ideal. Michel Bras, no Laguiole, três estrelas na Auvergne, um dos restaurantes mais baratos de alta qualidade do momento, entre 100 e 150 euros por cabeça, está inovando na cozinha francesa. Mas o Pierre Gagnaire, no seu três estrelas no Hotel Balzac, em Paris, que talvez o Galvão, muito conservador no quesito gastronomia, aprecie, oferece um cardápio ambíguo, que se situa entre a velha e a nova cozinha, e não o julgo comparável a outros da mesma categoria. É bastante inferior.

Saul Galvão diz que você gosta de restaurantes asiáticos, e ele mesmo não os acha ruins.

Reali: É verdade. Houve uma mudança de percepção, por parte dos franceses, de restaurantes asiáticos. Pelo menos dois chineses têm estrelas. O problema é que, quando ganham estrelas, os preços vão lá para cima. Então, o chinês acaba cobrando mais de 100 euros por cabeça. É o caso do Chen, tido pelo Boni como um dos melhores chineses do mundo, e o Tang, também estrelado. Não longe, no sentido literal, desses dois chineses, jaz um asiático mais barato e quase no mesmo nível de seus rivais, o Hansi, minha cantina chinesa em Paris onde levo meus amigos para saborear o pato de Pequim.

Esses restaurantes chineses e japoneses influenciaram a comida francesa. Ao mesmo tempo, os ambientes tornaram-se mais modernosos, graças à onda da estética do Philippe Stark desencadeada pelos interiores. Isso não é necessariamente positivo. Certos restaurantes modernos têm, claro, visual atraente, mas a comida não acompanha. E os preços são estratosféricos.Você está pagando pelo ambiente ou pela comida? De qualquer jeito, não valem a pena esses restaurantes mais metidos. Considero o Philippe Stark uma praga para os restaurantes franceses.

Outro dia fomos ao Apicius, convite do Boni, lá na rue d'Artois, perto dos Champs-Elysées. Disseram que havia sido todo reformado. O lugar, de fato, é magnífico, quase um castelo. Mesmo assim, um restaurante estrelado que serve uma comida razoável, e com certa falta de imaginação. Curiosamente, o Apicius, que é caríssimo, atualmente na moda, está sempre apinhado. Boni concorda com minha crítica.

Ao contrário de muita gente, aprecio muito um restaurante, aqui em Paris, que perdeu sua terceira estrela em 2007: o Taillevent, na rue Lamennais, cercanias dos Champs-Elysées. Sabe qual é o costumeiro argumento contra o Taillevent, restaurante preferido da família Verissimo? "Ah, não posso acreditar num restaurante cujo dono não seja o chef." Pois é, o Taillevent já mudou de chef nos últimos dez anos pelo menos duas ou três vezes.

O dono do Taillevent realmente não é o chef, é um homem de sala. Mas certamente tem sensibilidade para avaliar os chefs que contrata. Quer a melhor prova disso? Todo chef que sai do Taillevent vai para outro excelente restaurante. Até então esse chef não prestava porque estava no Taillevent? E agora que ele foi para outro restaurante, e da noite para o dia, virou um grande chef? Outro detalhe: não conheço uma alma viva que me diga que comeu mal no Taillevent. Entretanto, o Taillevent, na minha opinião, injustiçado, perdeu sua terceira estrela que mantinha há quase vinte anos.

Também gosto de ir a bistrôs e pequenos restaurantes desconhecidos. Mas é preciso tomar cuidado, aconselho uma pesquisa antes de escolhê-los. Vários eram ótimos, mas agora já não são os mesmos. Indicava muito o Chez Catherine. Estava sempre cheio. A chef, talentosa, diga-se, fez tanto nome, que mudou o restaurante de uma zona mais afastada para a rue Berryer, perto dos Champs-Elysées, quase em frente do edifício da [companhia aérea] TAM. Modernizou seu bistrô, sofisticou a comida, mudou o cardápio e, assim, o restaurante perdeu a graça, o charme. Outro bistrô simples e na moda é o La Table de Lauriston. Mas o mais badalado de todos é o Comptoir, em Saint-Germain.

A vantagem da França é que, viajando pelo interior, você descobre restaurantes magníficos, perdidos no meio do mato. Não é preciso ir a um lugar específico para comer bem: em qualquer cantinho você encontra uma boa mesa. Claro, às vezes vale a pena dar uma olhada em algum guia, para não quebrar a cara. Neste ano de 2007, o *Michelin* outorgou, merecidamente, a terceira estrela a um restaurante tradicional de Valence, perto de Lyon, o Pic, cujo chef é uma mulher, Sophie Pic, de trinta e poucos anos.

VINHOS

Quando cheguei a Paris, todo bairro tinha uma cave, uma adega central. Não havia, como hoje, lojas e lojas de vinhos. Uma vez por mês, encostava um caminhão ao lado da adega central do bairro e enchia o tanque de vinho. Vinho do dia-a-dia. Aí você ia lá, com tuas garrafas vazias, visto que não eram recicláveis, e as enchia de vinho.

Pouco a pouco, começaram a surgir boas safras, como as de vinhos da região de Bordeaux, por exemplo, mas com preços acessíveis. A Provence, região conhecida antes pelos seus *rosés*, hoje produz alguns tintos de excelente qualidade. E mesmo no Languedoc e nos Pirineus, na divisa com a Espanha, também produzem excelentes vinhos.

Outro dia, o zelador do meu prédio foi passear nos Pirineus e me trouxe um excelente vinho. Mas esse é um assunto que eu tenho de deixar para o Saul Galvão – de vinhos entende muito mais que eu. Na área de gastronomia também é craque, conhece o assunto profundamente, mas como bom jauense que é, não passa de um "papa-leitão".

Saul Galvão nos disse, num primeiro momento, que você toma umas "porcarias" de vinho. Depois, mais condescendente, falou que

você escolhe "direitinho" seus vinhos: Beaujolais, Bordeaux. Acha o *rosé* Tavel correto para os restaurantes asiáticos que você freqüenta. "Mas", continuou Saul, "não há meio de civilizá-lo no que diz respeito à região da Alsace, isto é, a de vinhos alemães e de sobremesa. O que é um absurdo; ele alega que são vinhos frutados."

Reali [*sorrindo*]: Deixe o Saul tomando seus vinhos frutados. Prefiro meus Bordeaux e Bourgognes. A questão, quando ele cita um Beaujolais, um vinho menor, é que a França não produz somente grandes vinhos. Para o dia-a-dia, também oferece vários vinhos corretos. Um Bourgogne Aligoté, ou, no Val de la Loire, um Sancerre, para falar de brancos, são vinhos bastante razoáveis. Já uma garrafa de Puligny-Montrachet, um Corton Charlemagne 1er Cru, da Borgonha, você deve reservar para jantares especiais. Pergunte ao Saul qual foi o melhor vinho que degustou na vida, e ele será obrigado a admitir que foi um Château Latour, safra 1949, oferecido por mim. O vinho, de 50 anos, estava perfeito.

Não me situo como grande conhecedor de vinhos italianos. Aprecio, no Piemonte, um bom Barolo, encorpado, um vinho estupendo. Gosto um pouco menos do Barbaresco, da mesma região. Entre um Barbaresco e um Barolo, tomo o segundo. Ainda no Piemonte, aprecio uma garrafa de Dolcetto d'Alba, este mais para o dia-a-dia. Na Toscana, gosto dos tintos Brunello di Montalcino, Tignanello, bons Chiantis, e do Rosso di Montalcino.

Ao sul, o Corvo di Salaparuta, siciliano, é um vinho de muito menor qualidade que os toscanos e piemonteses, mas bem razoável, tinto ou branco, com teor alcoólico acima da média. Era considerado péssimo vinho, mas evoluiu. São vinhos que estão concorrendo cada vez mais no mercado por um motivo óbvio: seus preços são mais razoáveis que os dos franceses.

O vinho italiano é hoje o grande rival do vinho francês. Não digo em todos os níveis, porque a França, na minha opinião, ainda supera a Itália em termos de vinhos de altíssima qualidade. Mas o nível dos vinhos italianos médios é hoje superior ao dos franceses, e encontra-se em plena evolução.

Já os franceses – com exceção desses grandes vinhos, servidos a uma clientela limitada – tomaram uma paulada. Igualmente excelentes são os vinhos médios portugueses, principalmente os do norte e Alentejo. Cresceram bastante no mercado europeu. Na Espanha, nem se fala. Melhorou a qualidade. Fora os outros países: Chile, Argentina, Estados Unidos, África do Sul. Estão cada vez mais presentes no mercado europeu. Contudo, independentemente do novo contexto vinícola global, continuo, na França, tomando mais vinhos da região da Borgonha do que da de Bordeaux.

Acho o vinho da Borgonha menos trabalhado e por isso mais natural. Os grandes vinhos de Bordeaux estão sendo comprados pelos norte-americanos, que, por sua vez, os transformam em grandes vinícolas. Ou seja, aumentam a produção, mexem neles.

O objetivo dos grupos norte-americanos – e japoneses – é a lucratividade. Por isso, além do aumento de produção, aplicam técnicas que podem prejudicar o vinho. Então, prefiro vinhos da Borgonha. Nem vou falar dos grandes vinhos, como Romanée Conti, que não é para as minhas papilas, é para as do ex-marqueteiro do presidente Lula, o Duda Mendonça. E por uma garrafa de Romanée Conti pagam preços exorbitantes. Num recente leilão da adega da prefeitura de Paris, a garrafa de um Romanée, 1982, foi arrematada por 5.800 euros. Uma loucura!

Estive recentemente na região, entre Beaune e Dijon, com alguns amigos, entre eles o José Roberto Fillippelli, e quando perguntaram se íamos tomar um Romanée Conti, respondemos: “Não, vamos somente olhá-lo”. Os viticultores morreram de rir.

Esses preços, você pode estar certo, despencarão. A produção, oriunda de 1 quilômetro quadrado, é pequena. Mas, pelo menos por ora, ainda há mercado, embora restrito. Agora pretendem aumentar a produção, e é aí que se situa o problema. Na faixa do Romanée Conti, o Romanée Saint-Vivant e o Vosne Romanée são fora do comum e mais baratos.

CAPÍTULO XXXII

Viajando com Verissimo

Reali: Conhecemos a família Verissimo desde os anos 80. Mas Amelinha e eu começamos a viajar com a Lúcia e o Luis Fernando Verissimo desde o tempo em que viveram aqui, em 1990. Íamos passar fins de semana em nossa casa de campo na Normandia, entre Honfleur e Deauville. Às vezes escolhíamos outras regiões, onde também não faltavam bons restaurantes e vinhos de boa qualidade. Estivemos juntos na região da Champagne, em Epernay e Reims. Visitamos adegas, fomos jantar no Château les Crayères, restaurante duas estrelas da cidade.

Reali e Verissimo

Enfim, quando podíamos, fazíamos algum passeio especial. O Verissimo é mais ou menos como o Boni, um caçador de restaurantes e bons vinhos. Suas viagens na França, e na Europa em geral, são sempre muito marcadas por essa caça aos restaurantes.

Gosta de comer, é especialista de vinhos. E é, antes de tudo, um bom companheiro de viagem, sempre muito cordato. Encarna o chamado topa-tudo.

"Vamos fazer isso?"

"Vamos!"

"Não vamos fazer isso?"

"Não vamos!"

"Agora, depois de almoçar, vamos tirar uma sonequinha?"

"Vamos!"

"Depois da sonequinha, vamos dar um passeio e jantar?"

"Vamos."

"E depois do jantar tomamos uma saideira e vamos dormir?"

"Perfeito."

Resumindo, é o companheiro ideal de viagem. Nestes últimos anos passamos férias fazendo viagens. Em 2004, ficamos uma semana na casa de um amigo nosso, o Carlos Wathely, que alugou uma casa no Périgord. Carlinhos, também *buongustaio* e conhecedor de vinhos, é um homem generoso que aprecia condividir momentos de prazer com os amigos. Bel, sua mulher, recebe bem-humorada e com grande paciência esses amigos glutões e beberrões.

Verissimo, sua mulher Lúcia, Amélia e Reali Jr.

O Périgord é uma região muito bonita, de trufas negras, uma das minhas prediletas da França. Depois, prosseguimos para o País Basco francês. Fomos a Biarritz, Bayonne, onde produzem um fantástico presunto, Saint-Jean-de-Luz, atravessamos a fronteira com a Espanha e passamos uns dias instalados em Hondarribia, cidade à beira-mar. Aliás, faz parte da Donostia de San Sebastián. Em San Sebastián jantamos no Arzak, claro.

Mas veja: sempre escolhemos restaurantes estrelados com cautela. Por dois motivos. Primeiro, o preço. Quando o restaurante tem três estrelas, o preço pode te desanimar. Segundo motivo: se você for a um restaurante três estrelas todos os dias – algo que nem querendo poderia fazer, por falta de grana –, você confunde todos esses estrelados e acaba achando todos mais ou menos iguais. É muita informação para o bolso, paladar e sistema digestivo.

Amélia e eu achamos, e a Lúcia e o Verissimo felizmente concordam, mesmo porque são topa-tudo, que restaurante três estrelas é para um dia especial. Se você faz uma viagem, deve conhecer especialmente os bistrôs, os restaurantes médios, casas de tapas, freqüentemente ótimas e com preços mais acessíveis. Numa viagem mais longa, a cada cinco dias você faz uma reserva num restaurante estrelado, para fazer a diferença.

Em 2005, por exemplo, fomos a Provence e ao Piemonte. No Piemonte, fomos ao Al Soriso, um três estrelas num vilarejo de mesmo nome perto do Lago de Como. Durante a semana, visitamos outros restaurantes médios, e aí constatei aquilo que já discutimos: os médios estão se transformando em grandes restaurantes. É o caso da Locanda nel Borgo Antico, em Barolo. Fantástico o Al Vecchio Tre Stelle, na região do Barbaresco. E lá em Rivoli, no Combal.Zero, senti que a comida italiana, cada vez mais sofisticada, busca, como os espanhóis, a diferença.

Os chefs italianos fazem o casamento de uma comida um pouco mais clássica com inovações. Encontramos essa fusão em vários restaurantes no Piemonte, o que não ocorria anteriormente na Itália e na França. E tudo isso, nosso amigo Luis Fernando Verissimo aprecia e logo reconhece.

E fala com conhecimento de causa, porque ele sabe apreciar também essa *nouvelle cuisine*, que não é mais aquela dos anos 80. Trata-se de outro tipo de gastronomia: uma cozinha inovadora, mais requintada, mas a questão não é mais diminuir a quantidade de comida para oferecer uma prova de degustação, ou seja, vários pratinhos para degustação. Agora, Adrià cria em cima de uma cozinha tradicional espanhola, as *tapas*.

Nestes últimos anos, quantas folhas, quantas ervas foram trazidas para a cozinha, que anteriormente eram totalmente abandonadas? Às vezes, você utiliza uma flor só pelo seu aroma, mas ela tem também sabor. E, claro, acrescenta cor ao prato. Essa tendência se deve, pelo menos em parte, ao chef da região da Savóia, Marc Veyrat. A comida, afinal, tem de ser visual, atraente.

Reali, mas o Verissimo, apesar de ser escritor prolífero, é meio calado. Você discute com ele, por exemplo, sobre as vantagens de se acrescentar manjericão num prato de comida?

Reali: Acredite, conversamos muito. Isso porque temos a Lúcia ao lado, que fala um pouco por ele, o interpreta muito bem. Ele concorda, ou discorda. E às vezes até faz comentários.

Ele se interessa bastante pelas relações entre a Europa e o Brasil, e muito pela política brasileira. Nessa última viagem, por exemplo, conversamos sobre a crise que o Brasil está atravessando e sobre as suas desilusões, a ponto de ele ter matado a velhinha de Taubaté [*risos*]. Mas ele espera ressuscitá-la um dia. Verissimo avisou: "Tenho confiança de que ela será ressuscitada". Por isso, repetiu seu voto em Lula. Em gastronomia, só discordamos num ponto: adoro, como o Saul, uma salsinha ou *persil* na comida, ele e o Roberto D'Ávila detestam. Recentemente descobri outro aspecto negativo do *gourmet* Verissimo. Ele execra o *polpettone* do Jardim de Napoli, em São Paulo, que nos foi introduzido pela sua filha Mariana. Esse prato adorado pelos paulistanos não passa de um "hamburgão" para o nosso grande escritor gaúcho.

Salsinha e *polpettone* à parte, Verissimo é um grande companheiro de viagem. E às vezes as pessoas podem especular: "Quem sabe é o fato de ele não falar muito que o torna um grande companheiro de viagem?" Mas já imaginou viajar com um cara que não pára de falar, que não dá espaço para você se exprimir? Verissimo faz poucos comentários, mas, quando fala, diz coisas interessantes, concentra-se naquilo que é importante.

Além disso, vem preparado para as viagens gastronômicas. Faz sua pesquisa. Nessa última viagem, chegou munido de guias e listas do Piemonte, e com preciosas indicações de seus amigos do Rio Grande do Sul, Betina e Mário, ambos conhecedores de vinhos e restaurantes europeus.

Após as viagens, sempre fazemos uma classificação dos melhores pratos e restaurantes. E o primeiro prato e restaurante dessa última viagem, segundo o Verissimo, foi a Locanda del Borgo Antico, em Barolo, sugerido pelo Mino Carta. Lá comeu uma das melhores costeletas de carneiro de sua vida. Não concordei, achei um excelente restaurante, mas coloquei-o em terceiro lugar. Pus, em primeiro lugar, o Combal.Zero; em segundo, um francês, o Pic de Valence, sobre o qual já teci merecidos elogios. Às vezes, a classificação depende do prato que você escolheu, do seu estado de espírito, do seu estômago.

Por exemplo, comi bem no Guido, no Relais di San Maurizio. Na verdade, agora há dois Guidos, cada um administrado por um dos dois irmãos, e com a mãe assessorando-os em ambos. Sei que no velho Guido, antigamente em Costigliole d'Asti, agora na cocheira dos ex-monarcas da dinastia de Savoia, em Pollenzo, nas cercanias de Alba, come-se muito bem. De qualquer modo, no Guido de San Maurizio, não achei a comida tão boa quanto esperava. Disseram-me que o outro é melhor.

Quer dizer que você coloca um italiano antes de um francês na sua lista gastronômica de 2005? O que diria o Saul Galvão?

Reali [*sorrindo*]: Nessa viagem, sim. Mas não é porque sou de origem italiana que serei tendencioso. Afinal, vivo na França há mais de três décadas, e de gastronomia francesa entendo algo. Por considerar alguns críticos de gastronomia da França competentes, digo: você não pode classificar um restaurante só por ter comido nele uma única vez.

Cabe, portanto, voltar ao debate do guia *Michelin*, contra o qual as acusações são bastante razoáveis. A edição da França, por exemplo, é grossa, tem quase 500 páginas. E esse guia tem a pretensão de dar notas aos grandes restaurantes em todo o país. O *Michelin* precisaria contratar uma infinidade de especialistas, e para tanto gastaria muito dinheiro – e simplesmente não tem esses recursos.

Então o *Michelin* acaba baseando-se também em outros guias para avaliar os restaurantes. Talvez a classificação dos três estrelas seja mais apurada, mas com relação ao resto, àqueles restaurantes que se situam entre zero e uma estrela, o guia, tenha certeza, não possui agentes suficientes para avaliá-los. E esses restaurantes dependem, e por vezes merecem, a tal da estrela. Eis um assunto – o da credibilidade do guia *Michelin* – que os Verissimo e nós gostamos de colocar sobre a mesa. Mesmo porque, de guias, entendemos.

Verissimo tem outra qualidade, talvez a maior delas, em termos práticos: é um excelente guia. Tem um senso de direção inigualável. Com ele, você nunca se perderá em nenhum país. Acho que pelo fato de ele ser caladão, e ficar observando tudo, fixa tudo. Ele encarna um sistema GPS [Global Positioning System; sistema de geolocalização via satélites].

Digamos que eu, ao volante, tome o rumo errado. Verissimo fica quieto. Olho para ele e indago: "Fala, Verissimo". E ele: "Acho que você deveria ter virado naquela entrada anterior". Aí voltamos e era realmente ali que tínhamos de ter entrado. Foi assim que descobrimos a direção do Relais di San Maurizio.

Agora já acostumei e pergunto antes para ele:

"Você acha que é por aqui ou por ali?"

"Por aqui."

Verissimo é o nosso GPS.

CAPÍTULO XXXIII

A metamorfose do correspondente

Reali: Acho que houve uma mudança fundamental no trabalho do correspondente durante essa minha experiência de mais de trinta anos. Não havia internet, canais via satélite e diários e revistas estrangeiros nas bancas brasileiras de jornais, como acontece hoje. O objetivo era transmitir ao leitor, com uma visão brasileira, como já falamos, os acontecimentos internacionais. Hoje, está ocorrendo uma mutação – e no momento encontra-se na sua fase mais acelerada.

Praticamente todos os principais jornais e revistas, e algumas rádios e redes de televisão, tinham correspondentes permanentes em Paris, Londres, Roma, Buenos Aires... Enfim, nas grandes capitais do mundo. E cobriam aqueles países, ou os países satélites sobre os quais a capital onde estava baseado tinha influência. Por exemplo, de Paris você reportava fatos, é óbvio, sobre a França. Mas também escrevia sobre a Argélia e outras ex-colônias francesas no norte da África, o chamado Magrebe. Aqui você obtinha os contatos, por exemplo, na Tunísia. O mesmo ocorria no Reino Unido, de onde o correspondente escrevia sobre as ex-colônias do reinado, como a Índia, o Paquistão. Na Itália, o Morabito cobria também o Vaticano, ao qual se dava – e se dá – grande importância. Era mais ou menos isso: o correspondente vinha analisar os fatos do país onde se baseava, e mais os seus satélites.

Contudo, com a crise econômica atravessada pelos países latino-americanos, esse quadro passou por uma transição. Primeiro, houve uma redução do número da rede de correspondentes devido ao custo para mantê-los em países como Alemanha, França ou no Reino Unido. Moedas como o marco, o franco, para não falar na libra esterlina, eram fortíssimas.

A chegada do euro, em 1º de janeiro de 2002, só agravou essa situação, no caso dos doze países da União Européia, incluindo Itália, França e Alemanha, que já adotaram essa moeda. Isso porque o euro é mais forte do que a lira ou o franco, e o dólar.

Até o custo do papel influiu na contratação de correspondentes de revistas e jornais. Ao mesmo tempo, você não pode esquecer a internet, que difunde, bem ou mal, outras fontes de informação: blogs, websites como os das redes BBC e CNN, os quais oferecem, além de informação em texto durante 24 horas, vídeos e programas de rádio. Resultado: os jornais passaram a não mais depender somente das agências de notícias e de seus correspondentes.

Nesse novo contexto, os jornais não só eliminaram bases de correspondência, mas gradualmente reduziram também o espaço para a editoria internacional. Hoje, um artigo de quarenta linhas nos grandes jornais brasileiros é considerado de bom tamanho. Quarenta linhas, quando cheguei aqui, era quase uma nota. As matérias eram de, em média, oitenta linhas, nunca menos de sessenta linhas. E as matérias dominicais eram de cem, 150 linhas, e às vezes uma página. Hoje, o espaço está muito reduzido, em função das condições econômicas e dos custos.

Na verdade, a maneira de reportar não mudou, o diferencial é que dispúnhamos de maior espaço. Portanto, tínhamos possibilidade de reportar melhor, porque essa ditadura do espaço dificulta muito o trabalho. Às vezes, quarenta linhas são insuficientes para uma determinada história. E vale sublinhar que os editores também vivem sob a pressão da ditadura do espaço.

Outra vítima da ditadura do espaço foi o pingue-pongue. Eu fazia mais pingue-pongues, ou artigos corridos, baseados em entrevistas, hoje somente publicados nas edições dominicais, com analistas políticos, com personalidades. Os jornais publicavam esses pingue-pongues em uma página, meia, uma grande foto do entrevistado. Hoje, quando publicam pingue-pongues, são curtíssimos. O entrevistado acaba nem podendo desenvolver suas idéias, porque não tem espaço para tanto. Isso é incorreto com ele, visto que, na maioria dos casos, você passa uma hora com o entrevistado, e até mais. Portanto, você nem tem mais vontade de fazer pingue-pongue: dá muito trabalho.

Primeiro, você tem de conseguir a entrevista, tarefa que pode ser difícil. Como correspondente, você tem de ser explícito sobre seu país de origem e a tiragem e importância de seu jornal, rádio ou tevê. Tudo isso tem um peso específico. Se eu quiser uma entrevista com o Sarkozy, preciso escolher o momento oportuno para me candidatar. Isso, aliás, já fiz com outros políticos e obtive bons resultados. Por outro lado, não consegui outras entrevistas. E olha que tentei. E como!

Uma vez diante do entrevistado, você grava a conversa. Em seguida, tem de transcrever a entrevista – e nesse processo você já está traduzindo; aí você limpa, corta, ou melhor, passa a faca, adaptando a entrevista ao espaço... Que correspondente tem vontade de fazer isso? Então, se é para publicar uma materiazinha, melhor fazer uma entrevista veloz por telefone, ou via internet. Você faz três perguntas, não toma o tempo do entrevistado, nem o seu, e pronto. Em seguida, você faz um minúsculo pingue-pongue, ou uma matéria corrida de trinta, quarenta linhas, como eles atualmente preferem. Mas não é a mesma coisa. Você não captura as expressões do entrevistado, não tem o poder de rebater uma resposta no momento certo, especialmente quando manda perguntas via internet. O contato com o entrevistado é – ou era – crucial. Hoje, os jornais estão se acomodando em efetuar, de suas redações, entrevistas via internet. Elas perdem muito.

Em resumo, "pingues" são mais freqüentes em revistas. Na Jovem Pan, quando me dão mais tempo para falar, ainda faço pingue-pongues. Na verdade, em rádio o pingue-pongue é mais complicado. Geralmente, o entrevistado fala em francês, você tem de traduzir, e o tempo à sua disposição é limitado. Portanto, a entrevista tem de ser bem construída. Quanto ao texto, é mais direto, mais conciso, tem um ritmo maior no rádio. As frases têm de ser curtas, incisivas, principalmente para a reportagem. É um texto comentado. Quer dizer, dou a notícia, faço um comentário, o entrevistado responde às perguntas, traduzo. Às vezes, até num texto lido você improvisa, acrescenta uma palavra, parafraseia o entrevistado. É um meio de comunicação flexível, com sua espontaneidade, e direto. Por isso acho muito gratificante o trabalho de rádio.

Em relação à falta de espaço nos jornais, não acha também que isso se deve ao fato de o jornalismo brasileiro ter copiado o modelo de certos diários americanos, como o *USA Today*, em que se parte do pressuposto de que as pessoas não querem ler e a informação tem de ser curta?

Reali: Acredito que sim. Mas há exceções, no caso de alguns jornais americanos, como o *New York Times* e outros, que ainda procuram publicar grandes reportagens. De qualquer modo, o enxugamento dos correspondentes, especialmente os do Brasil, é um paradoxo. Deveríamos hoje estar com um número maior de correspondentes, como é o caso dos jornais espanhóis e mesmo dos portugueses. Lembro-me que pouco antes da entrada da Espanha na União Européia, na Comunidade Econômica Européia [CEE], em meados dos anos 70, o número de correspondentes espanhóis em Paris era ligeiramente superior ao dos brasileiros. A quantidade de correspondentes argentinos, mexicanos, por exemplo, era comparável ao número de brasileiros, e também foram diminuindo.

Por outro lado, a quantidade de correspondentes europeus aumentou sensivelmente na França. Grandes jornais europeus, como o *La Repubblica* ou o *El Pais*, têm a sua pequena sucursal em Paris, com dois ou três correspondentes. Um econômico, um político, um de *faits divers* [fatos do dia-a-dia]. Enquanto isso, os correspondentes brasileiros estão desaparecendo do mapa. Isso, claro, faz sentido se você comparar a força do euro com a do real. Mas a questão é que existem vários jornalistas brasileiros que ganham salários superiores aos dos correspondentes. E correspondente faz falta. Certos órgãos brasileiros não estão percebendo isso neste mundo globalizado. E voltamos a uma questão já abordada: o estagiário que estuda em Paris ou em outra capital virou o quebra-galho dos jornais brasileiros. E o resultado é quase sempre medíocre.

Vejo a internet como uma faca de dois gumes. Pode ajudar o jornalista, e muito, mas é, como você diz, uma concorrente sua. É a máquina que substitui o homem. No fundo, talvez seja mais uma rival do que um ponto de apoio. Veja, não estou condenando a internet. Este é o novo cenário e ponto final. Mas hoje eu teria de reaprender a ser correspondente. Não entendo suficientemente as novas técnicas. Atualmente, conhecimentos sobre informática são indispensáveis no trabalho de um correspondente.

Antigamente, você tinha isso bem estratificado: a televisão dava a informação muito direta, o rádio permitia qualquer tipo de informação, e a notícia no jornal fornecia mais conteúdo e, portanto, sua informação tinha maior peso.

A internet é uma das explicações para a crise que os jornais estão atravessando. Quer dizer, a crise não é somente econômica, é também de conteúdo. O jornal terá de evoluir, procurar um caminho novo, isso até as pedras sabem. A questão é a seguinte: como o jornal enfrentará esses novos desafios tecnológicos, que mudam a maneira pela qual as novas gerações buscam a notícia?

E há outros obstáculos pelo caminho. Um exemplo: os jornais gratuitos, distribuídos nos metrôs de Paris, Londres, Madri e em outras capitais e cidades européias. O *Metro*, para citar apenas um exemplo, está obtendo grande sucesso na França, aproximando-se de uma tiragem de 1 milhão de exemplares. Com tiragens em franca ascensão, estão concorrendo com os jornais tradicionais. Os textos desses diários gratuitos são extraídos da internet na maioria dos casos, e os autores quase sempre não são jornalistas. Contudo, os jornais são de graça, publicam as principais notícias, daí a sua popularidade, pelo menos entre aqueles que querem economizar e não fazem questão de ler artigos mais bem apurados.

É natural que eu diga isso, mas o correspondente de diários tradicionais ainda pode fazer muito nesta era da internet e dos jornais gratuitos. Vou dar um exemplo, que só o correspondente pode fazer. Estamos vendo no Brasil o problema de financiamento ilícito de partidos políticos, como o Partido dos Trabalhadores e outros, o que, aliás, não é novidade no Brasil e nem em outros países. Esse mesmo fenômeno ocorreu na França, no início dos anos 90.

Jacques Chirac era ainda prefeito de Paris. Na sua prefeitura havia um caixa 2. Licitações públicas fraudadas, empresas que davam dinheiro para o caixa 2 para obter certos contratos de obras. Surgiu uma mala, carregada de dinheiro, foi entregue no próprio gabinete do prefeito Chirac, para um de seus assessores. Uma parte desse dinheiro de empresas de empreiteiras ia para o Rassemblement pour la République [RPR], o partido oficial da direita, e pilotado pelo Chirac; mas boa parte dessa dinheirama também terminou no caixa 2 do Partido Socialista, e outra parte no caixa 2 do Partido Comunista. Repete-se o mesmo fenômeno, dez anos depois, no Brasil.

É o correspondente quem vai apurar: está no país, e acompanhando a política interna. Portanto, é ele quem pode contar esse ou aquele fato, em que é parecido, em que é diferente do caso semelhante no Brasil. E o correspondente pode analisar o que veio depois na França, ou seja, o tipo de legislação criado para combater o financiamento ilegal de partidos políticos. E como é essa legislação? Resolveu o problema? Eis o trabalho típico de correspondente, e, nesse caso, não adianta o jornal ter contrato com agências internacionais. É o correspondente, não o repórter de agência internacional, que pode esclarecer, comparar os dois casos de corrupção no seu próprio país. Esse é um exemplo entre mil outros. Em suma, precisamos de mais análises, crônicas, artigos com associações entre o que ocorre no exterior e no Brasil. É um trabalho suplementar o do correspondente, mas fundamental.

Outro assunto premente, sobre o qual posso, sendo correspondente na França, escrever e comentar com autoridade: o amianto, também conhecido como asbesto, ou fibras utilizadas em diversos produtos comerciais. Conheço bem o tema. A campanha contra o amianto começou, na França, no início dos anos 70, quando cheguei aqui. Para você ter uma idéia da gravidade do assunto, 3 mil pessoas morrem anualmente na França em razão do amianto.

A questão foi provada cientificamente: asbesto, que ironicamente em grego significa "imortal", mata. Provoca câncer na pleura, ou mesotelioma, o qual tem um período de latência de vinte a cinqüenta anos. Uma vez diagnosticada a doença, o doente morre em doze meses. A asbestose refere-se a lesões do tecido pulmonar. O tempo de latência situa-se entre dez e vinte anos, e os pulmões do doente gradualmente deixam de funcionar. As fibras, dispersas no ar, são inaladas pelas pessoas a elas expostas com freqüência, e seus pulmões não têm condições de expeli-las. Outros tipos de câncer, como o da laringe, foram associados com a inalação da poeira do amianto.

Em 1997, passou, na França, uma lei proibindo qualquer comercialização do amianto: fabricação, exportação, importação, tudo. Só há algumas exceções em casos especiais. Por exemplo, usa-se o amianto na confecção de vestimentas de bombeiros. Hoje, na venda de um apartamento, você tem de apresentar um certificado de "não-amiantagem". Até pouco tempo atrás, tábuas de passar roupa continham amianto. Nas novas tábuas, um adesivo adverte: "Esta tábua não contém amianto". Já existe uma forte consciência na França.

De uns tempos para cá, faço comparações entre o escândalo do sangue contaminado, na França, e o amianto, no Brasil. Recapitulando: na França, Laurent Fabius era primeiro-ministro quando, em 1984-85, milhares de hemofílicos morreram devido a transfusões com sangue contaminado pelo vírus da Aids [HIV]. Um relatório provou que o ministério da Saúde estava ciente de que o sangue estava contaminado; no entanto, nada foi feito para impedir as transfusões. Posteriormente, Fabius foi processado, mas conseguiu sair-se ileso dessa tragédia. Pelo menos foi julgado.

No Brasil, o amianto é um problema mais recente que o do sangue contaminado. Faço a comparação entre os dois casos porque as autoridades no Brasil, assim como as francesas no caso do sangue contaminado, sabem que o amianto mata. O amianto é o envenenamento do ar; por sua vez, o sangue contaminado é o envenenamento do corpo humano pela transfusão. Assim como Fabius, as autoridades brasileiras, e falo, entre outros, de Lula, Fernando Henrique e Serra, poderão ser acusadas de cumplicidade por essas mortes que já estão acontecendo no país – por pura inação em relação a exploração comercial desse produto mineral.

É uma vergonha, mas no Brasil, onde o lobby do amianto é muito forte, o produto não é proibido. Esse lobby, que infiltra a Câmara dos Deputados e redações de órgãos da mídia, é financiado por empresas que trabalham com amianto. Existe, acredite, até um comitê pelo amianto limpo. Amianto limpo? Não existe amianto limpo. Alguns senhores do lobby do amianto me disseram o seguinte: "A fibra brasileira é mais curta do que a fibra européia, por isso ela não mata tanto". Não mata tanto, mas mata muito também!

Até o Serra, quando era ministro da Saúde, certa vez me disse, aqui em casa: "A fibra brasileira é pequena, não é tão cancerígena". Em seguida, telefonou para um expert de seu ministério para ele me dar uma explicação. Eu disse ao Serra: "Já sei tudo que ele vai tentar me explicar". Dito e feito: o especialista de amianto quis me convencer que a fibra brasileira é menor, reproduzindo o discurso oficial do lobby do amianto, antes feito *ad nauseam* aqui na Europa.

Agora eu te pergunto: por que a fábrica de cimento Saint Gobain fechou na França e continuava atuando no Brasil? Quando a empresa desistiu de trabalhar com o amianto no Brasil, a secretária do presidente brasileiro da empresa me telefonou. Ele queria me convidar para almoçar no Lasserre, restaurante de duas estrelas caríssimo no oitavo *arrondissement*. Sugeri um lugar mais simples, a secretária compreendeu e marcou no bistrô *Petit Colombier*. No meio do almoço, o presidente da Saint Gobain anunciou: "Chamei o senhor para lhe avisar que o amianto não será mais comercializado por nós no Brasil. E já dei ordem a nossos homens em Brasília de não mais defenderem o amianto". A forma como ele se expressou, "meus homens em Brasília", confesso, me chocou.

Mandei uma matéria no mesmo dia para o *Estado*. Com excesso de zelo, o então editor Antônio Pimenta Neves foi consultar outras fontes. Não precisava, visto que o presidente da Saint Gobain tinha me dado uma informação de primeira mão, a qual, em si, era uma matéria, mas compreendi sua preocupação em ouvir o outro lado. Outros artigos com reações dos lobbies poderiam vir depois. Enfim, quando mandei a matéria, escrevi no e-mail:

"Segue uma bomba atômica".

No mesmo dia, o presidente da Saint Gobain me telefonou:

"Reali, não daria para segurar a matéria 24 horas?"

"Veja bem", respondi, "a matéria já foi enviada e agora pertence ao *Estado*. Infelizmente não posso fazer mais nada. É somente lá que poderão decidir."

"Eu sei", disse, "essa é mesmo uma bomba atômica."

Quer dizer, no *Estado* havia informantes do lobby do amianto infiltrados e tinham lido meu comentário no e-mail que não constava da matéria sobre a bomba que eu estava soltando contra o amianto. Por isso, sempre fiz a minha campanha contra o amianto com maior eficácia na Jovem Pan. Creio que às vezes até enchi um pouco os ouvintes, mas é uma campanha mais do que válida, e me orgulho de ter seguido essa linha contra o amianto. Nosso diretor, Antônio Augusto Amaral de Carvalho, o Tuta, teve comportamente exemplar. Ele nunca me proibiu de falar sobre o assunto, o que até pode ter sido prejudicial para ele, do ponto de vista comercial. Se fosse outro, poderia ter agido de outra forma. Tenho certeza que lobistas do amianto atazanam sua vida.

O Supremo Tribunal Federal [STF] decidiu não entrar no mérito da questão. Ele alega que leis estaduais, como aquelas sancionadas contra a comercialização do amianto em Recife e em São Paulo, não podem modificar uma lei federal. O Supremo deveria ter uma posição mais responsável no que diz respeito ao amianto. Está, contudo, jogando com base num artifício jurídico. Ou seja, faz o jogo dos defensores do amianto. Para dar uma idéia de como agem certos políticos, a ministra Ellen Grace, hoje presidente do STF, anulou a decisão legislativa proibindo a comercialização do amianto adotada em São Paulo, Recife e pela prefeitura paulistana, no tempo da Marta Suplicy. Recentemente, uma decisão do ministro Sepúlveda Pertence abriu um novo espaço para a discussão do tema na mais alta corte de justiça brasileira.

Enquanto isso, muita gente está morrendo. Hoje, telhas de amianto cobrem as favelas mais pobres de São Paulo e Rio, fora outras áreas que utilizam esse isolante.

O correspondente também pode fazer associações entre um país europeu e outro. Por exemplo, fiz uma matéria sobre a viagem do Bento XVI à Alemanha, sua primeira visita à terra natal desde que se tornou papa, em 2005. Na matéria para o *Estado*, de cinqüenta linhas, busquei um novo ângulo: concentrei-me na juventude mundial católica, que, numa vinda do João Paulo II a Paris, passara a noite no Bois de Boulogne para, no dia seguinte, ouvir seu discurso. O falecido papa, como você sabe, opunha-se ao uso do preservativo; fez, como era de esperar, um discurso bastante moralista.

A grande notícia, após a passagem do papa, foi que nunca foram vistos tantos preservativos espalhados pelo Bois de Boulogne [*risos*]. E não eram dos travestis e seus companheiros, visto que o Bois de Boulogne é conhecido como centro de travestis, inclusive brasileiros. Foi a meninada mesmo que passou momentos fogosos na expectativa da chegada do papa. "Tenho a impressão", escrevi no artigo, "que o mesmo poderá acontecer na Alemanha." Essa foi uma das comparações que fiz: será que a juventude católica não levaria estoques de preservativos à missa de Bento XVI na Alemanha? De fato, essa questão chegou a inquietar os organizadores no Vaticano da viagem do papa a Paris.

Para a Jovem Pan, mudei o enfoque da minha reportagem no caso da viagem do Bento XVI à Alemanha: falei do trabalho de comunicação do Joaquín Navarro-Valls, ex-porta-voz do Vaticano, para tentar vender a imagem do novo papa alemão à juventude mundial católica. Tarefa no mínimo árdua, depois do popularíssimo João Paulo II. Argumentei o seguinte: o novo papa estava agindo de uma maneira correta, talvez graças ao Navarro-Valls, ao adotar uma postura de discrição perante a mídia; evitava, assim, imitar seu antecessor, mais marcante nessa área de comunicação, em parte devido ao seu grande carisma – e ao fato de ter uma atitude teatral.

Na minha análise, ponderei ainda que a Polônia é um país extremamente católico, enquanto na Alemanha, com vasta maioria luterana, os católicos estão divididos. João Paulo II era o pastor da igreja; já Bento XVI é o intelectual, o aristocrata da igreja que terá de lidar com o legado de seu predecessor, liberador dos poloneses e do Leste Europeu das garras da União Soviética.

Mas veja bem: estou a par do que acontece no Brasil por meio de minhas fontes lá e aqui e via leitura de jornais, internet, blogs, etc. Em resumo, sou eu quem apura essas informações. Outro dia, inteirei-me de que muitos repórteres especiais enviados para cá recebem, enquanto escrevem seu texto final, notícias de seus editores sobre os temas que vieram cobrir. Graças à internet, obtêm informação de base, da redação, antes de escrever seus artigos. Na minha opinião, essas informações obtidas via Brasil têm de ser editadas lá, pelos editores locais. Quando no exterior, o correspondente tem de utilizar suas informações, obtidas por ele mesmo. Esse é o seu diferencial. Suponhamos que eu esteja na Palestina, cobrindo a retirada dos colonos de Gaza. Faço meu trabalho de campo, de primeira mão, entrevistando colonos e soldados. No meio tempo, o jornal envia para meu computador uma infinidade de informações recebidas de agências, da internet, de blogs. Será que eu deveria acrescentar essas novidades, algumas certamente válidas, no meu artigo? Claro que não! Minha matéria interessa porque fui eu quem levantou todos os dados, fez as entrevistas com colonos, militares do exército israelense... Certamente minha matéria pode até não ser tão completa como aquela de uma agência de notícias, que tem o suporte de vários correspondentes, e mais os dados das próprias agências. Mesmo assim, foi aquilo que eu consegui no dia em que estive na região. E, de certa forma, é por isso que minha matéria é autêntica e traz algo de novo, além da assinatura e credibilidade do enviado.

Portanto, a informação extra, aquela dos blogs, de sites da internet, que os editores no Brasil mandam para seus correspondentes, no caso, na Palestina, ou em outro lugar, deve virar uma retranca escrita na própria redação, para dar maiores informações ao leitor. A retranca vira um complemento para a matéria do enviado especial ou do correspondente.

Cito um exemplo concreto, a morte do Yasser Arafat [1929-2004], ex-líder da Organização para a Libertação da Palestina [OLP], em Paris.

Eu estava lá, diante do Hospital Militar Percy, onde ele morreu. Aconteceu em dezembro, fazia um frio danado. Chuviscava sem parar. Percebi que alguns colegas brasileiros recebiam uma profusão de informações. Notícias de agências são, afinal, meramente factuais. Então te pergunto: o que esses jornalistas poderiam acrescentar em relação à morte do Arafat? Talvez um punhado deles tenha feito artigos analíticos, entrevistado pessoas diante do hospital, usado informações obtidas em Paris, no Oriente Médio... Mas as informações vindas do Brasil têm obrigatoriamente de ser inseridas em artigos feitos lá.

No final das contas, o que interessava para o correspondente ou enviado especial era sua análise e percepção daquilo que presenciava naquele momento em Paris. O leitor pode ou não concordar, mas é justamente isso que dá sabor ao artigo. O factual, o leitor informado já viu na televisão, ouviu no rádio, leu na internet. Ele sabe o que houve, o que está acontecendo sobre a morte do Arafat. O correspondente tem de buscar ângulos diferentes para, assim, trazer algo de novo ao leitor, ouvinte, telespectador.

Índice Onomástico

Fontes consultadas

BIBLIOGRÁFICAS

Abramo, Cláudio, *A regra do jogo: o jornalismo e a ética do marceneiro*, prefácio de Mino Carta, Companhia das Letras, São Paulo, 1988.

Buarque, Paulo Planet, *Uma vida no plural: jornal, rádio, televisão, política, justiça e muito futebol*, Companhia Editora Nacional, São Paulo, 2003.

Costa, Sergio Corrêa da, *Crônica de uma guerra secreta: Nazismo na América – a conexão argentina*, Record, Rio de Janeiro, São Paulo, 2004.

Dreifuss, René Armand, *1964: a conquista do Estado – ação política, poder e golpe de classe*, Vozes, Petrópolis, 1981.

Fernández-Armesto, Felipe, *The Americas: The History of a Hemisphere*, Phoenix, Londres, 2004.

Freire, Roberto, *Eu é um outro: Roberto Freire, autobiografia*, Maianga, Salvador, 2002.

Bittencourt, Edgard Moura, *A vítima*, prefácio de Vasile Stanciu, Roland Souchet e André Tunc, Ed. Universitária de Direita Ltda., São Paulo, 1978.

Skidmore, Thomas, *Brasil: de Castelo a Tancredo*, Paz e Terra, Rio de Janeiro, São Paulo, 1988.

Skidmore, Thomas E. & Smith, Peter H., *Modern Latin America*, Oxford University Press, Nova York, 2001.

ARTIGOS

Acervo de artigos assinados por Reali Jr. no jornal *O Estado de S. Paulo.*

ENCICLOPÉDIAS

Enciclopédia Digital Estadão 2005

Le Petit Larousse Illustré, Larousse, Paris, 1993.

ACERVO CARTA E REALI JR.

15 fitas cassete (90 minutos cada) contendo entrevistas de Reali Jr. a Gianni Carta.